Töchter, die nicht essen

Stephanie Pierson / Phyllis Cohen

Töchter, die nicht essen

Wie Mütter ihren Töchtern helfen können, ein positives Selbst- und Körperbild zu entwickeln

Aus dem Amerikanischen von Christine Strüh

Scherz

Die Originalausgabe erschien 2003 unter dem Titel
›You Have to Say I'm Pretty, You're my Mother‹
im Verlag Simon & Schuster

www.fischerverlage.de

Erschienen bei Scherz, ein Verlag der
S. Fischer Verlag GmbH, Frankfurt am Main

Gesamtherstellung: Ebner & Spiegel, Ulm
Printed in Germany

ISBN 3-502-14120-7

Inhalt

Einleitung

DIESES BUCH begann vor fünf Jahren, als meine damals vierzehnjährige Tochter Phoebe sich abwechselnd in der Schultoilette übergab und zu Hause nichts mehr essen wollte. Von jetzt auf nachher, wie uns schien, hatte Phoebe, die gerade noch ein glückliches kleines Mädchen gewesen war, sich verwandelt. Sie fühlte sich elend, sie bestand darauf – nachdem sie zuvor nie auch nur einen Gedanken auf ihr Gewicht verschwendet hatte –, dass im Badezimmer *zwei* Waagen stehen mussten, und prägte sich den Kalorienwert jedes einzelnen Bissens ein. Früher hatte sie sich nie Sorgen um ihr Aussehen gemacht, jetzt erstarrte sie vor jedem Spiegel wie ein Reh im Scheinwerferlicht und fragte: »Sehe ich heute besonders fett aus?« Und das Tag für Tag.

Wir schickten Phoebe zu einem Therapeuten, der vorschlug, sie solle Bilder von Regenbogen malen. Ich ging ebenfalls zum Therapeuten, und der meinte: »Sie ist doch so ein hübsches Mädchen. Wie kann es sein, dass sie eine Essstörung hat?« Mein Mann und ich sprachen mit einem Psychopharmakologen, der die Ansicht vertrat, Phoebes Zustand hätte wahrscheinlich biochemische Gründe. »Es fällt ihr einfach schwer, sich in einer neuen Stadt einzuleben . . . sich an die neue Schule zu gewöhnen . . . an die Pubertät . . . daran, dass ihre Eltern nie zu Hause sind«, vermutete der Schulpsychologe und fügte hastig hinzu: »Ich weiß ja, wie *sehr* Sie Ihre Tochter lieben.«

Phoebe ging in eine Klinik für Essstörungen, wo sie gesundes Essen bekam und man ihr alles über die Nahrungspyramide erzählte. »Komplexe Leute haben komplexe Probleme«, lautete die Erklärung des Kinderarztes. »Schau dir doch an, wie es in unserer Familie von Depressionen wimmelt«, theoretisierte meine Schwägerin. »Es liegt einfach daran, dass sie so für die Bücher von Sylvia Plath und die Gedichte von Anne Sexton schwärmt«, warnte ihre Lehrerin. Und meine Mutter verstieg sich zu folgender zweifelhaft optimistischen Bemerkung: »Na ja, für ein Mädchen mit Anorexie isst sie eigentlich ganz schön viel.«

Phoebe befand sich in einer Krise. Ich befand mich in einer Krise. Unsere Familie befand sich in einer Krise. Und obwohl die Essstörung sich langsam aber sicher besserte (mit Hilfe von Zeit, Familientherapie, Beratung und einigen grundlegenden Erkenntnissen), blieben die Probleme mit dem Körperbild bestehen. Vielleicht hatte Phoebe, die schon immer ein wenig frühreif war, sich als eine der Ersten ihrer Altersgruppe so zwanghaft mit ihrem Äußeren beschäftigt, aber schon bald tauchten bei den meisten ihrer Freundinnen ähnliche Schwierigkeiten auf. Ganz allmählich dämmerte mir, dass der Großteil der amerikanischen Bevölkerung Probleme mit dem Körperbild hat. Es gibt heutzutage eine regelrechte Epidemie bei hübschen jungen Mädchen, die der festen Überzeugung sind, dick und hässlich zu sein, die glauben, im Leben käme es nur auf das Äußere an und das ihre entspräche nicht der Idealvorstellung. Hinter all diesen Mädchen stehen die dazugehörigen liebevollen, wohlmeinenden Mütter, die nicht wissen, wie ihnen geschieht, die sich hilflos und überfordert fühlen, unter Angst und Schuldgefühlen leiden (manchmal auch alles auf einmal) und außerdem mit ihren eigenen unbewältigten Körperbildern zu kämpfen haben.

Da ich schon immer gern Probleme gelöst habe (wenn möglich im Handumdrehen), verschlang ich alles, was zu diesem Thema auf dem Büchermarkt erhältlich war. Ich redete mit jedem einigermaßen klugen Menschen, der mir über den Weg lief. Und bekam widersprüchliche Ansichten, veraltete und falsche Informationen oder Tipps, die vielleicht sogar geholfen hätten, wäre Phoebe zehn und nicht vierzehn gewesen. Ich las hochgestochene psychologische Fachbücher, die ich nicht verstand, ich verschlang seichte Zeitschriftenartikel, die komplexe Themen vereinfachten und herunterspielten, und völlig überdrehte Katastrophenberichte, von denen mir angst und bange wurde.

Im Fernsehen sah ich mir Sendungen zum Thema Körperbild an, die alles zu einer Sensation hochstilisierten. Im Internet fand ich das eine oder andere interessante Detail, wusste aber nicht, wie zuverlässig die Quellen waren.

Seltsamerweise fühlte ich mich am hilflosesten, als ich Mary Piphers ausgesprochen aufschlussreiches Buch *Pubertätskrisen junger Mädchen. Wie Eltern helfen können* las. Obwohl mir dieses Buch als einziges einen Überblick verschaffte und mir das Ausmaß des Problems realistisch vor Augen führte, hatte ich nach der letzten Seite immer noch keine Ahnung, was ich mit Phoebe anstellen sollte. Was sollte ich denn sagen, wenn sie stöhnte: »Schau doch bloß mal, wie dick mein Bauch ist!«, obwohl er flach wie ein Waschbrett war? Was sollte ich auf die Frage »Was ist mit meinen Knien los?« antworten, wenn mit ihren Knien alles vollkommen in Ordnung war? Und wenn ich, egal wie ich reagierte, immer zu hören bekam: »Na ja, das *musst* du ja sagen, du bist schließlich meine Mutter«?

Wo war das Buch, das Müttern wie mir half, das Thema Körperbild anzusprechen und anzugehen, statt immer nur Verständnis für die entsprechenden Schwierigkeiten zu haben? Wohin konnten sich Mütter wenden, um praktischen Rat zu bekommen und Bewältigungsstrategien zu lernen? Wo gab es Antworten auf universelle Mütterfragen wie: »Aber was soll ich jetzt machen?«, »Was soll ich ihr sagen?«, »Was kann ich tun, dass sie mich hört?«

In aller Bescheidenheit möchte ich feststellen, dass kaum jemand weniger geeignet wäre, ein Buch über Körperbildprobleme zu schreiben, als ich. Allerdings bringe ich eine Menge schmerzlicher Erfahrung mit, mehr als mir lieb ist. Und die richtigen Fragen. Endlos viele. Warum fühlt sich ein hübsches, anscheinend glückliches junges Mädchen plötzlich abstoßend? Warum hasst meine Tochter ihren Körper? Warum beschäftigt sie sich so zwanghaft mit ihm? Warum lehnt sie *Teile* ihres Körpers mit solcher Vehemenz ab (»Ich *hasse* meine Füße«, »Ich *hasse* meine Hüften«, »Ich *hasse* meinen Hintern«)? Warum hält sie sich für dick, wenn Größe 34 noch reichlich für sie ist? Warum hängt ihr Selbstwertgefühl vom Umfang ihrer Schenkel ab? Wenn sie so intelligent ist, dass sie im fortgeschrittenen Physikkurs mitkommt und höhere Mathematik kapiert, warum kann sie dann nicht lernen, sich selbst zu lieben? Sind wir uns zu nahe oder nicht nah genug? Woran merke ich das? Mache ich mir zu viele Sorgen? Wenn ich mich hilflos und machtlos fühle, wie kann ich von einem Ehemann Unterstützung bekommen, der ebenso hilflos, machtlos und ratlos zu sein scheint? Leiden andere Mädchen ebenso wie meine Tochter? Oder können außer mir alle Mütter nachts ruhig schlafen?

Wie kann ich meiner Tochter helfen, wenn ich sie nicht verstehe und sie nicht mit mir spricht? Warum nimmt sie meine Ratschläge nicht an? Ist das nur eine Phase? Wird sie aus ihr herauswachsen? Was hat das alles zu bedeuten? Wen kann ich für diese Probleme verantwortlich machen? Barbie, Kate Moss, Diätpriester, den süßen Jungen, in den sie sich verknallt hat? Oder liegt alles nur an mir? Ist es überhaupt eine Frage von Schuld? Steht es in meiner Macht, an den Problemen meiner Tochter irgendetwas zu verändern?

Nachdem ich all die richtigen Fragen beisammenhatte, suchte ich jemanden, der sie mir beantworten konnte. Wie durch ein Wunder (vielleicht hatte ich in diesem Leben genug gelitten) stieß ich auf Phyllis Cohen, eine Psychotherapeutin aus New York, die sich speziell mit Jugendlichen befasst und nach dreißig Jahren Praxis – Lehren, Schreiben, Reden und Zuhören – weiß, wie ernst und allgegenwärtig das Thema Körperbild ist. In Phyllis' Praxis tummeln sich Mütter ebenso wie Jugendliche, daher kennt sie das Problem von beiden Seiten. Sie weiß, dass es für eine erfolgreiche Bewältigung der

Schwierigkeiten ausschlaggebend ist, sowohl Mütter als auch Töchter zu erziehen. Und es gibt keine bessere Lehrmeisterin als Phyllis.

Unser gemeinsames Ziel war es, ein Buch mit fundamentalen Lektionen und Ratschlägen zu schreiben, einen Ratgeber, der so praktisch sein sollte, dass er nicht nur gelesen, sondern *benutzt* werden kann – als Reiseführer, als Kompass, als Straßenkarte. Wir sprechen mit einer Stimme für Mütter und Töchter zwischen dreizehn und neunzehn, um *Ihrer* Tochter bei der Bewältigung der enormen Anzahl von Körperbildproblemen zu helfen, die sie nahezu ununterbrochen bestürmen – vom Aufstehen bis zum Zubettgehen. Es wird die Rede sein von Attraktivität und Gewicht, von der Hochglanzperfektion retuschierter Zeitschriften, von Schönheitsoperationen, gestörten Essgewohnheiten und Essstörungen, von Müttern auf Dauerdiät, von Wellness, Gesundheit, Make-up, Depressionen, Selbstverletzung, Selbstmord, Internetbeziehungen, Sex, bauchfreier Mode, Bikinis, Piercing, MTV, von Zahlen auf der Waage und Werten im Berufseignungstest.

Wenn wir anderen Leuten erzählten, dass wir ein Buch über Probleme mit dem Körperbild schrieben, meinten viele: »Aha, ihr schreibt also ein Buch über Essstörungen.« Anscheinend ist das Thema inzwischen zum Synonym für Anorexie, Bulimie, Heißhungerattacken, Fasten und Fettsucht geworden – eben für die sichtbare Palette der Essstörungen. Aber das Thema Körperbild umfasst weit mehr. Es geht um das Selbstbild, um Selbstwertgefühl und Selbstvertrauen. Es geht um das Gefühl, das ein Mensch sich selbst entgegenbringt. Und wenn man erst einmal begriffen hat, dass das Körperbild ein sehr weitreichendes Konzept ist, beginnt man, es in einem größeren und zutreffenderen Kontext zu verstehen.

Die erste Frage, die in diesem Buch beantwortet werden soll, ist die, warum es überhaupt so viele Probleme mit dem Körperbild gibt. Viele Mütter nehmen ganz richtig wahr, dass der Weg von der Kindheit zum Erwachsensein für ihre Töchter viel komplizierter ist, als er es für sie selbst war. Der Druck auf heranwachsende Mädchen ist stärker geworden, die Alternativen sind unklarer, die Reaktionen extremer. Psychisch unbeschadet und selbstbewusst die Zeit zwischen zwölf und zwanzig zu überstehen, ist eine Herausforderung, die man mit der Besteigung des Mount Everest vergleichen kann. Die wahre Schwierigkeit der Teenagerjahre liegt darin, dass sich ein Mädchen in dieser Zeit als Individuum definiert. Heutzutage steht an erster Stelle einer solchen Definition meist das Aussehen eines Menschen, und oft genug gibt es nicht einmal eine zweite Stelle. Wer sie sind, ist für heranwachsende Mädchen eher eine Frage des Äußeren als des Inneren.

Es handelt sich also um reale Probleme, sie entspringen keineswegs Ihrer Einbildung. Die nächste Frage lautet: Wie geht Ihre Tochter mit diesen Problemen um? Entweder lässt sie ihren Körper für sich sprechen. Oder (klingt das bekannt?) sie lässt ihr Elend an Ihnen aus.

Schon sind Sie beide ineinander verstrickt – manchmal durchaus nett und entspannt, meist jedoch finden alle möglichen Geplänkel statt. Sie wissen, wie wichtig es ist, eine Beziehung zu Ihrer Tochter aufrechtzuerhalten, das Problem ist nur, dass Sie nicht wissen, wie. Sie möchten mit ihr über die Schule, über ihr Leben, ihre Freunde, ihre Gefühle sprechen. Aber wenn Ihre Tochter überhaupt Lust hat, mit Ihnen zu sprechen, dann über ihre Hüften (zu breit), ihre Haare (zu lockig), ihre Schenkel (zu fett), ihre Augen (zu dies oder zu jenes). Manchmal ist das Einzige, was Sie beide gemeinsam haben, dass Sie nicht miteinander reden können. Und wenn Sie sich jemals geschworen haben, Ihre Tochter nie im Leben so zu behandeln, wie Ihre Mutter Sie behandelt hat, dann ist jetzt wahrscheinlich der Zeitpunkt gekommen, an dem Sie genau das tun, was Sie immer vermeiden wollten.

Der erste Rat: Verzweifeln Sie nicht. Geben Sie nicht auf. Quälen Sie sich nicht mit dem Gedanken, es sei zu spät, um etwas besser oder anders zu machen. Während Sie Ihrer Tochter helfen, ein gesundes Körperbild zu entwickeln, werden Sie selbst ebenso viele Höhen wie Tiefen erleben, ebenso viel Lachen wie Tränen. Vertrauen Sie darauf, dass Sie und Ihre Tochter dazu fähig sind, eine für beide Seiten befriedigende Beziehung aufzubauen, und dass Sie positive Veränderungen herbeiführen können. Warum? Weil Sie und Ihre Tochter sich lieben. Sie brauchen einander, und Sie brauchen beide eine Beziehung, die funktioniert. Vielleicht fühlt es sich so an, als wäre das Mädchen, das Sie geliebt haben, nicht mehr da, als wäre es verschwunden samt all den vertrauten Dingen, die Sie beide verbunden haben, aber lassen Sie sich nicht ins Bockshorn jagen! Die Mutter-Tochter-Bindung, die entstanden ist, als Ihre Tochter noch ein Säugling war, bleibt bestehen. Ganz gleich, wie tief sie unter all den neuen Konflikten vergraben ist – die Verbindung ist noch da und wird immer da sein. Wenn Sie richtig danach Ausschau halten, werden Sie es merken. Sobald Sie dieses Band wieder spüren, werden Sie in der Lage sein, zwei wichtige Dinge zu tun: Sie werden anfangen, Ihrer Tochter zuzuhören, und Sie werden anfangen, von ihr zu lernen. Dadurch wiederum wird Ihre Tochter mehr über Sie als Mensch erfahren und Ihnen ihrerseits zuhören. Diese authentische beiderseitige Kommunikation ist die Basis für eine liebevolle, einander unterstützende Beziehung.

Um den ersten positiven Schritt zu tun, müssen Sie aufhören, wegen allem und jedem ein schlechtes Gewissen zu haben. Hören Sie auf, entweder Ihrer Tochter oder sich selbst an all den Streitigkeiten die Schuld zu geben, die daraus entstehen, dass Ihre Tochter ihren Körper hasst, dass Sie eine kritische Bemerkung gemacht haben oder dass Ihre Tochter Sie gemein behandelt hat. Und ganz gleich, wie oft Ihre Tochter Ihnen sagt, dass Sie nie etwas richtig machen, egal wie fies und ausfällig sie Ihnen gegenüber wird, kommen Sie auf keinen Fall zu dem Schluss: »Sie hat Recht, ich kann wirklich nichts Richtiges sagen oder tun. Es ist unmöglich, sie zu verstehen.

Sie hasst mich. Ich gebe auf.« Sie machen eine ganze Menge richtig, und Sie werden in Zukunft noch mehr richtig machen. Also werten Sie sich nicht selbst ab.

Für Ihre Tochter geht es in erster Linie ums Austesten. Grenzen, Realität, Ihre Liebe, ob ihre Persönlichkeit von ihrer Mutter akzeptiert oder abgelehnt wird, die eigenen Körpergrenzen – alles wird ausprobiert und überprüft. Aber wie hysterisch, hasserfüllt und grässlich sich Ihre Tochter auch aufführt, Sie müssen standhaft bleiben. Da Sie die Erwachsene in der Beziehung sind, ist es Ihre Aufgabe, die Grenzen festzulegen. Allerdings müssen Sie hinsichtlich körperlicher Grenzen immer darauf achten, dass es um den Körper Ihrer Tochter geht, nicht um Ihren. Wenn Ihre Tochter etwas Gefährliches tut (z. B. promiskuöser Sex, Drogenmissbrauch, Essattacken mit anschließendem Erbrechen oder Abführmittelmissbrauch, Jojo-Diäten), müssen Sie eingreifen. Aber respektieren Sie ansonsten die Grenzen Ihrer Tochter.

Wir möchten Ihnen in diesem Buch praxisbezogene Hilfen anbieten: Stufenprogramme, Strategien, Vorschläge und Verhaltensbeispiele.

Ihnen geht es im Wesentlichen darum, herauszufinden, was nicht funktioniert und warum nicht, Wege zu finden, Ihre Tochter zu verstehen und einen besseren Kontakt zu ihr herzustellen. Wir sehen unsere Aufgabe darin, Ihnen dafür das nötige Werkzeug an die Hand zu geben. Wenn Sie Ihren und wir unseren Job gut erledigen, werden wir unser gemeinsames Ziel erreichen: Ihre Tochter bekommt ein positives Körperbild, und Sie bekommen Ihr Leben zurück.

Zwei Einschränkungen: Phoebe (meine Quelle der Inspiration und eine sehr intelligente Leserin) weist ausdrücklich darauf hin, dass sich dieses Buch ihrer Meinung nach manchmal liest wie eine der Natursendungen im öffentlich-rechtlichen Fernsehen, bei denen der Sprecher Dinge verkündet wie: »Das junge Weibchen neigt zu sprunghaftem, wenn nicht gar gefährlichem Verhalten. Sie verbleibt in der Nähe des Rudels und widersteht jedem Versuch, sie aus dem Busch zu locken.« Wir bitten alle Mädchen, die dieses Buch lesen, uns zu glauben, dass wir sie nicht wie Gazellen oder Zebras behandeln wollen.

Die zweite Einschränkung stammt ebenfalls von Phoebe (Kritikprofi und Genauigkeitsfan). Sie gibt zu bedenken, dass wir, obwohl wir selbst keine Mädchen im Teenageralter sind, vorgeben, für sie zu sprechen und alles zu wissen, was sie denken und sagen. Wir glauben tatsächlich daran, dass wir den Kern und das Gefühl dessen getroffen haben, worum es ihnen geht. Zwar liegt es in der Natur eines Buches wie diesem, zu verallgemeinern und Schlüsse zu ziehen, aber wir gehen fest davon aus, dass unsere Leserinnen und Leser klug sind. Das Buch wird hilfreicher sein, wenn Sie und Ihre Tochter (und Phoebe) nicht alles absolut wörtlich nehmen.

KAPITEL 1

Das Bild vom eigenen Körper

EINIGE KERNFRAGEN brennen allen Müttern auf den Nägeln: Warum konzentriert sich meine Tochter so auf ihren Körper? Warum hat sie ein so negatives Bild von ihrem Körper? Haben alle Mädchen Probleme mit ihrem Äußeren? Welche Mädchen sind besonders anfällig? Gehört meine Tochter dazu?

Im Mittelpunkt all dieser Fragen stehen drei zentrale Tatsachen. Erstens gibt es mehr Faktoren als je zuvor (kultureller, relationaler, sexueller und sozialer Natur), die es Ihrer Tochter schwer machen, ihr Äußeres einfach zu mögen.

Zweitens beeinflussen zwar zahlreiche Aspekte in Ihrer Beziehung das Verhalten Ihrer Tochter, aber der wichtigste Einfluss darauf, wie sie ihren Körper sieht, ist Ihr eigenes Körpergefühl und die Art und Weise, wie Sie es Ihrer Tochter vermitteln.

Drittens ist Ihre Beziehung zu Ihrer Tochter Teil eines Prozesses. Trotz all der entmutigenden und schwierigen Dinge, die zwischen Ihnen passieren mögen, arbeitet die Zeit für Sie. In den nächsten Jahren werden Sie viele Möglichkeiten finden, wie Sie Ihrer Tochter dabei helfen können, ihren Körper und sich selbst in einem positiven Licht zu sehen.

AUS VIELERLEI GRÜNDEN ist es nur natürlich, dass Ihre Tochter ein besonderes Augenmerk auf ihren Körper lenkt. Teenager, die anfangen, sich von ihren Müttern und Vätern zu lösen, müssen diese Trennung untermauern, indem sie ihren Körper voll und ganz in Besitz nehmen. Dieser lange Prozess – die schrittweise Abnabelung und die zunehmende Selbstständigkeit eines Mädchens – beginnt schon mit zehn oder elf und zieht sich hin bis in die Spätpubertät zwischen siebzehn und neunzehn. Was bedeutet das? Nun, unserer Erfahrung nach heißt es, dass Ihre Tochter in diesen Jahren die eine Hälfte ihrer Zeit vor dem Spiegel verbringt und die andere Hälfte damit, sich mit ihrer Mutter über bestimmte Aspekte ihres Aussehens zu streiten – ob der Rock zu eng oder der Lidschatten zu grell ist und ob es zu den Grundrechten eines Menschen gehört, sich den Bauchnabel piercen zu lassen. Bei den meisten Auseinandersetzungen zwischen Mutter und Tochter geht es um Kontrolle. Bei den meisten Kontrollkämpfen geht es um Abgrenzung. Und das Schlachtfeld, auf dem alle diese Kämpfe stattfinden, ist der Körper. Die Frage »Um wessen Körper geht es hier überhaupt?« taucht immer wieder auf, in den verschiedensten Variationen.

Je mehr Sie diese Problematik verstehen, je mehr Sie begreifen, was Ihre Tochter durchmacht, desto leichter wird es Ihnen fallen, Ihre Tochter vor potenziellen Schwierigkeiten zu schützen, bereits bestehende zu überwinden und in einer von Natur aus schwierigen Phase einen starken positiven Einfluss auszuüben. Hierbei ist »leichter« allerdings ein relativer Begriff. Vielleicht fühlen Sie sich gelähmt, weil Sie solche Angst haben vor einem Stadium, das Sie nicht wirklich begreifen, und vor einer Tochter, die Sie immer weniger verstehen. Vielleicht sorgen Sie sich schon allein deshalb, weil Ihre Tochter Sie auf Distanz hält. Wenn Ihre Tochter Sie mit vernichtender Herablassung behandelt, sind Sie vielleicht verärgert, befürchten aber gleichzeitig, dass sie sich noch weiter von Ihnen zurückzieht. Oder Sie glauben, dass Sie gegen die abgrundtiefe Verachtung und die Wut, die Ihnen entgegenschlagen, sowieso nicht ankommen.

Aber auch wenn Ihre Tochter (innerhalb weniger Minuten)

von hysterisch auf feindselig umschaltet, auch wenn Bemerkungen wie »Lass mich in Ruhe!« oder »Halt dich bloß raus aus meinem Leben!« keineswegs einem offenen Gespräch zuträglich sind, dürfen Sie trotzdem nicht aufgeben oder kneifen. Für ein heranwachsendes Mädchen ist die Mutter wichtiger als alle anderen Menschen, und alles, was Sie beide durchmachen, gehört zu einem Prozess, der für Ihre Tochter *notwendig* ist, um herauszufinden, wer sie ist, allein, als einmaliger, einzigartiger Mensch. Dieser Kampf ist entscheidend für die gesamte Körperbildthematik. Erinnern Sie sich noch daran, dass Sie früher mal gedacht haben, ein Kind auf die Welt zu bringen sei anstrengend?

Ihre Tochter hat einleuchtende Gründe für ihre Attacken. Aus ihrer Sicht hat sich die Mutter, die sie einst kannte, ganz plötzlich verändert: Sie versteht sie nicht mehr und will sie stattdessen ständig kontrollieren. Deshalb liebt Ihre Tochter Sie nicht mehr blind und rückhaltlos wie früher, sondern die Beziehung zu Ihnen ist ambivalent, bedrohlich und verwirrend geworden. Um sich erfolgreich lösen und Selbstständigkeit erlangen zu können, muss die Tochter das idealisierte Bild ihrer Mutter seines Glanzes berauben und ihm mit einer kritischen Haltung entgegentreten, die oft an Verachtung grenzt. Aus der Perspektive der Mutter hat sich das Kind, das ihr so vertraut war, in ein anderes Wesen verwandelt, dessen Verhalten höchst sonderbar und nicht selten auch beunruhigend ist. Aus Ihrer Perspektive als Mutter wäre das der Teil des Films, in dem jemand das wunderbare, liebenswerte Kind gegen den bösen außerirdischen Zwilling austauscht.

Vielleicht ist es nur ein kleiner Trost, aber in solchen Augenblicken, in solchen Stimmungen fühlt sich Ihre Tochter, die Außerirdische, sich selbst nicht weniger entfremdet als Ihnen. Erinnern Sie sich an Ihre eigene Pubertät? Dann wissen Sie aus eigener Erfahrung, wie schwer es ist, die Person, die Sie sind, mit der Person, die Sie sein wollten, unter einen Hut zu bekommen – mit welchem Entsetzen die Erkenntnis verbunden war, dass Sie niemals den perfekten Brustumfang besitzen, dass Ihre Haare nie so glänzen würden, wie Sie es sich gewünscht haben. Die Pubertät ist die Zeit, in der unsere Träume und Phantasien von »Wenn ich groß bin, werde ich ...« immer genauer unter die Lupe genommen werden. Für Ihre Tochter ist es das erste Mal, dass ihre Kinderträume frontal mit der Realität zusammenstoßen.

Auf einmal wird ihr klar, dass sie nicht die beste Tänzerin der Welt ist und auch nicht der unumstrittene Fußballstar. Sie beneidet andere Mädchen, die es scheinbar leichter haben, oder beginnt sich (natürlich nicht zu ihren Gunsten) mit Models, Athletinnen, Popsängerinnen und Filmstars zu vergleichen. Die Frustrationen, die aus ihrer Enttäuschung entstehen, bringen sie dazu, sich selbst abzuwerten. Sie leidet an einem sehr realen Verlustgefühl; es ist schmerzlich für sie, ihre Träume aufzugeben. Besonders schmerzhaft ist es, das idealisierte Bild aufzugeben, das sie von *Ihnen* hatte. All diese Perfektionsphantasien, die einmal umsetzbar zu sein schienen, stehen nun plötzlich in krassem Gegensatz zu ihrer neuen und eindeutig unvollkommenen Realität. Sie hat Pickel im Gesicht. Ihre Mutter ist nicht fehlerfrei. Ihr Leben ist kein Film, in dem sie als makellose Schönheit die Hauptrolle spielt!

Das Ergebnis all dieser Enttäuschungen ist jede Menge Wut, die sie gegen sich selbst und manchmal auch gegen ihre Mutter richtet. Und da sich die Gefühle in ihrem Körper ansiedeln, lässt sie ihre Probleme auch dort aus. Ihre Rache kann etwas Harmloses sein, zum Beispiel, dass sie die Sportstunde schwänzt, oder auch etwas Extremes, zum Beispiel, dass sie versucht, sich zu Tode zu hungern.

Jeder Körperteil wird kritisch beäugt: »Ich hasse meinen Hintern.« »Meine Beine sind zu dick.« »Wenn meine Arme doch bloß nicht so schwabbelig wären.« Jeden Tag beschert ihr der Spiegel neue Enttäuschungen und Frustrationen. Und aus der Besessenheit mit den Äußerlichkeiten entstehen ihre neuen verinnerlichten Glaubenssätze: »Ich hasse meinen Körper« und »Ich hasse meine Mutter, weil sie mir diesen Körper gegeben hat.«

Plötzlich weiß sie ganz genau, was es bedeutet, sich einer Sache »schmerzlich bewusst« zu sein. Sie erkennt immer mehr, was sie *nicht* ist, und sie hat noch nicht herausgefunden, wer sie *ist*. Das tut weh. Jetzt muss sie forschen, experimentieren und Fehlschläge erleiden, indem sie viele verschiedene Persönlichkeiten ausprobiert. (»Ich bin Gothic-Fan«, »Ich bin ein Hippie«, »Ich steh auf Jungs ... auf Body Piercing ... auf Buddha ...«) Es ist wichtig, dass Sie als Mutter diese Rollenspiele als solche durchschauen und nicht etwa in Panik ausbrechen. Jetzt sollten Sie sich gut überlegen, was eine Auseinandersetzung lohnt. Gibt Ihre Tochter nur eine an sich harmlose Autonomieerklärung ab, oder tut sie etwas, womit sie sich bleibenden Schaden zufügen könnte? Indem Sie nicht zu allem nein sagen, indem Sie nicht überreagieren, indem Sie Ihre Rolle als Erwachsene in der Beziehung ernst nehmen, helfen Sie Ihrer Tochter, dieses Experimentierstadium zu bewältigen. Sie helfen ihr, es zu verstehen, Sie sind da, um Ihre Tochter bei eventuellen Abstürzen aufzufangen, Sie helfen ihr, sich wieder aufzurappeln und aus ihren Fehlern zu lernen.

Indem Ihre Tochter verschiedene Persönlichkeiten und Haarfarben ausprobiert (für gewöhnlich diejenigen, die sich nicht so einfach wieder auswaschen lassen), versucht sie, sich gegen ihren Schmerz, ihren Verlust, ihre Unsicherheit zu wehren. Sie sucht sich nicht etwa andere Dinge, auf die sie sich konzentrieren kann, sondern sie macht ihren Körper nur noch mehr zum Brennpunkt und nimmt ihn aus einer neuen (und entschieden verzerrten) Perspektive wahr. Sie wird aktiver (eine positive Entwicklung), aber weniger vernünftig (ein eher negativer Trend). Sie glaubt, wenn sie das Äußere irgendwie hinkriegt, dann wird sie sich innen besser fühlen. Jede Mutter kennt die Teenager-Logik: »Wenn ich mir die

Haare pink färbe, dann finden mich alle cool.« »Wenn ich aussehe wie das Mädchen in dem Video auf MTV, dann bin ich glücklich.« »Wenn ich alle meine Körperhaare abrasiere und mich mit Selbstbräuner einreibe, seh ich total super aus.«

Zu dem Prozess, in dem Ihre Tochter eine selbstständige Persönlichkeit entwickelt, gehört unter anderem, dass sie einen Platz für ihre Kindheitsträume und -wünsche findet und weiß, dass diese nicht für immer verloren sind. Doch gerade das ist für sie schwer zu begreifen. Hier könnten Sie als Mutter eine wichtige Rolle spielen, dazu beitragen, dass Ihre Tochter nicht den Boden unter den Füßen verliert, indem Sie sie an ihre wirklichen Talente, Fähigkeiten und Stärken erinnern. Durch eine solche Bestärkung sind Sie für Ihre Tochter wie der Fels in der Brandung, ihr Rettungsanker im Sturm. Natürlich kann es vorkommen, dass Ihre Tochter wütend auf Sie losgeht: »Du hast ja überhaupt keine Ahnung!«, aber Ihre Stabilität und Ihre positive, konsequente Einschätzung ihrer Person sind für Ihre Tochter in dem notwendigen Prozess, sich von Ihnen zu lösen und ein positives Selbstbild zu entwickeln, die wertvollste Unterstützung.

Jede kleine, ruhige, vernünftige Geste ihr gegenüber hilft Ihrer Tochter, die größeren, langfristigeren Ziele zu erreichen: Die Verwirklichung realistischerer Wünsche anzustreben, schrittweise neue Erfahrungen zu integrieren, erfolgreich mit der neuen Lebenssituation umzugehen und in angemessener Zeit ein abgerundetes Selbstgefühl zu entwickeln.

Wie immer besteht Ihre Aufgabe darin, die Realität nicht aus den Augen zu verlieren und sich von den unregelmäßigen, ruckartigen Veränderungen und den verdrehten Gedankengängen Ihrer Tochter genauso wenig einwickeln zu lassen wie von ihrer Unfähigkeit, Ihnen wirklich zuzuhören. Selbst mit wahrer Engelsgeduld ist es schwer, bei der Stange zu bleiben, wenn Ihre Tochter mal wieder völlig unergründlich, wütend und feindselig ist oder Ihnen ganz nebenbei mal wieder einen Schlag unter die Gürtellinie versetzt. Es hilft, wenn Sie sich hin und wieder klar machen, dass Ihre Tochter schwerlich wachsen und reifen kann, ohne gelegentlich solche Gefühle zum Ausdruck zu bringen – so schmerzhaft es für Sie auch sein mag. Wenn Sie finden, dass Sie einen anstrengenden Job haben – Ihre Tochter hat garantiert den härteren erwischt. Um erwachsen zu werden, muss sie zwei einander widersprechende Dinge vollbringen – sich einerseits von ihrer Mutter abzunabeln, zu der sie ihr Leben lang eine sehr enge Bindung hatte, und sich andererseits weiter mit ihr identifizieren.

So sieht die Jobbeschreibung von Müttern und Töchtern in der Pubertät aus: Ein Mädchen muss sich auf dem Weg vom Kind zur Frau von ihrer Mutter lösen und ein Gefühl dafür entwickeln, wer sie selbst ist. Ihre Mutter muss helfen, ihr das notwendige Handwerkszeug und die angemessene Unterstützung zukommen zu lassen, damit das Mädchen sich abnabeln und ein gesundes, nicht nur oberflächliches Selbstgefühl entwickeln kann.

Warum ist das für manche Mädchen schwerer als für andere? Tragen bestimmte Mädchen ein größeres Risiko, ein negatives Körpergefühl und die damit einhergehenden Probleme zu entwickeln? Die Antwort lautet: Ja. Es gibt einige messbare Faktoren, die ein solches Risiko begünstigen. Am anfälligsten sind

- Mädchen, die entweder deutlich unter- oder übergewichtig sind; Mädchen, deren Mütter sich deswegen große Sorgen machen und für die das Thema offensichtlich ein Problem darstellt.
- Mädchen, deren Mütter sich selbst stark mit ihrem eigenen Gewicht, mit ihrem Äußeren und ihrem sozialen Erfolg beschäftigen und diese Sorgen auf ihre Tochter projizieren.
- Mädchen, die Probleme mit sozialer Kompetenz haben, schüchtern und übermäßig von ihrer Mutter abhängig sind.

– Mädchen, deren Vater ihr und ihrem Äußeren kritisch gegenübersteht. Ein solcher Vater fühlt sich von der erwachenden Sexualität seiner Tochter bedroht, verspottet sie vielleicht oder wertet ihren Körper auf subtile Weise ab.

Je mehr Risikofaktoren vorhanden sind, desto größer ist die Wahrscheinlichkeit, dass es zu Problemen mit dem Körperbild kommt. Und obwohl man heute vielerorts das Mantra hört: »Tja, das muss der Einfluss von MTV/irgendeinem Modemagazin/der Musik sein«, ist es in Wirklichkeit nicht ganz so einfach. Wenn keine konstante Elternperson vorhanden ist, die filtern und bremsen kann, ist der Einfluss der Medien natürlich besonders groß und gefährlich. Prinzipiell gilt, dass ein Mädchen einen liebevollen, engagierten und aufmerksamen Elternteil braucht, der ihm hilft, die dort oftmals verzerrte Weltsicht zu durchschauen und zu entschlüsseln.

Wenn Sie wissen, dass Ihre Tochter in Gefahr ist, gibt es dann eine Möglichkeit, Probleme schon im Vorfeld zu erkennen? Ja. Wenn Risikofaktoren vorliegen, sollten Sie auf Signale Ihrer Tochter achten: Anzeichen von Depression, Veränderungen des Essverhaltens, Isolation, extreme Stimmungsschwankungen, Energieverlust, fehlender Freundeskreis – alles, was darauf hindeutet, dass Ihre Tochter nicht sie selbst ist.

Halten Sie gleichzeitig Ausschau nach Gelegenheiten zur Gegenwehr – wie Sie kluge, unterstützende, hilfreiche Dinge sagen oder tun können. Hier ein paar Tipps, wie man am besten hilft:

◆ Konfrontieren Sie Ihre Tochter mit Ihrer Einschätzung der Realität. Sehr oft sind Mädchen mit einem negativen Körperbild gegenüber *allem* negativ eingestellt – die ganze Welt ist einfach blöd. Helfen Sie Ihrer Tochter zu sehen, dass alles gar nicht so schlimm ist. Aber machen Sie sich auf einiges gefasst: Auch auf Ihr Angebot zu helfen wird Ihre Tochter wahrscheinlich erst einmal negativ reagieren. So merkwürdig das vielleicht klingen mag: Begegnen Sie ihrer Negativität nicht mit Kritik, sondern lassen Sie sie einfach so stehen. Beispielsweise ist es fast immer eine gute Idee, einleitend etwas negativ Klingendes vorzubringen wie: «Vielleicht findest du das nicht besonders hilfreich, aber ...« Danach fahren Sie mit etwas Unterstützendem fort, beispielsweise: »Wenn du eine Freundin besuchen möchtest, kann ich dich im Auto mitnehmen.« Ziel ist, dass Ihre Tochter sich wenigstens aus dem Zimmer bewegt, wo sie sich isoliert und schlecht fühlt. Sie können ihr auch vorschlagen, dass Sie ihr bei dem, von dem sie glaubt, es könnte ihr Leben verändern (ein neues Outfit, angesagte Schuhe, ein ganz neuer Haarschnitt, Glitzer-Make-up), unter die Arme greifen. Erwarten Sie nicht, dass nach einem kleinen Erfolg plötzlich alles in Butter ist, aber versuchen Sie es immer wieder.

◆ Werden Sie keine von den Müttern, die ständig einen überschwänglichen Optimismus zur Schau tragen, deren Enthusiasmus völlig unangemessen und falsch wirkt, wenn sie beispielsweise ihre offensichtlich schlecht gelaunte Tochter anflöten: »Was für ein schöner Tag! Hast du nicht Lust auf eine nette Radtour?« Wenn Sie das Bedürfnis haben, manisch munter zu sein, tun Sie das bitte allein. Und demütigen Sie Ihre Tochter auch nicht mit Argumenten wie: »Du hast kein Recht, so deprimiert zu sein. Es ist ein schöner Tag, also reiß dich zusammen.« Ihre Tochter braucht keine kontrollsüchtige Mutter, die anderer Leute Stimmungen bis ins Kleinste managt.

◆ Wenig empfehlenswert für Mütter ist die Strategie, auf alles eine Antwort zu wissen. Wenn Ihre Tochter eine Million Mal am Tag in den Spiegel schaut, sagen Sie lieber nichts dazu, kein Wort! Sicher, es kann einen verrückt machen. Aber es ist normal. Ihre Tochter unterhält sich am Telefon stundenlang über nichts? Na wenn schon! Hören Sie nicht hin. Drücken Sie sich auch nicht vor ihrer Tür herum, lauern Sie nicht auf eine Gelegenheit, endlich mal ein »sinnvolles Gespräch« zu führen. Wenn Sie unbedingt an ihrer Tür stehen müssen, sagen Sie irgendetwas Ermutigendes, und verschwinden Sie danach sofort wieder.

◆ Ermuntern Sie Ihre Tochter um jeden Preis, Beziehungen zu positiven weiblichen Rollenmodellen aufzunehmen. Osmose funktioniert nämlich doch.

Was jede Mutter wissen sollte

Dick ist ein Kodewort für ein Gefühl, nicht eine Zahl auf der Waage. Außerdem ist es ein Ausdruck für die Empfindungen Ihrer Tochter, vielleicht die einzig ihr bekannte Möglichkeit, über das zu sprechen, was ihr Kopfzerbrechen bereitet.

Hören Sie Ihrer Tochter gut zu, aber nehmen Sie das, was sie über ihren Körper sagt, nicht wörtlich. Wenn sie sagt: »Ich bin so dick«, antworten Sie nicht: »Na, dann mach doch eine Diät und nimm fünf Pfund ab.« Es geht ihr nicht um die Diät, sie spricht von ihren Gefühlen.

Denken Sie daran, dass Ihre Tochter noch in ihren Körper hineinwächst und dass er nicht immer sonderlich gut passt. Sie sind Ihren Körper gewohnt, Ihre Tochter den ihren aber noch nicht.

Ihre Tochter leidet möglicherweise unter zahlreichen Ängsten und Unsicherheiten in Bezug auf ihren Körper und auf sich selbst. Tun Sie diese nicht einfach ab, denn sie sind die besten Hinweise auf die innersten Gedanken Ihrer Tochter.

Den ganzen Tag lang wird Ihre Tochter mit Mädchengeschwätz über den Körper bombardiert, und sie glaubt ihren Freunden mehr als Ihnen. Das ist normal. Helfen Sie ihr, gewisse Dinge noch einmal zu durchdenken.

Achten Sie darauf, was Sie selbst zu der Mischung hinzufügen: Wie Sie über Ihren eigenen Körper reden, über Ihr Gewicht, Ihr äußeres Erscheinungsbild. Überlegen Sie, was für ein Rollenvorbild Sie für Ihre Tochter sind.

Falls Ihre Tochter wirklich Gewichtsprobleme hat, muss sie selbst entscheiden, was sie unternehmen will. Oder *ob* sie überhaupt etwas unternehmen will. Wenn ihr Gewicht zu gesundheitlichen Schwierigkeiten führt, müssen Sie natürlich einen Plan ausarbeiten, der sich mit dem körperlichen und seelischen Wohlbefinden Ihrer Tochter befasst, einen Plan, der ihr hilft, Gewicht zu verlieren und Selbstwertgefühl zu gewinnen.

KAPITEL 2

Die Kämpfe um den Körper: Der Körper Ihrer Tochter gehört ihr, nicht Ihnen

IHNEN GEFALLEN die knappen Tops nicht, die Ihre Tochter trägt? Sie finden es unschön, dass ihr ständig eine Haarsträhne in die Augen hängt? Sie *wissen*, dass sie besser aussehen würde, wenn sie fünf Pfund abnehmen oder etwas für straffere Oberschenkel tun würde? Soll ich Ihnen etwas verraten? Der Körper Ihrer Tochter gehört Ihnen nicht. Und obgleich die Frage »Wessen Körper ist das überhaupt?« vielleicht wie ein Titel für eine Quizshow klingt, die ungefähr dann beginnt, wenn Ihre Tochter zwölf wird, ist sie von zentraler Bedeutung und einer der größten potenziellen Konfliktherde zwischen Ihnen – nicht nur ein paar Monate, sondern einige Jahre lang. Einige lange Jahre. Wie Sie mit dieser Frage umgehen, kann darüber entscheiden, ob Ihre Tochter sich trotz aller Schwierigkeiten in ihrer Haut einigermaßen wohl fühlt oder ob sie all ihre Probleme auf ihren Körper bezieht und sich jedes Mal, wenn sie in den Spiegel schaut, grässlich fühlt.

Die ersten Kämpfe zum Thema »Wem gehört mein Körper« finden in der frühen Adoleszenz statt, mit Einsetzen der Pubertät. Zu diesem Zeitpunkt muss ein Mädchen die Abnabelung von seiner Mutter vollziehen, indem es allmählich den eigenen Körper vollständig in Besitz nimmt. Um diesen Fortschritt zur Kenntnis zu nehmen und seine Unabhängigkeit zu festigen, muss es die Mutter zurückweisen, und zu den frühesten und härtesten Methoden gehört alles, was den Körper betrifft. »Ich bin kein Kind mehr.« Das wäre ja ganz in Ordnung, nur sieht die Tochter in Ihren Augen immer noch aus wie ein kleines Mädchen, vor allem, wenn man bedenkt, dass Sie sie immer noch ans Zähneputzen erinnern und davon abhalten müssen, bei Schnee in Flipflops loszuziehen. Dieses Stadium ist fast wie eine Neuauflage der Phase, die sie durchgemacht hat, als sie zwei war. »Du kannst nicht bestimmen, was ich anziehen soll«, verkündet sie. »Du kannst mich nicht zwingen, diese blöden Haarspangen zu tragen.« »Du kannst mir nicht sagen, was gut aussieht, schau dir doch an, was *du* anhast.« In solchen Situationen bringt sie schon der vorsichtigste Vorschlag zum Weinen, Kummer verwandelt sich augenblicklich in Hysterie, und selbst die netteste Bemerkung wird als gemeinste Kritik aufgefasst. Mit dem Zuknallen der Badezimmertür hat der Kampf um den Körper begonnen. »Ich weiß auch nicht«, klagen die ratlosen Eltern. »Es ist, als wäre sie eines Abends als süßes kleines Mädchen eingeschlafen und als Monster wieder aufgewacht.« Ein hoch entwickeltes Monster obendrein, mit einer (für Ihre Tochter und für Sie) Furcht erregenden neuen Sexualität. Ihr Baby kann jetzt (und das ist noch Furcht erregender) selbst ein Baby bekommen.

Zum ersten Mal seit dem Krabbelalter tauchen Probleme mit den Körpergrenzen auf. Damals hat sie von Ihnen gelernt, wie und wann man die Toilette benutzt, wer sie berühren darf und wer nicht, was sie in der Öffentlichkeit und was lieber privat tun soll. Und jetzt geht alles wieder von vorne los. Wird Ihre Tochter bereit sein, mit Ihnen über das zu sprechen, was mit ihrem Körper passiert und wie sie sich aufgrund dessen fühlt? Wenn Sie beide, als Ihre Tochter noch klein war, Ihren Gefühlen offen Ausdruck verleihen konnten und Sie eine gute körperliche Beziehung zueinander hatten, wird Ihnen das in der Pubertät leichter fallen. Aber auch eine enge frühere Beziehung ist keine Garantie. Vielleicht merken Sie, dass auf einmal Barrieren auftauchen, obwohl Sie doch immer das

Richtige gesagt und getan haben. Diese Barrieren haben mehr mit Ihrer Tochter als mit Ihnen zu tun; manchen Mädchen fällt es einfach schwer, sich mit den körperlichen Veränderungen anzufreunden.

Als Faustregel gilt, dass jedes Mädchen in dieser Phase *irgendwelche* Probleme mit ihrem Körper durchmacht. (Lesen sollten Sie dazu das Buch *Mädchen, Mädchen* von Lynda und Area Madras.) Vor allem das Einsetzen der Menstruation ist eine sehr wichtige Zeit im Gefühlsleben eines Mädchens. Alle Mädchen müssen sich an den Gedanken gewöhnen, eine Periode zu *haben*, nicht nur wegen des Blutens an sich, sondern wegen all der neuen unbehaglichen Gefühle, die aus dem Nichts auf sie herabzustürzen und jeden Monat von neuem aufzutauchen scheinen – prämenstruelle Symptome, Blähungen, Krämpfe, Kopfschmerzen, seltsame Essgelüste, Stimmungsschwankungen.

Für manche Mädchen ist es besonders schwer: Wenn die erste Periode auf sich warten lässt (bei manchen Mädchen setzt die Menstruation erst mit fünfzehn oder sechzehn ein), machen sie sich Sorgen, nicht »normal« zu sein. Ein Mädchen, das seine Periode vor allen anderen bekommt, fühlt sich allein oder bekommt Angst. Ein Mädchen, das von den ganzen Veränderungen buchstäblich überfallen wird, hat oft das dringende Bedürfnis, sich zurückzuziehen.

Neben der Menstruation gibt es jede Menge weiterer körperlicher Veränderungen, die den Mädchen das Gefühl geben können, die Kontrolle verloren zu haben: Sie bekommen Pickel, sind größer als die Jungen in ihrer Klasse, ihre Brüste sind riesig (jedenfalls kommt es ihnen so vor). Wohin mit all der Anspannung, wohin mit dem ganzen Groll? Überraschung! Sie berichten ihrer Mutter nicht nur davon, sie lassen es oft genug an ihr aus. Sie beklagen sich, sie sind schlecht gelaunt, sie machen einem das Leben schwer.

Die Spannung, die ein Mädchen in der Beziehung zu ihrer Mutter erlebt, kommt manchmal in widersprüchlichen Botschaften zum Ausdruck. Im einen Moment stößt die Tochter ihre Mutter von sich weg, im nächsten zieht sie sie wieder zu sich her. Im einen Moment liebt sie ihre Mutter, im nächsten jagt sie sie fort. Sie ist noch so unreif und unerfahren, dass sie die meiste Zeit über nicht weiß, was sie will oder wer sie ist. Sie möchte getröstet werden, aber nichts kann sie trösten. Sie möchte dafür sorgen, dass alles besser wird, kann es aber nicht. Deshalb will sie, dass ihre Mutter es besser macht, wie sie es doch auch früher immer getan hat. Aber Moment mal. Wenn Mutter mich verhätschelt, behandelt sie mich wie ein kleines Kind! Und das bin ich doch nicht mehr!

So steigt die Spannung weiter, der Krieg wird unvermeidlich, denn Ihre Tochter kann Ihnen nur nahe kommen, indem sie mit Ihnen kämpft. Sie kann sich lautstark darüber beklagen, wie Sie sie herumkommandieren, sie kann Sie wegstoßen und total mit Ihnen verstrickt sein – und das alles gleichzeitig. Aber glauben Sie mir: *Jede* aktive Auseinandersetzung mit dem Feind ist besser als ein totaler Abbruch der Beziehungen. Wenn Ihre Tochter so verwirrt ist, dass sie nicht mehr weiß, welche Rolle Sie in ihrem Leben spielen – Freund oder Feind –, dann braucht sie den Kampf für ihren Abnabelungsprozess.

Wo findet dieser Krieg statt? Normalerweise ist der Körper das Schlachtfeld, und daher sind die Kämpfe für jeden sichtbar. Tätowierungen, Diäten, Fettphobien, provokante Kleidung – der Krieg konzentriert sich auf Äußerlichkeiten, denn das ist alles, was Ihre Tochter wahrnimmt. Kein Wunder. Der Körper war als Erster da, er ist zentral; das Mädchen ist aus dem Körper der Mutter gekommen, wurde von ihm genährt, wahrscheinlich sieht es seiner Mutter ähnlich und wird ihr in vielerlei Hinsicht noch ähnlicher werden. Deshalb schlägt eine Heranwachsende, wenn sie sich den Kopf kahl rasiert, mehrere Fliegen mit einer Klappe: Sie distanziert sich von ihrer Mutter, sie trifft eine kreative Entscheidung, sie macht ihren Körper einmalig, und sie gibt zu erkennen, dass sie anders ist. Hauptsächlich jedoch fühlt sie sich für eine gewisse Zeit als Herr der Lage, denn sie hat ihre wahren Gefühle der Machtlosigkeit bekämpft. Letztlich drückt sie mit ihrer Maßnahme aus: »Das hier ist mein Körper, nicht deiner. Ich werde erwachsen, und ich bin ein sexuelles Wesen, ob es dir gefällt oder nicht. Und ich bin kein kleines Mädchen mehr. Es sei denn, ich habe gerade Lust darauf.«

Da Sie Ihre Tochter nicht in ein spanisches Kloster stecken können, bis sie einundzwanzig ist, müssen Sie sich überlegen, wie Sie mit ihr zusammen in einem Haus existieren können, das sich anfühlt wie ein Kriegsschauplatz, in einer Situation, die vollkommen verfahren und ausweglos zu sein scheint. Es ist sehr wichtig, dass Sie (a) verstehen, wie beunruhigend es für Ihre Tochter ist, sich so machtlos zu fühlen, und dass Sie (b) ihr Normalität vermitteln, damit sie hinsichtlich ihres Körpers zumindest ansatzweise eine Perspektive sieht.

Versuchen Sie, über alles mit ihr zu sprechen. Fühlen Sie sich in die Veränderungen ein, die sich im Körper und in den Stimmungen Ihrer Tochter abspielen. Seien Sie sensibel für ihre Ansichten und Gefühle. Hören Sie zu, wie sie reagiert und antwortet. Geben Sie ihr Rückmeldungen und lassen Sie sie an Ihren eigenen Erfahrungen teilhaben. Wenn möglich sollten Sie ihr auch von den Frauenbiographien in Ihrer Familie erzählen und dabei auch die Erfahrungen und Probleme anderer Generationen zur Sprache bringen.

Zu verstehen, wie ihr Körper funktioniert, zu wissen, dass jeder Frauenkörper anders reagiert, und zu begreifen, dass es nichts gibt, was für alle stimmt, kann einer Heranwachsenden sehr helfen. Wenn sie durchschaut, wie ihr Körper funktioniert, fällt es ihr leichter, prämenstruelle Symptome, schmerzende Brüste, Stimmungsschwankungen, Krämpfe, Blähungen, sonderbare Essgelüste und normale Gewichtszunahme durch Wassereinlagerungen zu akzeptieren und sich darauf einzustellen. Viele junge Frauen vergleichen sich mit ihren Freundinnen, und wenn eine Heranwachsende unter

Menstruationsproblemen leidet, fühlt sie sich vielleicht als hilfloses Opfer ihres Körpers und hasst die Veränderungen, die durch ihn über sie hereinbrechen. Wenn Sie ihr helfen zu definieren, was normal ist und was nicht, ist das beruhigend, und – so verrückt sich das anhören mag – Sie stellen damit Kontakt her und führen Ihre Tochter in die Familie der Frauen ein.

Verständlicherweise ist die Zeit der Pubertät von Schüchternheit und allerlei Hemmungen geprägt; vielleicht möchte Ihre Tochter nicht so viel mit Ihnen sprechen, wie Sie es gerne hätten. Weil sie so viele Veränderungen zu verkraften hat, fühlt sie sich leicht überfordert. Mit einer starken Präsenz und viel Gelassenheit können Sie Ihrer Tochter schon viel von dem Trost und dem Mitgefühl vermitteln, die sie braucht. Aber was ist, wenn sie überhaupt nichts erzählen will? Was, wenn sie sich beharrlich weigert, Ihnen zuzuhören? Viele Mädchen schützen sich vor ihren verletzlichen Gefühlen, indem sie behaupten, dass sie alles wissen, was sie wissen müssen, und keine Unterstützung von ihrer Mutter brauchen. (Zur Frage der Kommunikation finden Sie in Kapitel 3 noch mehr Hilfe.)

Sie sollten die Privatsphäre Ihrer Tochter und ihr Schamgefühl unbedingt respektieren. Übertreten Sie Ihre Grenzen, fühlt sie sich sehr schnell gedemütigt. Noch schlimmer, Sie verspielen Ihre Chance, ihr etwas beizubringen und ihr zu helfen. Missbrauchen Sie ihr Vertrauen nicht. Erwähnen Sie auch vor Ihrem Mann nie etwas, was Ihre Tochter Ihnen unter dem Siegel der Verschwiegenheit gestanden hat. Lassen Sie keine noch so liebevolle Oma oder besorgte Tante »teilhaben«. Sätze wie »Ach, stell dich doch nicht so an, es ist bloß Tante Valerie, wir sind schließlich alle Frauen!« sollten niemals aus Ihrem Mund kommen.

KAPITEL 3

Die Mutter-Tochter-Beziehung ist ein Prozess

WENN MAN seine Sache als Eltern gut machen will, ist es nicht damit getan, dass man gelegentlich versucht, seine Tochter zu verstehen und zu lieben. Es geht vielmehr darum, durch ihre gesamte Adoleszenz den Kontakt zu ihr aktiv aufrechtzuerhalten. Zu lernen, ihr wirklich zuzuhören, einen sinnvollen Dialog zu führen und im Gespräch zu bleiben, ihr Ratschläge zu geben und Grenzen zu setzen – und das alles auf möglichst positive Art. Für diesen Prozess sind nur zwei Dinge nötig: eine emotionale und eine intellektuelle Verbindung zwischen Ihnen und Ihrer Tochter.

Das klingt erst einmal abstrakt, deshalb möchte ich Ihnen gleich vor Augen führen, was Sie davon haben: Wenn Sie auf diese Art mit Ihrer Tochter verbunden bleiben, werden Sie Schritt für Schritt die Strategien entwickeln, die Sie brauchen, um mit Problemen und Krisen umgehen zu können. Sie werden die damit einhergehenden Wutanfälle und Tränen überstehen und irgendwann erkennen, dass es zwar kurzfristig Verluste, aber langfristig Gewinne geben wird. Sie werden lernen, dass eine Tür, die heute zugeschlagen wird, schon morgen wieder geöffnet werden kann. Stück für Stück werden Sie erleben, wie sich eine Phase, die weder rasch noch reibungslos vorübergeht, in die richtige Perspektive rückt.

Wenn Sie als Mutter eine Tochter erfolgreich durch die Adoleszenz begleiten wollen, verlangt dieser Prozess von Ihnen, dass Sie nicht nur ein Mädchen sehen, das plötzlich ungewohnt launisch, unberechenbar, unvernünftig und vor allem Ihnen gegenüber verschlossen reagiert. Sie müssen sich anstrengen, die Dinge zu finden, die Sie nach wie vor an Ihrer Tochter lieben. (Das kann verblüffend schwierig sein; viele Mütter finden ihre Teenager-Töchter hauptsächlich dann liebenswert, wenn sie gerade schlafen.) Das bedeutet keineswegs einen Blankoscheck, dass Sie einfach alles akzeptieren, was Ihre Tochter gerade tut oder sagt oder wie sie sich benimmt, sondern es bedeutet, hinter ihrem Verhalten den Menschen zu sehen, der sie in ihrem Innern ist. Es ist vollkommen in Ordnung, zu sagen: »Mir gefällt dein Zungenpiercing nicht, und ich mag auch keinen schwarzen Lippenstift« oder: »Dein großkotziges Getue und deine ständige Kritik gehen mir auf die Nerven«, aber vergessen Sie nicht das: »Ich mag *dich*.«

Wenn Ihre Tochter Ihnen eine Beleidigung an den Kopf wirft wie zum Beispiel »Du bist selber so fett und aus der Form gegangen, wie willst du dann beurteilen, ob *ich* zu dünn bin« oder »Es ist schon so lange her, dass du Sex hattest, kein Wunder, dass du so besessen bist von meinem Sexleben«, dann müssen Sie sofort klarstellen, dass solche Äußerungen unangebracht und inakzeptabel sind. Ihre Reaktion sollte ruhig, aber eindeutig ausfallen: »Du kannst mir alles sagen, was du über mich denkst, das ist alles okay. Aber nicht in diesem Ton. Ich respektiere dich und möchte, dass du mich ebenso respektierst.«

Wie kommt Ihre Tochter eigentlich auf die absurde Idee, sich solche Dinge herausnehmen zu können? Auch wenn es schwer fällt, das zu akzeptieren: Manchmal ist Ihrer Tochter nicht bewusst, dass Sie ein normaler Mensch sind, ein Mensch mit Gefühlen. Oder wenn es ihr gerade bewusst ist, dann wäre es ihr lieber, Sie wären nicht da und Sie würden ihr das Leben leichter machen, wenn Sie einfach weggingen. Dinge zu sagen und zu tun, die Ihnen wehtun, ist die beste Art, die ihr einfällt, um sich von Ihnen zu distanzieren und zu beweisen, dass sie kein kleines Mädchen mehr ist, das am Rockzipfel der Mama hängt. Erwarten Sie von Ihrer Tochter nur keine Barmherzigkeit. Sie ist wahrscheinlich gerade so mit sich selbst beschäftigt, dass sie regelrecht geschockt ist, wenn sie merkt, wie sehr sie Sie verletzt hat und dass Sie sich womöglich vor ihr zurückgezogen haben. Warum sind Sie – zwei Stunden nachdem Sie eine gigantische Auseinandersetzung mit Ihrer Tochter hatten – nicht ganz scharf darauf, mit ihr zusammen einen Einkaufsbummel zu unternehmen? Wie überempfindlich und zickig meine Mutter in ihrem hohen Alter geworden ist, denkt sie. Offensichtlich haben *Sie* ein Problem.

Also geben Sie die Hoffnung auf, von Ihrer Tochter irgendeine Hilfe zu bekommen. Und verschwenden Sie Ihre Zeit nicht damit, sie daran zu erinnern, dass Sie sie neun Monate lang in Ihrem Bauch herumgetragen, praktisch die ganze Zeit unter morgendlicher Übelkeit gelitten und das ganze erste Jahr nie richtig durchgeschlafen haben, weil die Koliken bei ihr schlimmer waren als bei allen anderen Babys. Es liegt an Ihnen, den Kontakt aufrechtzuerhalten. *Sie* müssen am Ball bleiben. Beginnen Sie damit, diese positive Verbindung zu suchen. Rufen Sie sich ins Gedächtnis, dass niemand auf der Welt Ihre Tochter besser kennt als Sie. Schließlich hat Ihre Liebe zu ihr ihre Wurzeln in der frühesten, stärksten Beziehung, die menschliche Wesen überhaupt herstellen. Und selbst wenn Sie gelegentlich das Gefühl haben, dass Sie auf zwei verschiedenen Planeten beheimatet sind, ist die Mutter-Tochter-Bindung unzertrennlich; Sie können sie jederzeit wieder aufnehmen, und Sie werden feststellen, dass die Liebe zwischen ihnen lebendig und intakt ist.

Dank dieses essenziellen Bandes zwischen Ihnen können Sie sich in Ihre Tochter einfühlen, während sie sich bemüht, in die Rolle einer erwachsenen Frau hineinzuwachsen. Wenn Sie dieses Einfühlen in Worte fassen, kann Ihre Tochter Ihnen zuhören, sie kann das, was Sie sagen, wertschätzen und sich mit Ihnen identifizieren. Dann haben Sie Ihre Tochter in einen Prozess eingebunden, der zu einer funktionsfähigen Beziehung führt.

Ein Beispiel: Ihre Tochter ist in Tränen aufgelöst. Sie will zu einer Party, und ausgerechnet jetzt sind die Pickel in ihrem Gesicht besonders schlimm. Aber sie schämt sich zu sehr, um vor Ihnen zuzugeben, wie katastrophal das wirklich für sie ist und dass auf der Party auch ein Junge sein wird, in den sie verliebt ist. Aus eigener Erfahrung wissen Sie, dass ihr keine falschen Beruhigungen helfen werden, kein heiter entspanntes »Davon geht die Welt doch nicht unter«. Denken Sie zurück an Ihre eigene Pubertät, als die Pickel genau dann zu sprießen begannen, wenn Sie besonders gut aussehen wollten.

Was Sie in einer solchen Situation brauchen, ist Einfühlungsvermögen. Wenn Ihre Tochter das zulässt, umarmen Sie sie erst einmal tröstlich. Sie könnten etwas sagen wie: »Ich weiß, wie schrecklich das ist. Mir ist das auch ständig passiert.« Dann bieten Sie Ihre Hilfe an, respektieren aber die Grenzen Ihrer Tochter: »Sehen wir mal, was wir tun können. Komm, wir holen erst mal alles, was wir an Make-up, an Abdeck- und Pickelstiften haben, und dann tun wir damit unser Bestes.« Investieren Sie Ihre Zeit und Ihre Unterstützung möglichst großzügig, und erzählen Sie ruhig auch ein paar Anekdoten aus Ihrer eigenen Pubertät – sofern das angemessen erscheint. Sehen Sie, ob Sie nicht etwas finden, worüber Sie gemeinsam mit Ihrer Tochter lachen können, denn das hilft ihr, es sich doch noch mal anders zu überlegen und den Nervenzusammenbruch zu verschieben, der ihr noch vor einer Viertelstunde der einzige Ausweg zu sein schien.

Mit dem nötigen Einfühlungsvermögen sind Sie in der Lage, Ihrer Tochter zu sagen, was Sie an ihr gut finden und bewundern, und zwar auf eine Art, die sie verstehen und annehmen kann. So bekommt sie ein gutes Gefühl zu sich selbst und sogar – zumindest für einen flüchtigen Moment – zu Ihnen. Ohne Einfühlungsvermögen funktioniert gar nichts.

Hier ein Beispiel für eine Taktik, die nicht funktioniert:

NICOLE (aufgebracht, weil ihre beste Freundin mit einem neuen Jungen ausgeht und sie am Samstagabend im Stich gelassen hat): Ich kann nicht glauben, dass Lizzie mich so hängen lässt. Jetzt hock ich hier zu Hause. Allein.
MUTTER: Nur weil Lizzie mit Scott ausgeht, heißt das doch noch lange nicht, dass du nicht zur Party gehen kannst. Ich verstehe auch gar nicht, wie Lizzie es geschafft hat, sich Scott anzulachen. Du bist so viel hübscher als sie. Schließlich muss nicht jede so dünn sein wie Lizzie.
NICOLE (kann nicht mal auf die Bemerkung eingehen): Du hast ja keine Ahnung! Du findest ja sogar die Putzwolle auf meinem Kopf noch hübsch.
MUTTER: Ich finde, an deinen Haaren gibt's nichts auszusetzen.
NICOLE (frustriert, defensiv und bereit, ihrer Mutter die Schuld an allem in die Schuhe zu schieben): *Du* bist es doch, die nicht will, dass ich mir die Krause rausziehen lasse und die Haare blond färbe. Vielleicht würde dann jemand mit mir ausgehen.
MUTTER (mit absolut mangelhaftem Einfühlungsvermögen): Daran bist du ganz alleine schuld. Du könntest ja auch allein zu der Party gehen. Aber vielleicht möchtest du ja lieber hier bleiben und dich selbst bemitleiden.
NICOLE: Ich hasse dich. Lass mich in Frieden! (Knallt die Tür zu und ruft Lizzie an, um sich über ihre Mutter zu beklagen, und spricht die ganze nächste Woche kein zivilisiertes Wort mehr mit ihrer Mutter.)

Mädchen in diesem Alter investieren eine Menge Energie darin, ihre Mütter heftig zu provozieren, sie anzugreifen und anschließend von sich wegzustoßen. Darin sind sie Profis, denn es ist ihre – scheinbar herzlose, absolut wahnsinnig machende und oft genial erfolgreiche – Art, sich zu lösen. Wenn Sie dieses Verhalten als das sehen, was es ist – nämlich eher ein natürlicher Reflex als gezielter Muttermord –, finden Sie leichter eine Möglichkeit, sich in Ihre Tochter einzufühlen. Welche Erfolge Sie sich für Ihre Tochter auch wünschen mögen, hoffen Sie nicht, dass sie es tatsächlich schafft, Sie in die Flucht zu schlagen. Denn die Mädchen, denen dies gelingt, sind die gefährdetsten.

Was, wenn Ihre Tochter es bereits geschafft hat, Sie wegzustoßen? An diesem Punkt sollten Sie einmal einen Blick auf sich selbst werfen, denn womöglich tragen Sie einiges zu dem Problem bei. Wenn Sie sich so in die Ecke gedrängt fühlen, verlieren Sie leicht die Geduld. Schließlich haben Sie nicht immer Lust, als persönlicher Cheerleader Ihrer Tochter aufzutreten. Es ist leicht für eine Mutter, kritisch, eingeschnappt, schnippisch, unkooperativ, frustriert, sarkastisch und nörgelig zu reagieren. Aber es ist sehr schwer, immer den Part der Erwachsenen zu übernehmen. Wenn Sie also merken, dass Sie Dinge sagen oder tun, die die Situation nur noch schlimmer machen, sollten Sie daran denken, dass dies jeder Mutter passiert. Treten Sie einen Schritt zurück, nehmen Sie dann, wenn Sie sich etwas beruhigt haben, die Verbindung wieder auf, und zwar auf jede Weise, die Ihnen auch nur im Entferntesten möglich und richtig vorkommt.

JODY (vorwurfsvoll): Ich finde meinen Walkman nicht. Wo hast du ihn denn wieder versteckt? Was hast du überhaupt ständig an meinen Sachen zu schaffen?
MUTTER (neutral, vorsichtig, will nach einem Streit gut Wetter machen): Daddy ist drüber gestolpert, deshalb hab ich ihn weggeräumt. Als ich ihn das letzte Mal gesehen habe, lag er auf deinem Schreibtisch.
JODY (affig): Da hab ich schon gesucht, aber ich hab ihn nicht gesehen. Wahrscheinlich hast du ihn weggeschmissen.

MUTTER (versucht, witzig zu sein): Wenn ich anfangen würde, Sachen wegzuschmeißen, würde ich mich zuerst um die alten Turnschuhe kümmern, von denen du dich nicht trennen kannst – alle zwanzig Paare, seit dem Kindergarten.
JODY (lächelt schwach, leicht sarkastisch): Sehr komisch. Vielleicht sollte ich dann auch deinen alten Flanellbademantel entsorgen oder dein College-Sweatshirt, das mindestens eine Million Jahre alt ist.
MUTTER (versucht immer noch, den Ton zu entschärfen und lustig zu sein): Hey, das tut weh! Ich hab dieses Sweatshirt furchtbar lieb.
JODY: Meinst du, weil es eine Antiquität ist?

Wissen Sie, wie das ist, wenn man Tennis spielen lernt und sich am Anfang über jeden einigermaßen gelungenen Ballwechsel freut? Unterhaltungen mit Ihrer pubertierenden Tochter funktionieren nach demselben Prinzip. Vielleicht war das kein brillanter Dialog, aber immerhin ein schlagfertiges Hin und Her; die Verbindung wurde nicht unterbrochen, und es war sogar ein bisschen Humor im Spiel. Wenn Ihre Tochter sich auf einen alten Witz oder eine gemeinsame Familienanekdote einlässt, ist die Situation oft schon entschärft. Und es ist leichter für Ihre Tochter, wenn der Witz auf Ihre Kosten geht.

Der Versuch zählt schon.

KATE (aufgeregt): Mom, sind die Jeans nicht toll? Sie gehören Caitlin, sie hat sie mir geliehen.
MUTTER: Blau steht dir einfach hervorragend.
KATE (testet aus, ob das wirklich ein Kompliment war): Die sind aber nicht blau, dic sind grün. Und cs licgt auch nicht an der Farbe, sondern daran, dass sie auf Hüfte geschnitten sind. Schau mal, sie gehen nur bis hier.
MUTTER (sieht viel Haut und weiß nicht recht, was sie sagen soll): Na ja, aber sie sehen einfach gut aus.

KATE (wegwerfend): Ach, das sagst du doch bloß so. Du siehst mich ja nicht mal richtig an.
MUTTER: O doch, ich sehe dich an. Die Hose sitzt echt gut. Und die Farbe gefällt mir auch. Sie passt du deinen Augen. Du hast echt Glück, dass du Daddys Augenfarbe geerbt hast.
KATE (sarkastisch): Ja, klar. Und deine Hüften. Aber gefällt dir die Hose wirklich?
MUTTER: Ja, *mir* gefällt sie. Aber anscheinend bist du dir nicht ganz sicher. Fühlst du dich wohl darin?
KATE: Nein, ich zieh lieber meine alten schwarzen Jeans an. (Knallt die Tür hinter sich zu und verschwindet fröhlich.)
MUTTER schaut ihr leicht benommen nach.

Sehen wir uns doch einmal ein Video dieser Szene an: Kate fragt ihre Mutter zwar nach deren Meinung, wie ihr die Jeans stehen, aber im Grund möchte sie hauptsächlich bewundert werden. Ihre Mutter gibt sich Mühe, etwas Positives zu antworten. Der Trick besteht darin, das Besondere zu finden, das, was nur eine Mutter sieht, die wirklich auf ihre Tochter eingestimmt ist: die blauen Augen, die Sommersprossen, der Pferdeschwanz, der ihr so gut steht. Ein bisschen positive Aufmerksamkeit trägt schon viel dazu bei, dass die Verbindung zwischen Ihnen beiden nicht zusammenbricht. Aber erwarten Sie bloß nicht, gleich als cool zu gelten, ein Triumphgefühl zu verspüren oder von Ihrer Tochter für Ihre Weisheit gar Dank und Anerkennung zu bekommen.

Wie auch immer Sie es anstellen – erhalten Sie die Verbindung aufrecht. Obwohl Ihre Tochter es vielleicht nicht weiß – sie braucht ihre Mutter, um sich selbst zu finden, denn wer könnte ihr dabei besser helfen? Schließlich kennen Sie Ihre Tochter in- und auswendig, Sie wissen, wie ihr wahres Selbst aussieht, und können es ihr immer wieder ins Gedächtnis rufen. Sie sind ihr wahrer Spiegel der Realität, der Unterstützung, der Vernunft. Und wenn Sie ihr Ihren geliebten rosaroten Kaschmirpulli leihen können – umso besser!

Behalten Sie im Kopf, dass Ihre Tochter dabei ist, sich abzunabeln, selbst die Verantwortung für ihren Körper zu übernehmen und ein eigenständiger Mensch zu werden. In diesem Prozess fühlt sie sich vollständig erwachsen und glaubt, dass sie ihre Mutter nicht mehr braucht – na ja, abgesehen vom Kaschmirpullover –, und ist entsetzt, dass Sie sie immer noch für ein Kind halten. Sie sieht doch selbst, wie viel Aufmerksamkeit ihre jetzt deutlich sichtbar feminine Figur auf sich zieht. Sie will die volle Kontrolle über ihren Körper und stößt die Mutter weg, weil es irgendwie bedrohlich ist, dass diese immer noch das kleine Mädchen in ihr sieht. Sie ist vollkommen überzeugt, dass sie weiß, wie es in der Welt zugeht. Jederzeit ist sie dazu bereit, die »verzerrten« Ansichten ihrer Mutter in Frage zu stellen und über sie zu debattieren, und viele Gespräche beginnen mit den Worten: »Vielleicht war das in deiner Jugend so, aber heute ist das ganz anders.« Oft endet eine Unterhaltung mit den Worten: »Ach, du hast ja keine Ahnung.« Widerstehen Sie der Versuchung, zu lachen oder sich verächtlich über ihre Logik zu äußern. Erkennen Sie an, dass Ihre Tochter auf ihre eigene entnervende Art versucht herauszufinden, wie die Welt sich dreht und wie sie selbst da hineinpasst. Halten Sie sich an diesem Gedanken fest.

Vor allem aber: Geben Sie nicht auf! Heutzutage werfen viele Mütter einfach die Flinte ins Korn. Sie haben das Gefühl, mit der Wand zu reden, sie glauben, dass sie die Einzigen sind, die sich aufreiben, während ihrer Tochter alles nur egal ist; sie denken, dass es keine wirkliche Beziehung mehr zwischen ihnen und ihrer Tochter gibt. Aber das ist nicht wahr. Halten Sie Ausschau nach Lebenszeichen, und Sie werden welche entdecken. Wenn Ihre Tochter noch atmet, wenn sie sich gelegentlich zum Abendessen blicken lässt, wenn sie sich noch an den Namen ihrer Mutter erinnert, dann haben Sie noch eine Beziehung.

Es ist leichter, bei der Stange zu bleiben und vernünftig zu reagieren, wenn Sie verstehen können, warum Ihre Tochter sich oft so unergründlich oder unerträglich verhält. Selbst für das unvernünftigste Verhalten gibt es vernünftige Gründe:

- Wenn Ihre Tochter sich mürrisch oder deprimiert verhält, sorgen Sie dafür, dass Sie sich nicht selbst in eine Depression drängen lassen. Machen Sie die Sache nicht dadurch schlimmer, dass Sie sich von ihr zurückziehen.
- Wenn Ihre Tochter nicht reden will oder Sie der Schweigefolter unterzieht, bedeutet das meistens, dass sie wütend ist und möchte, dass Sie sich schlecht fühlen; Sie sollen dafür büßen. Machen Sie das Spielchen nicht mit. Wenn Sie Ihrer Tochter nachlaufen und versuchen, sie zum Reden zu kriegen, hat sie ihr Ziel erreicht: Sie denken, Sie hätten etwas falsch gemacht. Überlegen Sie stattdessen genau, was Sie ihr mitteilen wollen, sagen Sie es und lassen Sie es damit gut sein.
- Wenn Ihre Tochter Sie feindselig und gemein behandelt, lassen Sie sich nicht dazu hinreißen, es ihr mit gleicher Münze heimzuzahlen. Sprechen Sie sie auf ihr Verhalten an, und teilten Sie ihr mit, dass es respektlos ist. Erklären Sie ihr dann konkret, welche Art von Benehmen Sie sich von ihr wünschen.
- Wenn Ihre Tochter sich auf Oppositionskurs befindet und trotzig reagiert, sollten Sie sich darüber im Klaren sein, dass dieses Benehmen normalerweise eine Tarnung für Wut oder Angst ist, die nicht verbal zum Ausdruck gebracht wird. Fragen Sie sie, was sich hinter ihrem Verhalten verbirgt. Wenn sie nicht erzählen möchte, was sie wirklich beschäftigt, seien Sie mutig und teilen Sie ihr Ihre eigenen Vermutungen mit. Dann kann Ihre Tochter Sie korrigieren und Ihnen vielleicht eher erklären, was Sache ist.
- Wenn Ihre Tochter nicht reden will, wenn sie sich verschließt oder untypisch schüchtern verhält, lassen Sie sie in Ruhe. Bleiben Sie achtsam und seien Sie für sie da, ohne

sich einzumischen oder aufzudrängen. Bombardieren Sie sie bloß nicht mit Fragen. Versuchen Sie nicht, sie aus dem Schneckenhaus zu locken, indem Sie ihr ungebeten Hilfe anbieten oder Vorschläge machen.

- Wenn sie geheimniskrämerisch tut, respektieren Sie unbedingt ihre Privatsphäre. Haben Sie Geduld. Irgendwann wird sie schon mit der Sprache herausrücken. Und denken Sie immer daran: Je mehr Sie drängen, desto weniger wahrscheinlich wird es, dass Ihre Tochter sich öffnet. Überprüfen Sie also auch Ihr eigenes Verhalten. Wie offen sind Sie Ihrer Tochter gegenüber? Wie viel erzählen Sie ihr?
- Wenn Ihre Tochter nie zu Hause ist, wenn ihre Zimmertür immer geschlossen ist, wenn sie dauernd am Telefon oder im Internet hängt, verwechseln Sie ihre ständige Abwesenheit nicht mit Beliebtheit. Ihre Tochter schickt Ihnen eine Botschaft, und Sie müssen herausfinden, was diese bedeutet. Dass sie nie da ist, könnte darauf hinweisen, dass sie das Gefühl hat, niemand interessiere sich richtig für sie. Dann sollten Sie ihr unbedingt klar machen, dass sie zur Familie gehört. Vielleicht müssen Sie ein paar Regeln für sie aufstellen – zum Beispiel, dass sie sonntagabends immer zum Essen da ist. Wenn Sie ihre Abwesenheit nicht thematisieren, könnte sie daraus schließen, dass es Ihnen egal ist oder Sie sie nicht bei sich haben wollen.
- Wenn sie sich entfremdet hat, wenn sie zeigt, dass sie sich nicht verstanden fühlt und glaubt, dass Sie überhaupt keine Ahnung von ihr haben, nehmen Sie das nicht persönlich. Sie müssen die Tatsache akzeptieren, dass Ihre Tochter die Ideen und die Weltsicht ablehnt, die Sie vertreten. Außerdem verabscheut sie wahrscheinlich auch Ihre Kochkunst, Ihren Gang, die Farbe Ihres Lippenstiftes. Streiten Sie sich nicht mit ihr darüber. Versuchen Sie, mit Ihrer Tochter interessante und engagierte Unterhaltungen zu führen, in denen Sie beide ihre Ideen und Ansichten äußern können. Nehmen Sie sich ihren Widerspruch nicht so zu Herzen,

dass Sie nicht mehr mit ihr reden können oder sich nicht damit auseinander setzen wollen.

- Falls Ihre Tochter nur noch Kontakt mit Ihnen sucht, wenn sie Geld braucht oder wenn Sie sie irgendwohin fahren sollen, machen Sie ihr klar, dass eine Beziehung eine beiderseitige Angelegenheit ist. Sie können ihr ganz direkt mitteilen: »Du kommst nur zu mir, wenn du Geld oder eine Mitfahrgelegenheit brauchst. Aber wenn du willst, dass ich etwas für dich tue, dann erwarte ich, dass du auch etwas für mich tust, und zwar Folgendes ...« Und erklären Sie ihr dann, was Sie meinen.
- Wenn alles, was Sie von Ihrer Tochter möchten, von ihr als eine große Last angesehen wird und Sie von ihr dafür eine Unmenge verächtlicher Blicke und Augenverdrehen ernten, entspannen Sie sich. Das ist ganz normaler Widerstand; wenn Ihre Tochter manchmal von Ihnen genervt ist, macht ihr das ein besonders cooles und eigenständiges Gefühl. Streiten Sie nicht darüber, aber stehen Sie zu Ihrer Meinung. Äußern Sie klar und deutlich Ihre Bedürfnisse und die der Familie. Sagen Sie Ihrer Tochter, was Sie von ihr erwarten. Setzen Sie Grenzen, und lassen Sie Ihre Tochter wissen, dass sie auch Pflichten hat.

REALISTISCHERWEISE sollten Sie Ihre Ziele nicht zu hoch stecken und erwarten, dass sich etwas über Nacht verändert. Kleine Siege sind wichtig. Rechnen Sie nicht damit, dass Ihre Tochter für Sie ein geistreicher Partner beim abendlichen Plaudern wird, eine warmherzige, mitfühlende Freundin, eine stets gut gelaunte Einkaufsbegleiterin. Hoffen Sie nicht einmal darauf; es wäre weder für Sie noch für Ihre Tochter wünschenswert. Die beste Mutter-Tochter-Beziehung ist *nicht* diejenige, von der Sie stolz berichten: »Meine Tochter ist meine beste Freundin.« Manche Körperbildprobleme rühren von der Verwirrung darüber her, was Sie für Ihre Tochter bedeuten und was Ihre Tochter für Sie bedeutet.

Wenn Sie und Ihre Tochter siamesische Zwillinge sind, hat es Ihre Tochter schwer, sich von Ihnen zu lösen, ohne oft wütend zu sein und unter Schuldgefühlen zu leiden. Weil Ihre Tochter Sie liebt, sind Schuldgefühle für sie unerträglich. Und weil sie es nicht schafft, diese Schuldgefühle auszudrücken, schluckt sie sie hinunter und wendet sie gegen sich selbst. Und schließlich drückt sie diese machtvollen negativen Gefühle durch ihren Körper aus. Diese Reaktion öffnet einer ganzen Palette von Körperbildproblemen Tür und Tor, einschließlich Störungen der Identität, der Sexualität und des Selbstwerts. Depressionen und Essstörungen sind häufig die Folge. Wenn Sie Ihrer Tochter dabei helfen, sich abzunabeln und ihr eigenes Leben zu leben, machen Sie ihr das bestmögliche Geschenk.

Wenn Sie sich auf diesen immens lohnenden Prozess einlassen, sollten Sie immer daran denken, dass er keine endgültige Trennung bedeutet. Sie müssen in Kontakt bleiben. Fast jede Art von Verbindung ist eine gute Verbindung. Wandert Ihre Tochter beispielsweise in die Küche und bemerkt ganz nebenbei, dass Sie das Gemüse grundsätzlich zu matschig kochen und außerdem Ihre Jeans und T-Shirts total altmodisch sind, ist das okay. Jede Kontaktaufnahme kann zu einem Dialog führen, jeder Dialog kann zu einer wertvollen Erfahrung werden, was Zuhören und Lernen betrifft. Ihre Tochter findet Ihr Gemüse also matschig? Dann kochen Sie es das nächste Mal al dente. Sie hasst Ihre Klamotten? Fragen Sie sie, ob sie bereit ist, Sie beim nächsten Einkaufsbummel zu beraten. Zeigen Sie Ihrer Tochter, dass sie wichtig ist, dass Sie ihr zuhören und dass ihre Meinung Ihnen wichtig ist. Und wissen Sie was? Vielleicht erweist sie Ihnen eine große Ehre und behält ihre Mutter auf ihrem Radarschirm. Wenn Sie dafür sorgen wollen, dass Ihre Tochter Ihnen zuhört und von Ihnen lernt, besteht die beste Taktik darin, *ihr* zuzuhören und von *ihr* zu lernen.

Zum Prozess des Zuhörens und Lernens gehört auch, dass

Sie für die Themen und Gefühle Ihrer Tochter sensibel sind. Es ist nicht einfach, die Situation besser zu machen, aber Sie können damit anfangen, sie nicht weiter zu verschlimmern. Hier eine Liste mit Dingen, die Sie *nicht* tun sollten, wenn Sie mit Ihrer Tochter in Verbindung bleiben wollen:

- Beginnen Sie ein Gespräch nicht mit der Frage: »Warum mutest du mir so etwas zu?« oder »Wie konntest du mir so etwas antun?« Es geht hier nicht darum, dass Sie leiden müssen und Ihre Tochter daran schuld ist. Es geht darum, zu reden, damit sie zuhört. Fangen Sie lieber mit einer passenden Bemerkung an, wie zum Beispiel: »Ich verstehe nicht, was los ist.«
- Sagen Sie nicht: »Ich verstehe nicht, was in dich gefahren ist. Ich hab dich jetzt schon fünfzigmal gebeten, die ganzen Klamotten von deinem Bett zu räumen.« Das bringt Ihre Tochter nur dazu, noch weiter auf Distanz zu gehen. Benennen Sie das Problem und seine Konsequenzen so neutral wie möglich: »Deine Wäsche liegt jetzt schon seit drei Tagen auf deinem Bett. Wenn du sie nicht bis ... weggeräumt hast, dann wirst du auch nicht ...«
- Verkünden Sie nicht: »Ich habe viel mehr Erfahrung als du, ich weiß, was das Beste für dich ist.« Ihre Tochter wird nicht lernen, selbstständig zu denken, wenn Sie sie wie eine Dampfwalze überrollen. Versuchen Sie es lieber mit etwas wie: »Sag mir, was du denkst, ich sag dir auch, was ich denke. Dann finden wir raus, was für dich und alle anderen Beteiligten am besten ist.«
- Ziehen Sie sich nicht in die Defensive zurück. Wenn Ihre Tochter Ihre Diätvorschläge kritisiert, reagieren Sie nicht mit: »Wie kannst du es wagen zu behaupten, ich wüsste nicht, wovon ich rede? Schließlich hab ich bestimmt schon hundert Diäten mehr hinter mir als du.«
- Verstecken Sie sich nicht hinter einer Fassade. Wenn Sie wütend sind, verleihen Sie Ihrer Wut Ausdruck.

- Tun Sie nicht, als wären Sie perfekt, als würden Sie nie Fehler machen. Dadurch bekommt Ihre Tochter nur das Gefühl, dass Sie ein Versager ist, wenn sie etwas einmal nicht perfekt hinkriegt.
- Manipulieren Sie nicht. Versuchen Sie nicht, die Kontrolle an sich zu reißen, indem Sie Ihre Selbstkontrolle verlieren. Wenn Sie anfangen zu weinen oder sich wie ein sterbender Schwan aufführen, machen Sie Ihrer Tochter nur Angst. Vielleicht tragen Sie dieses eine Mal den Sieg davon, aber mit solchen Szenen büßen Sie im Handumdrehen Ihre ganze Glaubwürdigkeit ein.
- Rufen Sie nicht die Kavallerie. Auch wenn Sie mit etwas zu kämpfen haben, drohen Sie nicht damit, dass Sie zu Ihrem Mann oder zum Direktor gehen!
- Vergleichen Sie Ihre Tochter nicht mit ihren Geschwistern oder Freundinnen, vergleichen Sie die Beziehung zwischen Ihnen beiden nicht mit irgendeiner anderen, besseren Mutter-Tochter-Beziehung, in der die Tochter immer nett zu ihrer Mutter ist.
- Ziehen Sie sich nicht in den Schmollwinkel zurück. Lassen Sie Ihre Tochter nicht emotional im Stich, wenn Sie wütend auf sie sind. Nicht mit ihr zu reden, um ihr zu zeigen, wie sauer Sie sind oder um ihr ein schlechtes Gewissen zu machen, funktioniert nie.
- Machen Sie Ihrer Tochter keine Vorwürfe. Beschämen Sie sie nicht. Bemerkungen wie »Beschwer dich nicht dauernd, dass du zu dick bist, wenn du hier rumsitzt und dir als Snack ein Schokoladeneis reinziehst« gehen weder als Motivationsstrategie noch als Unterstützung des Selbstwertgefühls durch.
- Versuchen Sie gar nicht erst, sich eine gute Antwort auf »Na ja, ich hab nicht darum gebeten, auf die Welt zu kommen« auszudenken. Es gibt keine.
- Feilschen Sie nie mit Ihrer Tochter, schon gar nicht, wenn es um Körperthemen geht. Sagen Sie nicht: »Ich mach ei-

nen Handel mit dir: Wenn du zehn Pfund abnimmst, kriegst du von mir hundert Dollar.« Es wäre ein folgenschwerer Fehler. Ihre Tochter würde sich von Ihnen verraten fühlen. Sie glaubt (zu Recht), dass Sie das für sich selbst tun und nicht für sie. Und sie spürt (ebenfalls zu Recht), dass Sie ihre Gewichtsprobleme nicht ernst nehmen.

Ertragreiche und offene Gespräche sind nicht möglich, wenn Ihre Tochter das Gefühl hat, dass Sie sie gar nicht richtig kennen, wenn Sie unsensibel auf ihre Gefühle reagieren oder wenn sie gerade wütend auf Sie ist. Auch für Sie als Erwachsene können Gespräche mit Ihrer Tochter hart sein, vor allem, wenn sie Dinge sagt, die absurd oder falsch klingen, oder wenn sie in einem Meinungsaustausch die Meinung einer Expertin zitiert und sich diese Expertin später als ihre fünfzehnjährige Freundin Heather entpuppt. Wie kann man sich so etwas ruhig und ernsthaft anhören? Ein Beispiel: »Mom, es ist absolut ungefährlich, sich tätowieren zu lassen. Der Typ trägt Gummihandschuhe und hat außerdem eine mehrjährige Ausbildung hinter sich, mit Abschluss und Diplom und allem Drum und Dran.« Oder sie sagt Ihnen, dass von einer Tätowiernadel auf gar keinen Fall Hepatitis B übertragen werden kann, weil die dunkelblaue Tinte, die sie sich für ihr Tattoo wünscht, absolut sicher ist.

Ihr erster Impuls ist natürlich, sie aufzuklären. Sparen Sie sich die Mühe. Jetzt müssen Sie herausfinden, worum es wirklich geht, und Ihre Tochter wissen lassen, dass Sie das Thema ernst nehmen. Zwar weiß Ihre Tochter bereits, dass Sie ihr keine Tätowierung erlauben, aber in ihrem Freundeskreis ist es gang und gäbe, und sie weiß nicht, wo sie steht. Nun möchte sie aber herausfinden, wo *Sie* stehen. Ist Ihr Nein wirklich ein Nein? Oder meinen Sie nur, dass ein gewisses Gesundheitsrisiko besteht? Wollen Sie nicht, dass Ihre Tochter erwachsen aussieht? Sich sexy fühlt? Einen Freund hat? Die meisten Kids versuchen zu überprüfen, ob Erwachsene wirklich zu dem stehen, was sie sagen. Sie testen die Grenzen aus. Zu Ihrer Beruhigung: Wenn Ihre Tochter vollkommen überzeugt wäre, dass die Sache ungefährlich und cool und richtig ist, wäre sie schon längst unterwegs ins nächste Studio. (Mehr dazu später.)

Lesen Sie bei solchen Gesprächen zwischen den Zeilen und erkennen Sie, dass Ihre Tochter trotz all ihrer Argumente nicht unbedingt ihren Willen bekommen muss. Aber sie muss herausfinden, was sinnvoll ist, und es ist Ihre Aufgabe, ihr dabei zu helfen. Wenn sie Ihnen erklärt, wie sie sich fühlt, stellt sie sich selbst gleichzeitig eine Menge Fragen: »Wer bin ich?« Und immer wieder: »Wird mich das, was ich vorhabe, beliebt machen oder mir einen richtig netten Freund verschaffen?« Auf der Suche nach der Antwort verirrt sie sich. Sie bläst die Dinge zu einer Wichtigkeit auf, die sie nicht haben, erlebt alles mit gleicher Intensität und sieht gelegentlich den Wald vor lauter Bäumen nicht.

Im Reich der verwirrten Kommunikation sind Sie überzeugt, dass Ihre Tochter Ihnen nicht zuhört, aber Sie sollten sich einmal klar machen, dass Ihre Tochter schlicht überfordert ist. Sie kämpft mit ihrer Entscheidung und wird währenddessen ständig von Freunden, Zeitschriften, Filmen und natürlich von MTV beeinflusst. Wenn Sie den Köder schlucken und versuchen zu gewinnen, werden Sie notgedrungen in einen Wettkampf hineingezogen, in dem es darum geht, wer Recht hat, wer sich irrt, wer klug und wer dumm ist. Das verhängnisvolle Resultat ist ein Machtkampf. Sie fühlen sich missverstanden und mies und meilenweit von Ihrer Tochter entfernt. Und ihr geht es umgekehrt genauso.

Wie werden Sie also mit diesem potenziell explosiven Thema am besten fertig? Hier sind drei Beispiele, wie Sie mit Ihrer Tochter über den Wunsch nach einem Zungenpiercing diskutieren könnten:

Ein oder zwei Monate vor dem sechzehnten Geburtstag:

LINDSAY: Wenn ich sechzehn bin, lasse ich mir ein Zungenpiercing machen, ganz egal, was ihr dazu sagt. Ich wünsche mir das schon seit ich dreizehn bin, und das wisst ihr auch.
MUTTER UND VATER (nervös und unsicher, versuchen Zeit zu schinden und ein gutes Argument zu finden): Wirklich? Gut, du hast schon mal davon gesprochen, aber wir wussten nicht, dass es so dringend ist. Ehrlich gesagt finden wir das keine so gute Idee.
LINDSAY: Na ja, es geht ja auch nicht um euch. Ihr versteht das sowieso nicht.
MUTTER UND VATER: Stimmt. Wir verstehen das nicht. Aber wir sehen, wie wichtig es für dich ist. Deshalb werden wir uns informieren. Am besten unterhalten wir uns mit einem Arzt und schauen uns bei Gelegenheit mal das Piercing-Studio an, ob es einen zuverlässigen Eindruck macht. Was, wenn du eine Entzündung in der Zunge kriegst?
LINDSAY: Ach was, das ist doch Blödsinn. Alle haben ein Piercing.

Am sechzehnten Geburtstag:

MUTTER UND VATER: Wir haben viel über das Piercing nachgedacht und auch mit Dr. Sherman darüber gesprochen. Wir glauben, wenn man es richtig macht, ist es wahrscheinlich ungefährlich. Zwar verstehen wir nicht ganz, wie du dir als Sportlerin – also als Mensch, der seinen Körper respektiert – so etwas antun willst. Aber wir wissen auch, dass es letztlich dein Körper ist und damit auch deine Entscheidung. Du musst damit leben. Trotzdem sagen wir dir ehrlich, dass es uns lieber wäre, du würdest es nicht tun.
LINDSAY: Ich lass es aber trotzdem machen. Nächste Woche, wenn ich einen Tag schulfrei habe.

Zwei Wochen später:

LINDSAY: Wenn ich nicht auf die ganzen Tests lernen müsste und nächste Woche nicht auch noch der Leichtathletikwettkampf wäre, würde ich mir heute das Piercing machen lassen.
MUTTER UND VATER (widerstehen der Versuchung anzubeißen): Mhm.

Noch mal zwei Wochen später:

MUTTER: Wie denkst du denn inzwischen über das Piercing?
LINDSAY (unruhig): Ich frage mich, ob es wehtut.
MUTTER: Ich kann mir kaum vorstellen, dass es nicht wehtut. Aber du kennst uns ja. Wir sind absolut uncool. Wir können uns nicht mal vorstellen, warum jemand sich überhaupt ein Loch in die Zunge stechen lassen will.
LINDSAY (lacht): Ja, ihr seid *echt* uncool.

Einen Monat später:

Die Zunge ist nach wie vor intakt . . . bis jetzt noch. Lindsays Eltern drücken die Daumen. Wenn sie sich mit Lindsay unterhalten, vermeiden sie Worte wie »piercen« oder »Zunge«.

Lindsays Eltern haben viele Dinge richtig gemacht. Sie haben ihr soziales Netzwerk erweitert und den Druck, unter dem sie stehen, ein wenig abgebaut, indem sie mit anderen Leuten gesprochen haben – mit Leuten, die sich auskennen und Autorität besitzen. Lindsay hat nie selbst mit dem Arzt gesprochen, aber sie hat sich bei ihren Eltern erkundigt, was er gesagt hat, und sich dessen Erklärung durch den Kopf gehen lassen. Weil ihre Eltern nicht überreagiert, ihre Tochter ernst genommen und es geschafft haben, ohne Rechthaberei ganz klar ihre Meinung zu sagen, hatte Lindsay gar nicht das Bedürfnis, sofort loszurennen und sich piercen zu lassen. Am wichtigsten aber ist, dass die Eltern ihr unmissverständlich vermittelt haben, dass ihr Körper ihrer eigenen Verantwortung unterliegt.

Aber wenn Sie nun das Richtige gesagt haben und Ihre Tochter sich trotzdem piercen lässt? Wenn Lindsay auf ihrem Wunsch beharrt hätte, was hätten ihre Eltern dann wohl gesagt?

LINDSAY: Ich hab beschlossen, mich doch piercen zu lassen.
MUTTER UND VATER: Tja, uns gefällt es zwar nicht, aber letztlich ist es dein Körper.

Wenn Sie sich in einer solchen Situation befinden, setzen Sie den Kampf nicht fort. Er ist vorbei und entschieden. Vorwürfe sind weder für Sie noch für Ihre Tochter gesund. Lassen Sie sie direkt wissen, wie es Ihnen mit der Entscheidung geht, und legen Sie das Thema dann ad acta.

Im nächsten Fall versuchen Ginas Eltern, Kontrolle auszuüben, und verlieren dabei nicht nur, sondern vermitteln ihrer Tochter genau die falschen Botschaften über die Grenzen ihres Körpers:

GINA (dringlich): Alle haben ein Zungenpiercing.
MUTTER (mit gespielt freundlicher Stimme; eigentlich hat sie Angst vor der Wut ihrer Tochter und auch vor dem Piercen): Aber Liebes, doch bestimmt nicht *alle*. Debbie zum Beispiel hat kein Zungenpiercing.
GINA: Ach, Debbie, die ist doch die totale Lusche. Piercen ist legal, also lass ich es mir dieses Wochenende machen, ob es euch passt oder nicht.
MUTTER (ihre Freundlichkeit verschwindet, sie wird immer hektischer): Es spielt keine Rolle, ob es legal ist, in diesem Haus jedenfalls ist es nicht legal. Ich verbiete es dir. Und

warte nur, bis ich es deinem Vater sage. (Sie ruft ihren Mann als Verstärkung.)

VATER: Bist du verrückt oder was? Das lass ich nicht zu, auf gar keinen Fall! Wie kommst du überhaupt auf derart kranke Ideen? (Seine Stimme wird immer lauter.) Du wirst dir deinen Körper nicht verstümmeln lassen, nie und nimmer.

GINA (wird hysterisch): O doch, das werde ich! Und es ist keine Verstümmelung, es ist Körperkunst.

MUTTER (beginnt zu weinen): Du warst so ein hübsches Baby.

GINA (ignoriert sie): Ihr könnt mich nicht daran hindern. Euch ist es doch sowieso egal, ob ich jemals einen Freund finde.

VATER (wütend und wild entschlossen, als Sieger aus der Auseinandersetzung hervorzugehen): Hier geht es nicht um Freunde. Meine Tochter wird nicht mit einem Loch in der Zunge rumlaufen, und damit basta. Wenn du dich piercen lässt, kriegst du Hausarrest. Kein Taschengeld, kein Auto.

MUTTER (noch immer unter Tränen, macht aber eine Kehrtwendung zur Freundlichkeit): Schätzchen, wir wollen doch nur dein Bestes!

GINA (schreit): Ich hasse euch! Und es ist mir egal, was ihr sagt! Ihr liebt mich nicht, ihr seid keine Eltern, ihr seid Gefängniswärter! (Sie stürzt hinaus und schließt sich in ihrem Zimmer ein. Dort ruft sie alle ihre Freunde an und beginnt, Ausbruchspläne zu schmieden. Sie ist erpichter denn je darauf, sich die Zunge piercen zu lassen.)

Das Vorhaben, Gina an einer mutmaßlich falschen Entscheidung zu hindern, scheitert hier sehr schnell, sobald klar wird, dass Gina nicht bereit ist, sich den Vorstellungen ihrer Eltern zu beugen. Sofort kommen hochexplosive Themen auf den Tisch, beispielweise »Wer trifft hier die Entscheidungen?« und »Um wessen Körper geht es?«. Gina, die sich durch das, was sie mit ihrem Körper macht, von ihren Eltern lösen will, fühlt sich überrollt. Ihre Eltern sind wütend und hilflos. In diesem Machtkampf wird nichts Konstruktives gesagt und daher auch nichts Positives erreicht.

Alle Eltern sind mehr oder weniger anfällig dafür, sich in den Kampf um die Kontrolle verwickeln zu lassen. Aber was soll man tun, wenn man das Gefühl hat, die eigene Tochter hört einem überhaupt nicht mehr zu und lernen will sie sowieso nichts mehr? Wenn alles, was man von sich gibt, auf taube Ohren stößt? Ganz einfach: Machen Sie sich klar, dass das gar nicht der Fall ist. Die klugen, vernünftigen, unterstützenden Dinge, die sie Ihrer intelligenten, hübschen Tochter sagen, kommen irgendwann bei ihr an. Nicht von jetzt auf nachher. Nicht auf dramatische Weise wie in einer Seifenoper, in der Menschen aus der Amnesie erwachen und auf einmal alles in Butter ist. Ihre Tochter wird Ihren Standpunkt wahrnehmen, weil Sie aus dem oft so schmerzhaften, mühselig langsamen Prozess nicht ausgestiegen sind. Schritt für Schritt verinnerlicht sie all die Dinge, die Sie ihr gesagt haben, und präsentiert sie irgendwann mit ihren eigenen Worten. Dann wird Ihre Beziehung beiderseitig. Dann hört Ihre Tochter Ihnen wirklich zu, vertraut Ihnen und redet mit Ihnen von Mensch zu Mensch. Und sie wird für sich selbst sehen, dass eine positive Verbindung zu Ihnen für sie tatsächlich positive Auswirkungen hat.

Also glauben Sie weiter daran, dass es sich lohnt. Ihre Tochter ist die ganze Mühe wert. Bewahren Sie sich die Witze, die nur Sie beide verstehen, lachen Sie über die Pointen, die nur Sie beide lustig finden. Erzählen Sie ihr von sich. Nehmen Sie alles wichtig, was für Ihre Tochter wichtig ist. Sehen Sie sie von ihrer besten Seite. Denken Sie daran: Zusammensein ist genauso wichtig wie Getrenntsein. Sie werden beide belohnt werden mit einer Beziehung, in der die Verbindung erhalten bleibt, wenn Sie es am meisten brauchen. Aber erwarten Sie lieber nicht, dass Sie Ihren rosaroten Kaschmirpulli in absehbarer Zeit zurückbekommen!

Wie man den Prozess in Bewegung hält

Schenken Sie Ihrer Tochter Aufmerksamkeit. Achten Sie auf die Nuancen dessen, was sie sagt. Das zeigt ihr nicht nur, wie sehr sie Ihnen am Herzen liegt, sondern Sie verstehen sie auch besser, ohne ständig aufdringlich nachfragen zu müssen.

Reden ist nicht die einzige Kommunikationsmöglichkeit; gelegentlich nicht mal unbedingt die beste. Hinterlassen Sie Ihrer Tochter eine Voice-Mail, eine E-Mail, einen gelben Klebezettel, ein Briefchen auf dem Kopfkissen. Ein paar wenige Worte können effektiver sein als endloses Gequassel, und wenn Sie diese aufschreiben, hat Ihre Tochter die Chance nachzudenken, bevor sie Ihnen antwortet.

Machen Sie sich nicht so viele Sorgen. Wenn Sie ständig über ihre Nervosität jammern, bekommt Ihre Tochter das Gefühl, dass alles irgendwie gefährlich ist. Es gehört nun mal zum Selbstfindungsprozess, dass man Risiken eingeht und neue Erfahrungen macht. Wenn Sie Ihre Tochter zu sehr einengen, sagen Sie ihr damit nicht nur: »Finger weg von neuen Dingen!«, sondern auch noch: »Bleib bei mir!«

Übernehmen Sie die Verantwortung für Ihre Fehler. Zeigen Sie Ihrer Tochter, dass Sie auch nur ein Mensch sind. Sie können nachgiebig sein, ohne sich selbst zum Punchingball zu degradieren. Ihrer Tochter muss nicht gefallen, was Sie ihr sagen, sie muss es nur respektieren.

Sehen Sie nicht in allem und jedem eine Katastrophe. Achten Sie darauf, die Dinge im richtigen Verhältnis zu betrachten.

Sprechen Sie jeden Konflikt zwischen Ihnen an. Kehren Sie nichts unter den Teppich, aber reiten Sie auch nicht darauf herum.

Vermeiden Sie es, sich auf einen Wettkampf mit Ihrer Tochter einzulassen, vor allem, wenn es darum geht, wer dicker oder dünner ist, wer mehr abgenommen hat oder wessen Jeans lockerer sitzen.

Ihre Tochter muss ihre Gefühle ausdrücken dürfen, ohne dass Sie ein Urteil darüber fällen.

Arbeiten Sie daran, mit Ihrer Tochter in Verbindung zu bleiben. Sprechen Sie über Ihre eigenen und über die Interessen Ihrer Tochter; fördern Sie Gemeinsamkeiten.

Wenn etwas beim ersten Versuch nicht gleich klappt, versuchen Sie es anders. Statt zu sagen: »Iss doch zur Abwechslung mal was Gesundes«, lieber: »Ich hab deinen Lieblingsjoghurt gekauft, er steht im Kühlschrank.«

Seien Sie klug. Wenn Ihre Tochter Ihnen Fragen stellt wie: »Muss ich . . .?« oder »Ich verstehe nicht, warum . . .«, dann erklären Sie ihr *genau*, was Sie von ihr wollen. Kommen Sie direkt zum Punkt, lassen Sie sich nicht in eine endlose und nervtötende »Diskussion« verwickeln.

Wohlwollende Dummheit hilft. Sie müssen nicht auf jede Frage eine Antwort parat haben. Lassen Sie Ihre Tochter manche Dinge selbst herausfinden oder schlagen Sie mal etwas nach. Dann fühlt Ihre Tochter sich besser, und Sie müssen sich nicht vorkommen wie ein wandelndes Lexikon.

KAPITEL 4

Riskieren Sie mal einen gründlichen Blick auf sich selbst

ALS MUTTER einer pubertierenden Tochter müssen Sie sich einige wichtige Fragen stellen: Wie fühlen Sie sich, wenn Sie selbst in den Spiegel schauen? Wie ist Ihr Verhältnis zu Ihren Brüsten, Ihrem Gewicht, den Falten um Ihre Augen, Ihrem Alter? Horchen Sie auf die Stimme in Ihrem Kopf. Ist sie selbstkritisch? Abwertend? Geringschätzig? Sind Sie wütend auf sich selbst, weil Sie mal wieder Ihre Diät abgebrochen haben? Oder sind Sie vom endlosen Kalorienzählen so frustriert, dass Sie ohnehin aufgegeben haben? Denken Sie des Öfteren über eine Schönheitsoperation nach? Beschäftigen Sie sich zwanghaft mit irgendeinem Aspekt Ihres Äußeren? Haben Sie das Gefühl, dass Sie einige dieser Probleme für immer mit sich herumschleppen werden – ganz gleich, wie erwachsen Sie sich in anderen Bereichen fühlen?

Diese Fragen sind sehr wichtig, denn *alle* Botschaften über den Körper, die Sie Ihrer Tochter von Anfang an – sowohl ausgesprochen als auch unausgesprochen – vermitteln, haben eine grundlegende Auswirkung darauf, wie sie sich ihrem Körper und sich selbst gegenüber fühlt. Sie sind die Person, mit der sie sich als weibliches Wesen am meisten identifiziert. Sie sind ihr Rollenmodell Nummer eins. Selbst wenn Ihre Tochter ein anderer Körpertyp ist als Sie, wenn sie gebaut ist wie ihr Vater, wenn sie adoptiert wurde oder ihr Vater einer anderen Rasse angehört, haben *Sie* dennoch den größten Einfluss darauf, ob Ihre Tochter eine positive, gesunde Verbindung zu ihrem Körper entwickelt.

Letztlich ist das Gefühl, das Ihre Tochter zu ihrem Körper hat, abhängig von dem Gefühl, das Sie zu Ihrem eigenen Körper haben. Hier kommen starke Generationseinflüsse zum Tragen. Es ist, als gehörten Sie, ohne es zu wissen, zu einer Art Schwesternschaft, in der bestimmte Glaubenssätze, Wertvorstellungen und Meinungen in der Familie von einer Frauengeneration zur nächsten weitergegeben werden. Indem Sie Ihrer Tochter die einfachsten Botschaften über Attraktivität, Schlankheit, Schönheit, Beliebtheit und die beste Enthaarungsmethode übermitteln, geben Sie Körperbilder weiter, die in Ihrem Bewusstsein gespeichert sind. Nach ein paar Generationen werden die Dinge, die Ihre Mutter Ihnen gesagt hat und die Sie Ihrer Tochter sagen, sozusagen Teil der weiblichen DNA, von »Niemand mag dicke Mädchen« bis »Als Frau darf man nie sein Alter verraten«. Sie präsentieren diese Glaubenssätze Ihrer Tochter, als wären es Tatsachen. Ihre Tochter akzeptiert sie als solche und verinnerlicht sie nach und nach als Teil ihres Denkens.

Einige der wirksamsten Botschaften dieser Art weden *unausgesprochen* weitergegeben, nicht weil es sich dabei um Geheimnisse handelt, sondern weil sie unbewusst sind – sie kommen untergründig in Ihrem Verhalten, Ihren Einstellungen und Ihren Gefühlen zum Ausdruck. Diese Botschaften sind die Ängste und Sorgen, die so tief in der Psyche verwurzelt sind, dass man ihre Anwesenheit nicht einmal bemerkt und schon gar nicht über sie spricht. Es sind beispielsweise die Ängste einer Schwangeren, die sich nicht schön, sondern nur noch dick fühlt. Oder die Sorge einer Mutter darüber, dass ihre pausbäckige Zweijährige übergewichtig ist. Oder die Erleichterung einer sehr hellhaarigen Mutter, die ihre schöne, gesunde neugeborene Tochter betrachtet, Schönheit und Gesundheit einfach übersieht und sich stattdessen ganz auf die dunklen Brauen und Wimpern konzentriert. »Oh, gut«, denkt diese Mutter, »dann braucht sie sich wenigstens nicht jeden Tag die Wimpern zu tuschen.« Im Grunde handelt es sich bei all diesen Ängsten und Sorgen um das Gleiche, nämlich um die Befürchtung, Ihre Tochter könnte nicht hübsch, schlank und lieb genug sein, um in der Welt Erfolg zu haben. Die Angst, dass niemand sie lieben wird.

Aufgrund solcher unausgesprochener Botschaften neigen wir alle zu der Ansicht, dass dick gleich hässlich und dünn gleich schön ist. Diese Überzeugungen sind nicht einmal kritisch oder gar verurteilend gemeint, sondern es handelt sich um gut gemeinte Glaubenssätze, fast um Mythen, die aus früheren Zeiten stammen, als Frauen ohne Schönheit machtlos waren. Was es so schwer macht, sie zu ändern, ist die Tatsache, dass sie auch weiterhin unausgesprochen bleiben, dass sie nie überprüft und nie aus einer angemessenen Perspektive betrachtet werden. Ohne es zu merken, sind wir deshalb in Gefahr, das Mantra »hübsch, schlank und lieb« noch einer weiteren Generation aufzuzwingen.

Die unvermeidliche Folge ist ein Gruppendruck, der rasch zu einem Teil des Körperbewusstseins einer Frau wird. Um diesen Druck zu erklären, müssen wir nicht Freud bemühen, denn es ist einfach die Angst davor, anders zu sein, aufzufallen und zum Gespött der Mitmenschen zu werden. Es ist die alltägliche Form des sozialen Drucks, der Frauen das Gefühl gibt, ganz genau darauf hören zu müssen, was die Leute sagen. Denken Sie einmal darüber nach: Sie begegnen einer Freundin und taxieren in einer Mikrosekunde ihren Körper. *»Sie hat so viel zugenommen, dass ich sie kaum erkenne.« »Schau sie dir an, sie sieht toll aus! Hat sie sich liften lassen oder treibt sie seit neuestem Sport?« »Kaum zu glauben, wie fett sie in der Stretchhose aussieht.«* In Wirklichkeit geht es hier um die Botschaft, dass Ihr Mann, wenn Sie nicht aufpassen, eine attraktivere und begehrenswertere Frau finden wird, dass Ihre Freundinnen sich im Fitnessstudio das Maul über Sie zerreißen werden, dass vielleicht eine Jüngere und Hübschere Ihnen Ihren Job wegschnappt. Wenn eine Frau im Kopf permanent diesem Kommentar ausgesetzt ist, hat ihr Selbstbewusstsein keine Chance, denn mit der Zeit ist sie überzeugt, dass sie einfach nicht genügt.

Wenn man erst einmal erwachsen ist, kann man nicht in den Spiegel sehen, ohne zu erkennen, wie man von solchen Einflüssen geprägt wurde. Und all das bringen Sie mit in Ihre Beziehung zu Ihrer Tochter, vom Tag der Geburt an. Sie sind die Quelle, aus der sich ihr Gefühl für sich selbst und für ihren Körper speist. Ihre Tochter nimmt Sie in jedem Aspekt wahr: visuell, physisch, emotional. Zu Anfang hat sie eine ganz unmittelbare Verbindung zu der Freude an Ihrem Körper, denn sie wird von ihm genährt und umsorgt. Und wie all die anderen Botschaften, die Sie ihr übermitteln, wird diese unmittelbare, intime, liebevolle Körperbeziehung internalisiert. Mit der Zeit lernt Ihre Tochter, für sich selbst zu sorgen. Dieses gesunde Gleichgewicht zwischen Ihrer Fürsorge und der Fähigkeit Ihrer Tochter, eigenständig zu handeln, bildet die Basis für eine enge, liebevolle Beziehung zwischen Ihnen beiden.

Durch Ihre emotionale und körperliche Beziehung lernt Ihre Tochter zum ersten Mal etwas über körperliches Vergnügen. Erinnern Sie sich noch, wie sie ihre Zehen entdeckt und es geschafft hat, sie in den Mund zu stecken? Wie sie gelernt hat, Ihnen aus dem Bettchen die Arme entgegenzustrecken, um hochgenommen und im Arm gehalten zu werden? Wie sie herausgefunden hat, dass sie den Mund aufmachen und wundervolle Laute hervorbringen kann? Die Freude, die Sie an Ihrer Tochter als Kleinkind haben, die Freude an *ihrer* Freude, ist die Essenz ihres späteren Selbstwertgefühls.

Diese frühen positiven Botschaften von Ihnen – dass Sie sich über Ihre Tochter freuen, dass sie eine *Quelle der Freude für Sie ist* – helfen ihr, ihren Körper und sich selbst wertzuschätzen. Ihre Tochter übernimmt und verwandelt Ihre Aufmerksamkeit und Fürsorge (Mutterliebe) in positive Gefühle zu sich selbst (Eigenliebe). Die Körperliebe der Tochter entwickelt sich aus der Fürsorge, dem Trost, den Umarmungen und Küssen der Mutter, aus der körperlichen Geborgenheit, die diese ihr schenkt.

Als sie noch ein Baby war, gab es wenig Schlaf, aber dafür eine Menge Küsse und Kommunikation in Babysprache. Als Ihre Tochter dann größer wurde, knüpfte sich Ihre frühere bedingungslose Liebe bald an etwas mehr Bedingungen. Nun war sie kein süßes knuddeliges Baby mehr, sondern begann ihre eigene, einmalige Persönlichkeit geltend zu machen und eine selbstständige Person zu werden. Damit reagieren Sie nicht mehr auf Ihr hinreißendes Baby, sondern auf die Wirklichkeit dessen, wer Ihre Tochter ist und wie sie sich selbst gegenüber empfindet. Für sie ist Ihre Reaktion so enorm wichtig, dass sie sich sofort in dem niederschlägt, was sie von sich selbst denkt. Sie ist ein Wildfang. Sie ist ein richtiges kleines Mädchen und trägt nur Kleider. Sie zieht nur knallrote Sachen an. Sie ist immer eine der Ersten in der Schlange, wenn es was zu holen gibt. Sie ist Perfektionistin und wild entschlossen, ein Star zu werden. Sie ist das Krümelmonster der Familie. Ihr könnte nichts gleichgültiger sein als die Apfelmusflecken vom Mittagessen auf ihrem T-Shirt. Nun leiten und erziehen Sie Ihre Tochter nicht mehr nur, sondern reagieren auf sie und versuchen gelegentlich auf ganz subtile Art, sie zu verändern und die Eigenschaften, die Ihnen erstrebenswert erscheinen, zu verstärken.

Als wohlmeinende Mutter, die ihre Tochter liebt und nur das Beste für sie will, sagen Sie sich zweifellos, dass Sie sie nicht verändern, sondern ihr gute Ratschläge geben möchten. (Hier gilt die Faustregel, dass sich immer dann Ärger anbahnt, wenn Sie »nur ihr Bestes wollen«.) Sie glauben, wenn Sie das Verhalten Ihrer Tochter lenken und ihre Wertvorstellungen beeinflussen, können Sie sie vor schlechten Gewohnheiten bewahren und auf diese Weise Probleme vermeiden, die ihr später wehtun könnten. Doch hier befindet sich eine Gefahrenzone mit jeder Menge Warnlichtern. Sobald Sie die Grenze Ihrer Tochter überschreiten, leiten Sie sie nicht mehr, sondern fangen an, sie zu kontrollieren und zu gängeln. Statt ihr beizubringen, sich selbst zu gefallen, erhält sie die klare Botschaft, dass sie vor allem Ihnen gefallen soll. Und das ist noch nicht alles. Für Ihre Tochter stellt sich Ihr Kontrollbedürfnis klar als Beweis dafür dar, dass Sie ihr nicht vertrauen und ihr nichts zutrauen.

Ihre Tochter muss die Möglichkeit haben, aus ihren eigenen Entscheidungen und ihren eigenen Fehlern zu lernen. Sie muss selbst herausfinden, ob es sinnvoll ist, im Sandkasten das schicke Partykleid zu tragen. Sie muss selbst entscheiden, ob Apfelmusflecken auf dem T-Shirt das Ende der Welt bedeuten oder ob Pink vielleicht genauso schön ist wie Feuerrot. Solange Ihre Tochter noch ganz klein ist und erneut als Teenager ist es sehr wichtig, dass man den Unterschied zwischen Anleiten und Kontrollieren kennt. Natürlich, jetzt geht es um Piercing und um Jungs aus irgendwelchen Bands statt um Partykleider und die Farbe Rot. Aber es ist immer noch Ihre Aufgabe als Mutter, das Recht Ihrer Tochter auf eigenständige Entscheidungen mit ihrer Sicherheit und ihrem Wohlergehen auszubalancieren. Selbst wenn Ihre Tochter vor dem Gesetz bereits erwachsen ist, braucht sie immer noch Ihre Grenzen, Ihre Unterstützung und Ihre Führung.

Manche Mütter wollen ihre Tochter verändern, um ihr besonders nahe zu sein. Sie genießen das Wir-Gefühl, eine Art von »Mami-und-ich«-Verhältnis. Eine solche Mutter erkennen Sie an Sätzen wie: »Es ist wunderbar, meine Tochter und ich haben genau den gleichen Geschmack.« Oder: »Ob du es glaubst oder nicht, ich kann mir von meiner Tochter Klamotten ausleihen.« Oder: »Ich gehe furchtbar gern mit meiner Tochter ins Fitnessstudio. Wir besuchen den gleichen Yogakurs.« Dabei fällt einem der Ausdruck »erdrückende Nähe« ein.

Wenn Sie Ihre Tochter in den frühen Jahren auf alle möglichen Arten und Weisen wissen lassen, was Sie denken, dann machen Sie ihr damit gewissermaßen Vorschläge, was sie denken sollte. Und gerade wenn Sie glauben, dass Sie Ihre Tochter kennen und wissen, wie Sie mit ihr zusammenleben können, steht sie plötzlich auf der Schwelle zur Pubertät, und alles beginnt sich rasant zu verändern. Sie sieht anders aus, sie benimmt sich anders, sie fängt an, Sie anders zu behandeln. (Wenn Ihre Tochter Sie auf einmal mit dem Vornamen anredet, statt Sie wie bisher »Mommy« zu nennen, wissen Sie, was die Uhr geschlagen hat.) Keine Sorge. Es ist alles noch da – ihre Persönlichkeit, ihr Charakter, ihre Vorlieben und Abneigungen, ihre frühen Erfahrungen, seien sie gut oder schlecht. Doch nun müssen Sie ganz anders darauf reagieren. Sie müssen ihr eine andere Mutter, ein anderes Vorbild sein, müssen intensiver, auf neue Weise und in neuen Bereichen auf sie eingehen: auf ihre Sexualität, ihren sich verändernden Körper, ihre Beziehungen zu Jungen, ihre Freundschaften.

Paradoxerweise jedoch distanziert sich Ihre Tochter genau in dem Moment von Ihnen, in dem Sie sich mehr für sie engagieren müssen. Denken Sie daran, Sie beide befinden sich in einem Prozess. Denken Sie daran, dass Sie in Verbindung bleiben müssen, egal wie unangenehm und verletzend das Weggestoßenwerden auch sein mag. Diese lebenswichtige Verbindung macht es Ihnen möglich, Ihrer Tochter positive Botschaften zu vermitteln, die sie braucht, um eine starke Basis für ihre Gesundheit und ihr Wohlergehen aufzubauen. Wenn sich für Ihre Tochter der Boden unter den Füßen ein bisschen unsicher anfühlt, ist diese Basis nämlich das Einzige, worauf sie sich verlassen kann.

Obgleich sich schwer vorhersagen lässt, wie Ihre Tochter mit dem Teenageralter zurechtkommen wird, ist Ihre Beziehung ein entscheidender Faktor, wie erfolgreich sie die Anforderungen der Pubertät bewältigt. Je besser die emotionale Verbindung ist, je stärker die Basis, desto höher die Chance, dass die Anpassung Ihrer Tochter positiv ausfällt. Hier sind ein paar Fragen, die Ihnen Hinweise darauf geben können, wie Ihre Beziehung zu Ihrer Tochter sich entwickeln könnte, ob es leicht oder schwer wird, ob es sich natürlich ergibt oder ob Sie hart daran arbeiten müssen. (Die Fragen sind im Grunde sehr ähnlich wie die Psychotests im Stile von »Ist er der Richtige für mich?«, die man oft in Frauenzeitschriften findet.)

◆ Passen Sie zusammen? Verstehen Sie die Persönlichkeit und das Temperament Ihrer Tochter? Oder sind Sie ganz unterschiedlich? Hat Ihre Tochter das Gefühl, in die falsche Familie hineingeboren worden zu sein? Haben Sie gelegentlich den Eindruck, Sie hätten das falsche Baby aus dem Krankenhaus mit heimgenommen?

◆ Konnten Sie als Teenager mit *Ihrer* Mutter etwas anfangen? Hatten Sie den Eindruck, dass ein Generationsabgrund zwischen Ihnen klaffte? Haben Sie sich ihr so fern gefühlt, dass Sie nie das Bedürfnis verspürten, ihr zu erzählen, was in Ihrem Leben vor sich ging? Haben Sie ganz selbstverständlich angenommen, dass Ihnen mit Ihrer Tochter das Gleiche passieren wird?

Neben der Ähnlichkeit und dem Verhältnis zwischen den Generationen gibt es Fragen zu den Grenzen zwischen ihnen, an denen sich oft absehen lässt, ob Ihre Beziehung Ihrer Tochter helfen wird, sich von Ihnen zu lösen und ein eigenständiger Mensch zu werden.

◆ Identifizieren Sie sich übermäßig mit Ihrer Tochter? Haben Sie das Gefühl, was ihr passiert, passiert eigentlich Ihnen? Haben Sie selbst ungelöste Körperbildprobleme? Vermischen sich Ihre eigenen Sorgen mit denen Ihrer Tochter? Können Sie unterscheiden, welche Themen Ihnen und welche Ihrer Tochter gehören? Sind Sie übermäßig in ihre Belange involviert – bis zu dem Punkt, an dem es Ihnen schwer fällt, sich aus einem Konflikt zurückziehen, oder sich nicht zurückhalten können, das Tagebuch oder die E-Mails Ihrer Tochter zu lesen? Haben Sie das Gefühl, dass sich das Verhalten Ihrer Tochter in einem Ausmaß auf Sie auswirkt, dass Sie sich leicht von ihr gedemütigt fühlen oder Lust haben, sie fortzuschicken?

◆ Sind Sie mit Ihrem eigenen Leben zufrieden? Beneiden Sie Ihre Tochter? Hegen Sie ihr gegenüber Konkurrenzgefühle?

In einer idealen Welt würden sich Mütter in ihrem Körper so wohl fühlen – würden sich an ihm freuen, ihn als so wertvoll, vollständig und stark empfinden und seine Leistungen wertschätzen –, dass alle Botschaften, die sie über ihn aussenden, positiv wären. Selbst in einer einigermaßen akzeptablen Welt wären Frauen in der Lage, im richtigen Verhältnis zu sehen, was wichtig und wertvoll ist. Tja, aber nun heiße ich Sie willkommen in einer Welt, in der die Frauen von den Medien ständig mit der Botschaft bombardiert werden, dass es einen bestimmten Maßstab für Schönheit gibt (groß, dünn, jung, blond, großbusig) und dass niemand diesem Maßstab auch nur annähernd entspricht. Sehr wenige erwachsene Frauen sind sechzehn, einen Meter achtzig groß, haben platinblonde Haare und den Körper eines Models. Aber das ist nur die halbe Botschaft. Der andere Teil verspricht den Frauen, wenn sie sich nur genug darum kümmern, wenn sie nur genug Geld ausgeben, wenn sie es nur richtig versuchen, gibt es noch Hoffnung. »Schlanke Schenkel in 30 Tagen!«, »Demnächst: Hollywoods Schönheitschirurgen plaudern aus dem Nähkästchen!«, »Die erste Creme, die sichtbar die Zeichen des Älterwerdens reduziert!«, »Die Anti Zellulitis-Diät!«, »Frühjahrs-Generalüberholung – ein neuer Körper! Ein neues Gesicht! So werden Sie ein neuer Mensch!«, »Was hindert Sie daran, eine Schönheit zu sein?«

Sie können nicht unsere ganze Kultur verändern, und Sie sind, wer Sie sind. Sie können auch nichts daran ändern, was die Medien verbreiten, aber was Sie selbst weitergeben, das haben Sie in der Hand. Die Botschaft, die Sie Ihrer heranwachsenden Tochter vermitteln, sollte eine Variante des Folgenden sein: »Ehe du dich abmühst, den perfekten Lidstrich zu malen oder die Wimpern mit der richtigen Mascara zu bearbeiten, tu das, was du brauchst, um dich von *innen* gut zu fühlen. Kümmere dich um dein Selbstwertgefühl und dein Gespür dafür, wer du bist.«

Außerdem können Sie Ihrer Tochter auch helfen, indem Sie den Schönheitsmythen der Medien kritisch begegnen. Glauben Sie nur nicht, Sie könnten hier nichts ausrichten, weil die Botschaften zu stark sind. Mütter, die das Gefühl haben, sie könnten nicht Einfluss nehmen, und die zu eingeschüchtert sind, um den Mund aufzumachen, geben zu schnell klein bei. Reden Sie mit Ihrer Tochter über die Schönheitsmythen. Bringen Sie solche Dinge auf den Tisch. Geben Sie zu, wie verführerisch diese Versprechen für *alle* Frauen sind. Schlagen Sie Ihrer Tochter vor, Naomi Wolfs Buch *Der Mythos Schönheit* zu lesen. Ganz egal wie, nur machen Sie Ihrer Tochter klar, dass sie mehr ist als die Summe ihrer Körperteile. Lassen Sie Ihre Tochter wissen, dass es nicht das Gleiche ist, ob man sich solchen Ideen unterwirft oder ob man herauszufinden versucht, was das Beste für einen selbst ist.

Denken Sie daran, wie wichtig Sie als Rollenmodell sind, achten Sie darauf, auf welche Botschaften Sie selbst leicht hereinfallen. Vereinfachen Sie die Dinge nicht, nehmen Sie nicht die Position selbstgefälliger Überlegenheit ein. Es ist ein Unterschied, ob man sagt: »Ach, das ist nur ein Werbetrick. Dem sollten wir keine Beachtung schenken, darüber sind wir erhaben«, oder ob Sie Ihrer Tochter dabei helfen, den Wert von pinkfarbenem Lipgloss in Relation zu *ihrem* Wert als ganze Person zu sehen. Ihre Tochter muss erkennen, dass sie selbst die Wahl hat; wenn sie das, was sie in *Vogue* oder in *In Style* sieht, glücklich macht, ist das vielleicht tatsächlich das Beste für sie.

Erklären Sie Ihrer Tochter, dass ihre Erwartungen an etwas wie ein Parfüm oder eine Pickelcreme realistisch sein sollten. Sagen Sie ihr, sie könne sich solche Produkte ruhig kaufen, solange sie dabei im Kopf behält, was sie können und was nicht. Parfüm kann dafür sorgen, dass man wundervoll duftet, Cremes gegen Pickel können (wenn man Glück hat) die Haut reinigen und beruhigen. Aber nicht mal das teuerste Produkt, eine Riesenvorteilspackung oder die von irgendeinem Filmstar angepriesene Marke kann all ihre Probleme lösen. Hören Sie auf die Mutter mittleren Alters, die sich noch sehr lebhaft daran erinnert, wie sie mit vierzehn ihre erste Zigarette geraucht hat und sich fragte: »Hey, warum macht mich diese Zigarette nicht sexy? Warum erscheint nicht ein lieblich plätschernder Bach wie in der Werbung? Wo bleiben all die hübschen Jungs?« Natürlich war die nächste Frage, die sie sich stellte, nicht etwa: »Was stimmt nicht mit dieser Zigarette?«, sondern: »Was stimmt nicht mit mir?«

Rücken Sie Fragen danach, welche die beste Mascara ist, ob man einen Wonderbra oder gar keinen Büstenhalter tragen sollte, in die richtige Perspektive. Es ist wahrhaftig nicht das Ende der Welt, wenn Ihre Tochter einen Wonderbra kaufen möchte oder ihr halbes Taschengeld für Glitzer-Make-up aus dem Fenster wirft oder wenn sie lieber einkaufen geht, als am Schreibtisch zu sitzen und die Ursachen der Französischen Revolution zu erforschen. Vielleicht braucht sie zwei Stunden, um sich anzuziehen und zu schminken, vielleicht muss sie zwanzig verschiedene Outfits ausprobieren, bis sie das richtige findet. Kein Grund, nervös zu werden und zur Gefängniswärterin zu mutieren. Benutzen Sie Ihren gesunden Menschenverstand. Sie sollten in der Lage sein zu sagen: »Es ist okay, die Zügel mal locker zu lassen. Es ist okay, sich zu entspannen«, und es auch ernst zu meinen. Denken Sie daran:

Auch wenn Ihre Tochter jetzt drei Stunden vor dem Spiegel steht und sich die Lippen anmalt, wird sie das mit großer Wahrscheinlichkeit *nicht* daran hindern, später eine kluge, fürsorgliche und erfolgreiche Frau zu werden.

Manchmal reichen schon ganz einfache Maßnahmen. Eigentlich müssen Sie hauptsächlich zwei Dinge in Angriff nehmen, um wichtige Veränderungen herbeizuführen: sich selbst kennen lernen und Ihrer Tochter aufmerksam zuhören. Je besser Sie sich selbst verstehen und je besser Sie Ihre Tochter verstehen, desto effektiver können Sie ihr helfen. Wenn Sie ihr aufmerksam zuhören (in Kapitel 5 werden Sie lernen, wie man das am besten macht), werden die Gespräche zwischen Ihnen gehaltvoller und die Botschaften, die Sie beide senden und empfangen, um einiges klarer. Dadurch bekommt Ihre Tochter die Aufmerksamkeit, die alle Teenager von ihren Eltern brauchen. Diese Aufmerksamkeit ist ein empfindliches Gleichgewicht aus Fürsorge, Herausforderung, Führung, Korrektur und Disziplin und zielt auf etwas ab, was jede Mutter sich wünscht: dass ihre Tochter als unabhängige, selbstständige und vollwertige Person ins Erwachsenenleben startet, als eine Person, die sich selbst, ihren Körper und andere Menschen respektiert.

Helfen Sie Ihrer Tochter zu verstehen, dass ihre eigenen Kommentare und Urteile darüber, wie sie aussieht und wie sie sich kleidet, mehr sind als nur beiläufige Bemerkungen. Sie werden verinnerlicht und formen das Selbstbild, denn heranwachsende Mädchen, so brillant und komplex sie auch sein mögen, sind emotional trotzdem noch unreif. Diese Unreife führt dazu, dass ein Mädchen alle Gefühle konkret ausprobiert und ausagiert. Statt sie verbal auszudrücken, benutzt sie ihren Körper als Medium. Sie muss der Welt nicht erklären, wie und was sie fühlt, sie *zeigt* es. Für sie ist das sowohl eine notwendige als auch eine befriedigende Lösung. Aus diesem Grund können Sie Ihre Tochter im Grunde ganz leicht »interpretieren«: anhand ihres äußeren Erscheinungsbildes und ihres Verhaltens. Sie wechselt ihren Kleidungsstil, ihre Frisur, ihre Haarfarbe. Sie ist erst blond, dann macht sie auf Gothic, erst trägt sie Sportsocken, dann Netzstrümpfe – alles, um kundzutun, dass sie eine neue Tiefe, eine neue Dimension erreicht hat, dass sie nachdenklicher und emotionaler geworden ist und dass sie leidet.

Wenn Ihre Tochter ein Problem hat, sollten Sie der Versuchung widerstehen, sofort nach einem Sündenbock zu fahnden. Diese Art zu denken geht davon aus, dass irgendjemand etwas falsch gemacht hat und deshalb »schlecht« ist – sonst wäre das Problem ja nicht aufgetaucht. Aber Schuldzuweisungen helfen niemandem. Sie müssen das Problem angehen, nicht den Sündenbock. Bei all den negativen Botschaften, die Sie Ihrer Tochter vermitteln – wie unmöglich sie sich anzieht bis hin zu ihrem unzureichenden Freundeskreis –, immer konzentriert sich die Aufmerksamkeit darauf, dass sie etwas falsch gemacht hat, statt auf die Anerkennung dessen, wie »gut« sie ihre Sache macht – und diese Einstellung bleibt hängen. Wenn Sie Ihre Tochter dazu bringen, dass sie sich wegen ihrer Fehler so richtig schlecht fühlt, wird sie aller Wahrscheinlichkeit nach defensiv und verschließt sich vor Ihnen. Zwar nimmt sie das auf, was Sie ihr gesagt haben (selbst wenn sie es sich in diesem Moment nicht anmerken lässt), aber sie ist nicht in der Lage, mit Ihnen darüber zu reden. Und in diesem Schweigen fängt Ihre Tochter an, sich dessen zu schämen, was Sie ihr vorgeworfen haben.

Werden Sie sich klar über Ihre Neigung, sich selbst die Schuld an allem Möglichen zuzuschanzen. Selbstvorwürfe sind nicht nur schmerzhaft und unproduktiv, sie hemmen nicht nur das eigene Vorwärtskommen, sie haben auch noch wesentlich heimtückischere Auswirkungen. Wahrscheinlich wird Ihre Tochter nur noch wütender auf Sie, jedenfalls ganz bestimmt nicht dankbarer. Sie wird denken, ihre Mutter sei so emotional und so bedürftig, dass man sie mit Samthandschuhen anfassen muss. Und wenn Ihre Tochter damit beschäftigt ist, Rücksicht auf Sie zu nehmen, bekommt sie natürlich nicht die Unterstützung und Führung, die sie braucht – von Ihnen.

Wenn Sie Ihrer Tochter üblicherweise vermitteln: »Ich fühle mich grässlich. Es ist alles meine Schuld« oder: »Ojemine, jetzt habe ich dir diese ganzen Probleme aufgehalst. Was bin ich für ein schlechter Mensch? Wie kann ich es wieder gutmachen?«, dann helfen Sie damit keinem. Schlimmer noch, je länger Ihr Leiden anhält, desto mehr spürt Ihre Tochter, dass es nicht um sie geht, sondern um ihre Mutter. Und sie fragt sich natürlich: »Warum kümmert sich keiner um mich? Bin ich so unwichtig?« Dabei dachten Sie doch, dass Sie ihr helfen! Ihre Tochter weiß nicht mehr, was sie tun soll. Vielleicht schwankt sie zwischen der Suche nach Hilfe und Wut. Vielleicht gerät sie in Rage, wenn Sie ihr irgendwelche Vorschläge machen, denn ihrer Meinung nach hat sie Sie gar nicht um Rat gefragt. Sie wollte doch nur Aufmerksamkeit, sie wollte, dass Sie ihr zuhören!

Die Themen Schuld und Scham werden von einer Mutter, die ihre Selbstvorwürfe in Taten umsetzt, noch auf andere Art ausgedrückt. Sie fühlt sich verpflichtet, Probleme entweder für ihre Tochter zu lösen oder ihre Tochter so unter Druck zu setzen, dass sie sich ändert. Was unter ihrem übertriebenen »Anleiten« liegt, sind die eigene Angst und die Unfähigkeit loszulassen. Wenn Sie Ihrer Tochter statt Patentlösungen lieber Unterstützung anbieten, wenn Sie ihr ihre Probleme lassen, wenn Sie ihr erlauben, ihre Probleme selbst zu bewältigen, dann helfen Sie ihr damit am meisten, eine Frau zu werden, die imstande ist, sich und andere zu lieben. Wenn Sie wissen, wer *Sie* sind, und wenn Sie sich die Zeit nehmen herauszufinden, wer *Ihre Tochter* ist, dann lernen Sie, Ihre Tochter zu verstehen und angemessen auf sie zu reagieren. Indem Sie ihr das Geheimnis anvertrauen, dass alle Frauen wünschten, sie wären perfekt, es aber nicht sind, indem Sie zugeben, dass eine Maniküre hin und wieder spirituell aufbauender ist als ein russischer Roman, indem Sie Ihre Tochter daran erinnern, dass Sie diejenige (und zwar die Einzige) waren, die standhaft für ihr Recht gefochten hat, monatelang ausschließlich feuerrote Kleidungsstücke zu tragen, dann schaffen Sie damit für Ihre Tochter die beste Ausgangsbasis dafür, ein gesundes Selbstwertgefühl und eine positive Identifizierung mit Ihnen als Frau zu entwickeln.

»Jetzt kenne ich endlich meine schlimmste Feindin – ich bin es selbst!«

Fragen Sie sich, warum Ihre Tochter nichts Positives an ihrem Körper finden kann? Hören Sie sich selbst zu, wie Sie über sich reden, was Sie Ihren Freundinnen sagen, achten Sie auf die »humorvollen« kleinen Seitenhiebe. Wenn Sie sich Ihrem Körper gegenüber wie gegenüber einem Feind verhalten, wird Ihre Tochter das auch tun.

»Was meinst du, wie viele Kalorien das Muffin wohl hatte? Aber sag mir lieber nicht die Wahrheit, sonst bring ich mich mit dem Buttermesser um.«

»Ich werde nie wieder etwas essen.«

»Ich kann nicht glauben, dass du mich das hast essen lassen.«

»Du bietest mir einen Keks an? Was hast du vor? Willst du mich mästen?«

»Ich hab eine sündhafte Schwäche für Käsekuchen.«

»Ich brauch mir nur die Speisekarte anzusehen, schon nehme ich zu.«

»Ich könnte mir das Eis auch gleich auf die Hüften schmieren.«

»Nein, echt nicht. Ich hab seit '72 keinen Keks mehr gegessen.«

»Ich kann mich noch erinnern, dass ich früher mal eine Taille hatte.«

»Ich bestehe aus lauter Einzelteilen, die nicht zusammenpassen. Gott hat mich einfach aus dem zusammengestückelt, was er grade noch übrig hatte.«

»Weißt du, warum ich gerne Schuhe kaufe? Das ist die einzige Gelegenheit, bei der ich mir nicht dick vorkomme.«

»Ich wollte, ich hätte genug Geld, um mir das Fett absaugen zu lassen.«

Was passiert, wenn Sie die Grenzen Ihrer Tochter missachten oder: »Wessen Abschlussball ist das eigentlich?«

Sie haben sich auf Bällen selbst oft dick und jämmerlich gefühlt, deshalb sind Sie wild entschlossen, dafür zu sorgen, dass sich Ihre Tochter beim Ball wie ein Filmstar vorkommt.

Projizieren Sie Ihre Gefühle nicht auf Ihre Tochter. Es ist der Abschlussball Ihrer Tochter, nicht Ihr eigener! Überlassen Sie ihr die Entscheidung, wie sie sich fühlen möchte.

Sie schleppen Ihre Tochter in fünf verschiedene Läden und veranlassen sie, alles anzuprobieren. Wenn sie ein Star werden soll, braucht sie ja auch das perfekte Kleid.

Halten Sie sich mehr raus. Versuchen Sie nicht, Ihre Tochter zu kontrollieren. Kümmern Sie sich um Ihr eigenes Leben.

Dann erzählt Ihre Tochter Ihnen, dass sie nicht mal hingehen will. Sie sagen: »Was meinst du damit, du willst da nicht hin? Der Abschlussball ist der wichtigste Teil der Schule, und du wirst es für den Rest deines Lebens bereuen, wenn du nicht hingehst. Übrigens hab ich schon einen Friseurtermin für dich abgemacht.«

Sie sollten nicht überreagieren. Bestürmen Sie Ihre Tochter nicht mit tausend kontrollierenden Fragen. Seien Sie nicht beleidigt. Versuchen Sie nicht, Ihre Tochter zu bestechen, doch noch hinzugehen.

Ihre Tochter geht zum Ball. Sie bleiben die ganze Nacht wach und warten darauf, dass sie endlich nach Hause kommt und Ihnen alles erzählt. Aber Ihre Tochter erzählt Ihnen gar nichts.

Sie sind viel zu verstrickt mit Ihrer Tochter. Suchen Sie sich eine Freundin in Ihrem eigenen Alter. Und wenn Sie wirklich wissen wollen, wie der Ball gelaufen ist, dann fragen Sie nicht Ihre Tochter, sondern eine ihrer Freundinnen, die gern ein bisschen plaudert.

KAPITEL 5

»Du musst ja sagen, dass ich hübsch bin – du bist schließlich meine Mutter«

WARUM IST ES eigentlich so unglaublich schwer für Mütter und ihre heranwachsenden Töchter, miteinander zu reden? Warum fühlen Sie sich, als würden Sie immer genau das Falsche sagen? Warum meint Ihre Tochter, Sie hätten kein Wort von dem gehört, was sie gesagt hat? Welche Sprachbarrieren gibt es in diesem fremden Land, wenn Wortwechsel, die bis dato klar und logisch erschienen, plötzlich vollkommen unverständlich werden? Ich hoffe, Sie haben Zeit mitgebracht für die Erklärung, denn die Gründe sind zahlreich.

Zuerst und vor allem reden Mütter und Töchter oft aneinander vorbei, und deshalb ist es wirklich so, als sprächen sie zwei verschiedene Sprachen. Es gibt ein Sprachproblem und ein Hörproblem. Wie sehr Sie sich auch anstrengen, sich mit Ihrer Tochter zu verständigen, ist sie wahrscheinlich so sehr mit den zahllosen inneren und äußeren Veränderungen beschäftigt, dass sie gar nicht hören kann, was Sie ihr sagen, und noch viel weniger in der Lage ist, Ihnen eine vernünftige Antwort zu geben. Und je klüger und sensibler sie ist, desto mehr Gedanken versucht sie zu verarbeiten. Die gute Seite daran ist, dass ihr später, wenn sie etwas älter ist, diese komplexen Grübeleien durchaus zugute kommen. Aber momentan ist sie erfüllt von Widersprüchen und Konflikten. Am Ende ist sie so von Ideen, Gefühlen und Erfahrungen überflutet, dass sie keine Möglichkeit sieht, die Dinge zu sortieren und einzuordnen, ganz zu schweigen davon, sie zu artikulieren.

Außerdem *will* sie das eigentlich auch gar nicht. Wenn Mädchen in die Pubertät kommen, haben sie von Natur aus den Drang, ihre innersten Gedanken für sich zu behalten. Sie können die offenste und aufgeschlossenste Mutter der Welt sein, Ihre Tochter wird Sie trotzdem nicht in alles einweihen; ihr Bedürfnis nach Privatsphäre ist stärker als der Wunsch, Sie ins Vertrauen zu ziehen. Diese Zurückhaltung ist ein wichtiges Element einer gesunden Entwicklung. Ihre Tochter muss eine Grenze zwischen sich und Ihnen ziehen, damit sie sich von Ihnen lösen und ihre Unabhängigkeit festigen kann. In dieser Zeit führt sie Telefongespräche im Flüsterton, macht die Türen fest hinter sich zu und schreibt alles in ihr geheimes Tagebuch.

Allerdings werden Sie feststellen, dass Sie als Mutter zu den wenigen Auserwählten gehören, mit denen Ihre Tochter überhaupt nicht spricht. Sie unterhält sich mit Wildfremden, Freunden, Lehrern, Ratgebern, mit Erwachsenen, die sie kaum kennt. Wenn sie bisher mit Ihnen geredet hat, versandet das Gespräch zunehmend. Wenn sie nie viel geredet hat, sind wahrscheinlich die meisten Unterhaltungen zwischen Ihnen beiden jetzt scharf und streitlustig. Und wie sicher Sie sich auch sind, dass Sie Ihre Tochter verstehen und rückhaltlos akzeptieren würden, wenn sie Ihnen doch nur eine Chance gäbe, ist das Bedürfnis Ihrer Tochter nach Trennung viel zu stark ausgeprägt, als dass sie von sich aus auf Sie zugehen könnte.

Ihre Tochter hat nicht deshalb aufgehört, mit Ihnen zu reden, weil sie Sie nicht liebt, sondern weil sie Sie als eine sehr mächtige Person erlebt. Deshalb muss Ihre Tochter Sie sich vom Leib halten, wenn sie das Gefühl haben will, eine eigenständige Person zu sein. Ironischerweise stößt sie Sie wahrscheinlich umso heftiger von sich, je enger und wichtiger Ihre Beziehung früher gewesen ist, und bringt auch umso vehementer zum Ausdruck, dass ihre Mutter keinerlei Macht über sie hat und ihr nichts, aber auch gar nichts zu sagen hat.

Was passiert nun also, wenn Sie reden möchten, aber Ihre

Tochter nicht? Keine sehr erfreuliche Situation. Aus jeder Lappalie kann sich ein Streit entwickeln. Oder Sie sagen etwas, und Ihre Tochter faucht nur: »Lass mich gefälligst in Ruhe!« Möglicherweise unterliegen Sie beide einer fehlerhaften Kommunikation. Das geschieht, wenn einer Äpfel sagt und der andere Orangen – Sie sagen: »Der Rock ist zu kurz«, und Ihre Tochter antwortet: »Ich hab nichts anzuziehen«; Sie sagen: »Es ist mir nicht recht, wenn du weggehst, ohne mir zu sagen, wohin«, und Ihre Tochter, die schon unter der Tür steht und mit ihren Freunden losziehen will, antwortet Ihnen: »Wir gehen nirgends hin.«

Vielleicht befinden Sie sich auch in einer negativen Rückmeldeschleife, was eigentlich nur heißt, dass eines dieser Gespräche stattfindet, die einen absolut auf die Palme bringen, weil man sich permanent im Kreis dreht. Diese Art frustrierender Interaktion findet statt, wenn Ihre Tochter sich von Ihnen distanzieren möchte und Ihnen deshalb negative oder unklare Informationen anbietet. In dem Versuch, Klarheit zu erlangen, haken Sie nach, aber Ihre Tochter weigert sich, konkret zu werden. Ihre Tochter ist glücklich, dass sie unglücklich ist und auch ihre Mutter unglücklich macht: Solche Gespräche rechtfertigen ihr Gefühl der Hilflosigkeit, und sie kann sich in eine pubertäre Opferhaltung flüchten. Noch befriedigender für sie ist, dass sie sich in ihrem Glauben bestärkt sieht, dass alles nur die Schuld ihrer Mutter ist. Negative Rückmeldeschleifen entwickeln sich mit der größten Wahrscheinlichkeit dann, wenn Ihre Tochter mit Ihnen verstrickt ist und sich ohne ihre Mutter nicht als vollwertige Person fühlt.

DEBBIE: Ich finde mich dick.
MUTTER: Du bist aber nicht dick.
DEBBIE: Du hast ja keine Ahnung.
MUTTER: O doch – wer soll es denn besser wissen als ich? Schließlich bin ich deine Mutter.

DEBBIE: Das ist es ja gerade. Du hast gar keine andere Wahl, du musst sagen, dass ich gut aussehe, eben weil du meine Mutter bist.
MUTTER: Das stimmt doch gar nicht. In den Jeans siehst du total schlank aus.
DEBBIE: Das sind aber meine fetten Jeans. Du hast echt keine Ahnung.
MUTTER: Dünne Jeans, fette Jeans – ich finde, du siehst absolut okay aus.
DEBBIE: Okay? Mehr nicht? Einfach nur *okay*?
MUTTER: Okay bedeutet doch, dass du gut aussiehst. Sehr gut. Toll.
DEBBIE (voller Ekel): Sieh dir doch bloß mal meinen Hintern an. Du musst schon blind sein, wenn du findest, dass mein Hintern »sehr gut« aussieht.
MUTTER: Warum machst du dich nur immer so schlecht?
DEBBIE: Du verstehst aber auch gar nichts.

Und so weiter und so fort.

Neben all den Variationen negativer Kommunikation gibt es natürlich auch noch die *falsche* Kommunikation, nämlich dann, wenn Ihre Tochter Ihnen das sagt, was Sie ihrer Meinung nach von ihr hören wollen. Egal, wie sehr Sie sich anstrengen, Ihre Tochter lässt Sie nicht an sich ran, sie will Sie nur beschwichtigen. Damit schützt sie ihre Privatsphäre. Sie hat Angst, dass sie strategisch ins Hintertreffen gerät und ihre Unabhängigkeit riskiert, wenn sie offen mit Ihnen ist. Außerdem kann sie sich nicht vorstellen, dass Sie ihr einfühlsam zuhören. Vielleicht klingt die folgende Unterhaltung vertraut für sie:

MUTTER: Alles okay mit dir? Du siehst so traurig aus.
JANET (ärgerlich): Mir geht's gut.
MUTTER: Irgendwie machst du heute einen niedergeschlagenen Eindruck.

JANET: Nein, ich hab nur eine Menge Hausaufgaben.
MUTTER: Tja, das Telefon hat gar nicht geklingelt. Ist irgendwas mit deinen Freunden?
JANET: Die hab ich in der Schule gesehen, die haben alle viel zu tun.

Sie rücken Ihrer Tochter auf den Pelz, und wieder einmal reagiert sie, indem sie sich noch weiter vor Ihnen zurückzieht. Im Endeffekt sprechen Sie dann mit ihrem Rücken, während sie bereits das Zimmer verlässt.

Probleme entstehen aber weder durch das Bedürfnis Ihrer Tochter, nicht zu reden, noch durch Ihre heldenhaften Bemühungen, sie zum Reden zu bringen. Die Pubertät ist nicht das Zeitalter der Vernunft, sondern das Zeitalter von »Ach, was soll's?« und »Einfach so irgendwie«. Sie sagen: »Ich verstehe nicht, warum du so eine schlechte Meinung von dir hast«, und Ihre Tochter beendet das Gespräch mit einem »Einfach so irgendwie«. Sie fragen: »Willst du nicht einen Pulli über dein bauchfreies Top anziehen?«, und sie antwortet: »Ach, was soll's?« Sie erkundigen sich, was bei dem Date passiert ist, von dem sie ständig erzählt hat, und sie verkündet: »Darüber will ich nicht reden.«

Die Dinge, die für Ihre Tochter in diesem Alter wirklich wichtig und sinnvoll sind, lassen sich in Zahlen ausdrücken: ihr Gewicht, ihre Kleidergröße, die Anzahl der bisherigen Freunde, wie viele Pickel auf ihrem Gesicht sprießen. Guter Wille dringt nicht zu ihr durch, und ein Kompliment wird gern als Beleidigung aufgenommen.

MUTTER: Heute hast du dich aber hübsch gemacht, das steht dir richtig gut.
ZOE: Quatsch, ich seh blöd aus. Und du sagst das sowieso nur, weil du wolltest, dass ich mir die Sachen kaufe.

Möchten Sie am liebsten alles hinschmeißen? Tun Sie es nicht. (Jetzt könnte der richtige Zeitpunkt sein, einmal darüber nachzudenken, dass Ihre Tochter vielleicht eines Tages selbst Kinder hat – irgendwann sogar eine heranwachsende Tochter.) Da ein Teil des Prozesses darin besteht, dafür zu sorgen, dass die Kommunikationskanäle offen bleiben, müssen Sie neue Kommunikationsmethoden lernen. Wenn Sie sich Gespräche wünschen, müssen Sie sich fragen, welche Sprache Sie eigentlich sprechen, und die Sprache Ihrer Tochter erlernen.

Zum Beispiel können Sie ihr natürlich weiterhin Komplimente machen. Wenn Sie die paradoxe Natur der Denkweise Ihrer Tochter und dazu noch ein bisschen raffinierte Teenagerpsychologie durchschauen, dann verstehen Sie, warum sie so reagiert, wie sie nun mal reagiert. Ihre Tochter wünscht sich Komplimente, aber sie kann sie nicht recht annehmen und ihnen vertrauen, weil es die Loslösung von Ihnen gefährden würde, wenn sie eine schmeichelhafte Bemerkung einfach so auf sich sitzen ließe. Trotzdem braucht sie positive Rückmeldungen. Also legen Sie los. Auch wenn Sie sich am liebsten nur die Haare raufen möchten, hier ein paar Beispiele, wie Sie Ihrer Tochter positive Rückmeldungen geben können, die sie sich anhört.

- Entwaffnen Sie sie, indem sie mit einem Dementi anfangen: »Ich erwarte nicht, dass du mir das glaubst«, oder: »Ich bin bloß deine Mutter, was weiß ich schon, aber . . .«
- Überschütten Sie sie nicht mit tausend Komplimenten auf einmal: »Was für ein tolles Kleid, deine Frisur gefällt mir, du siehst sehr hübsch aus, das sind echt schöne Ohrringe.« Bei zu vielen Komplimenten wird ihr Inhalt bedeutungslos.
- Seien Sie einfühlsam, dann merken Sie, worauf Ihre Tochter wirklich stolz ist, und können sich ein Kompliment in diesem Bereich aussuchen.
- Machen Sie keine unehrlichen Komplimente wie: »Du

siehst genau so aus wie das Mädchen auf dem Cover von *Glamour*, nur viel hübscher.« Ihre Tochter weiß, wann Sie Theater spielen.
- Machen Sie ihr ein Kompliment in einem Bereich, der nichts mit ihrem Äußeren zu tun hat. »Du hast so einen anmutigen Gang, das ist mir schon immer aufgefallen.«

Wenn Sie sich nun in Sprachgewandtheit und in der Kunst des richtigen Kompliments üben, erwarten Sie bitte nicht, dass Ihre Tochter das Gleiche tut. Wahrscheinlich ist ihre Sprache meist nonverbal und drückt sich durch den Körper aus. Sie erlebt ihre Gefühle körperlich: Sie ist kribbelig, sie hat Magenschmerzen, ihr ist komisch, sie hat das Gefühl, dass man ihr das Fell in die falsche Richtung gebürstet hat. Sie kommt sich dick vor – wobei sie mit »dick« all ihre negativen Gefühle meint. Die ganze Sorge wegen des Dickwerdens spitzt sich meist irgendwann zu einem Kampf mit dem Essen zu. Manche Mädchen essen zu wenig, andere zu viel. Manche werden Vegetarierinnen. Andere entwickeln eine Fettphobie. Manche haben ständig Hunger, andere so gut wie nie. Aber allen ist gemeinsam: Wenn sie ihre Gefühle mit dem Körper ausgedrückt haben, ist das Problem für sie gelöst. Dadurch, dass sie jetzt auf etwas Konkretes verweisen können, das nicht in Ordnung ist, meinen sie die Kontrolle über das zu gewinnen, was ihnen Kopfzerbrechen bereitet.

Essen ist gleich Dickwerden. Dicksein ist gleich Kontrollverlust. Kontrollverlust bedeutet, dass man sich immer noch wie ein kleines Mädchen fühlt. Noch ein kleines Mädchen zu sein bedeutet, dass man noch von der Mutter abhängig ist und sich nicht stark genug fühlt. Diese Formel führt dazu, dass das betroffene Mädchen anfängt, sich selbst zu hassen, sich abzuwerten und im Extremfall zu irgendeiner Form der Selbstzerstörung greift. Aber Sie können Ihrer Tochter helfen, mit ihren Gefühlen zurechtzukommen. Ganz gleich, wie sehr sie zu kämpfen hat, reift sie dadurch, dass sie lernt, diese Gefühle in

Worte zu fassen. Wenn sie in der Lage ist, ihre Gedanken zu ordnen, muss sie sie nicht mehr ausagieren; dann hat sie etwas zum Nachdenken, zum Brüten, etwas, was sie integrieren, verstehen und worüber sie sprechen kann.

Sich mit Ihrer Tochter zu verständigen bedeutet nicht nur, dass Sie sie verstehen. Es bedeutet auch, dass Sie sich selbst und das, was Sie ausdrücken, verstehen. Allzu oft glauben Mütter, dass sie einen höchst bedeutsamen und engagierten Dialog führen, wenn sie in Wirklichkeit noch nicht einmal die geringste Form einer Verbindung hergestellt haben.

Beispielsweise gibt es die Mutter, die mit ihrer Tochter keinen Dialog führt, sondern unweigerlich binnen kurzem bei einem Monolog landet. Wenn ihre Tochter ein Problem anspricht – zum Beispiel, dass sie ihren Bauch schwabbelig findet –, ist die Mutter – die sich selbst ununterbrochen in einer Diät befindet – gleich ungeheuer mitfühlend. »Komm, wir setzen uns hin und sprechen darüber«, sagt sie und hält einen Vortrag. Fünfzehn Minuten später, nach jeder Menge mütterlicher Ratschläge über Sport und Muskeltonus sowie Proteindiät versus Kohlehydratdiät, sagt diese Mutter zu ihrer Tochter: »Geht's dir jetzt besser?« Und das Mädchen, das kaum ein Wort herausgebracht hat, sieht ihre Mutter verstört an.

Dann ist da noch die Mutter, die ständig verbessert – jedes Gespräch ist für sie eine Gelegenheit, zu belehren und Vorschriften zu machen. Sie betrachtet ihre Tochter als ihr ganz persönliches Arbeitsprojekt:

MUTTER: Hast du denn schon zurückgerufen?
EMMA: Nein, das mach ich später.
MUTTER: Schieb es lieber nicht auf, so was musst du immer gleich erledigen, alles andere wäre unhöflich. Was denken die Leute sonst von mir – wenn meine Tochter Anrufe einfach nicht erwidert?

Außerdem gibt es die Mutter, die einfach ausblendet, was ihre Tochter sagt. Sie fühlt sich so bedroht, dass sie nicht zuhören kann.

VICKY: Ich übernachte heute bei George.
MUTTER: Wer ist George?
VICKY: Dieser Junge, der früher bei mir auf der Schule war. Jetzt hat er eine eigene Wohnung.
MUTTER: Na gut, aber komm rechtzeitig nach Hause.

Oder die Mutter, deren Kommunikationsstil sich so sehr von dem ihrer Tochter unterscheidet, dass die beiden ständig ihre jeweiligen Signale übersehen. Diese Mutter deutet zum Beispiel den Überschwang und das lautstarke Mädchengeplapper ihrer Tochter als unfeminin und unvorteilhaft. Sie fragt sich, warum ihre Tochter immer auffallen muss.

ELIZABETH (kichernd und aufgeregt): O mein Gott, dieser absolut süße Junge aus meiner Klasse hat gerade angerufen, ob er mit mir zur Schule fahren kann! Ich bin so aufgeregt, ich sterbe!
MUTTER: Wenn du so rumschreist, wird sich garantiert nie ein Junge mit dir abgeben.

Es ist erstaunlich, wie schnell Sie in eine Sackgasse geraten können, wenn Sie einerseits verzweifelt versuchen, ein Gespräch in Gang zu bringen, aber andererseits viel mehr damit beschäftigt sind, Ihre eigenen Themen loszuwerden, als Ihrem Gegenüber zuzuhören.

Hier folgen ein paar Grundsatztipps, wie man eine Sackgassenkommunikation in ein erfolgreiches Gespräch verwandeln kann:

- Bleiben Sie beim Thema.

◆ Machen Sie sich klar, was Sie sich von einem Gespräch erhoffen. Vermitteln Sie Ihrer Tochter dieses Anliegen klar und deutlich. Aber stecken Sie sich Ihre Ziele nicht zu hoch.

◆ Hören Sie auf, wenn es am besten ist. Zu den größten Fehlern, die Sie machen können, gehört, dass Sie, wenn Sie Ihr Publikum in den Bann gezogen haben, gleich alles zur Sprache bringen wollen, was Ihnen dazu einfällt – zu viele Themen, zu viele Probleme, zu viele Meinungen.

◆ Denken Sie daran, jedes Gespräch ist ein Aushandeln.

◆ Achten Sie darauf, dass Gespräche immer aus Geben und Nehmen bestehen. Wenn Ihnen klar ist, dass es immer um ein Aushandeln geht, müssen Sie sich weniger darüber aufregen, wenn Ihre Tochter auch etwas von Ihnen will.

◆ Vermeiden Sie Überreaktionen. Wenn Ihre Tochter überreagiert, tun Sie, was Sie können, um die Situation zu entschärfen.

◆ Rächen Sie sich nicht, vermeiden Sie es um jeden Preis, »nachzutreten«.

◆ Lassen Sie sich nicht zu Machtspielen und Drohungen hinreißen.

◆ Schenken Sie Ihrer Tochter Ihre volle Aufmerksamkeit, wenn sie mit Ihnen redet.

◆ Auch wenn Sie beide wütend und aufgebracht sind, vermeiden Sie es trotzdem, auch noch andere Probleme auf den Tisch zu bringen, die Ihnen auf den Nägeln brennen. Verwandeln Sie ein simples »Putz bitte dein Zimmer« nicht in ein Wortgefecht über Sex, Jungen, Autofahren und Schulnoten.

◆ Stellen Sie keine Fangfragen. Erklären Sie Ihrer Tochter, was Sie wissen möchten, um ihr helfen zu können oder um nach dem Gespräch nicht das Gefühl zu haben, dass Sie erst mal einen Drink brauchen. Bemühen Sie sich, Ihre Beiträge einfach und direkt zu formulieren. »Wie kann ich dir helfen?« oder: »Kannst du mir sagen . . .?« oder: »Ich kann dir nicht helfen, wenn du mir nicht sagst, was los ist.«

Listen aufzustellen ist leicht. Das wirkliche Leben ist viel schwerer. Einen guten Tipp in einer realen Situation auf eine reale Tochter anzuwenden, verlangt wesentlich mehr Verständnis, Einsicht und Geduld. Hier finden Sie einige Kommunikationsprinzipien, die helfen können, wenn Sie sich festgefahren haben oder sich auf verschiedenen Planeten befinden.

SIE REDEN STÄNDIG ANEINANDER VORBEI

Sie sind beide so sehr damit beschäftigt, das rüberzubringen, was Ihnen jeweils am Herzen liegt, dass Sie es nicht schaffen, dem anderen zuzuhören. Legen Sie eine Pause ein, schweigen Sie einen Moment. Versuchen Sie nicht, Ihre Argumente unbedingt unterzubringen, auch wenn sie noch so überzeugend sind. Bitten Sie auch Ihre Tochter, einen Augenblick innezuhalten. Sagen Sie irgendetwas in der Art von: »Ich glaube, das führt zu nichts. Ruhen wir uns lieber kurz aus.« Schlagen Sie vor: »Erzähl doch mal, was du von mir gehört hast, dann sag ich dir, was ich von dir verstanden habe. Und dann sag mir, ob das richtig war.« So spulen Sie das Band zurück, spielen es noch mal ab und korrigieren es. Geben Sie auch Ihrer Tochter die Chance, es zu korrigieren.

WAS SOLL DAS DENN HEISSEN? SPRECHEN SIE UND IHRE TOCHTER DIE GLEICHE SPRACHE?

Wenn es eine regelrechte Sprachbarriere zu geben scheint, können Sie das mit einer kurzen Realitätsüberprüfung klären und den Inhalt entschlüsseln. Konfrontieren Sie Ihre Tochter (ohne aggressiv zu werden) mit dem, was sie gesagt hat, so, als hielten Sie ihr einen Spiegel vor. Sagen Sie: »Aus dem, was ich gehört habe, höre ich Folgendes heraus.« Wenn Ihre Tochter Ihre Vermutungen bestätigt, machen Sie den nächsten Schritt. Dann klären Sie die Bedeutung dessen, was sie sagt, indem Sie es in den Kontext setzen. Zum Beispiel: »Wenn du das sagst, bezieht sich das auf die folgenden Themen, deshalb bedeutet es für mich dieses und jenes.« Wenn sie immer noch nickt, interpretieren Sie das Thema und seine Bedeutung. Wenn Ihre Tochter es ebenso sieht, können Sie eine Diskussion anfangen, in der Sie einander richtig verstehen.

IHRE TOCHTER SPRICHT NICHT MIT IHNEN ÜBER WICHTIGE THEMEN: ALLES VON SCHULE ÜBER SEX BIS ZU IHREM SOZIALLEBEN IST TABU

Nehmen Sie zur Kenntnis, dass es in der Pubertät heikle und sich ständig verändernde Gesprächsgrenzen gibt; am Montag erzählt Ihnen Ihre Tochter vielleicht alles, was sie beschäftigt, am Dienstag schweigt sie wie ein Grab. Machen Sie sich auf Höhen und Tiefen gefasst, auf gesteigertes Mitteilungsbedürfnis und Verschlossenheit. Seien Sie bereit zu sagen: »Sieht aus, als hättest du keine Lust zu reden. Sag Bescheid, wenn sich das ändern sollte.« (Platzen Sie aber bloß nicht zehn Minuten später rein und fragen: »Na, bist du jetzt endlich so weit?«) Sie können sich darauf verlassen, dass die meisten wirklich wichtigen Probleme immer wieder an die Oberfläche kommen und Sie eine zweite Chance erhalten. Akzeptieren Sie außerdem die Tatsache, dass selbst das offenste Mutter-Tochter-Gespräch nicht immer aufschlussreich oder tief schürfend ist. Wenn Sie das im Hinterkopf behalten, sind Sie nach einem Gespräch nicht enttäuscht und Ihre Tochter muss nicht das Gefühl haben, dass sie Sie enttäuscht hat.

Wenn sie dann einmal am Reden ist, hören Sie ihr zu, ohne zu werten. Halten Sie Ihre Neigung im Zaum, tendenziöse Kommentare abzugeben. (»*Was* hast du gemacht? *Was* hat er gesagt?«)

Oft ist es nützlich, ein Gespräch erst einmal zu beenden, darüber nachzudenken und später zu sagen: »Ich fand das wirklich interessant, was du neulich über . . . erzählt hast . . .« Oder Sie finden ein Buch oder einen Film, die sich auf das angesprochene Thema beziehen. Auf diese Weise ist das Gespräch nicht mehr eine auf Kommando eingeforderte Leistung, sondern ergibt sich ganz organisch aus Ihrer Beziehung.

Wenn Sie all diese klugen, mütterlichen Dinge tun, verringern Sie damit den Druck, der auf Ihrer Tochter lastet, und Sie werden rasch merken, dass Ihre Unterhaltungen viel angenehmer verlaufen. Je mehr Sie und Ihre Tochter miteinander reden, desto mehr heikle Themen werden an die Oberfläche kommen. Erwarten Sie also nicht, dass Sie sich mit ihr hinsetzen und *das* große, klärende Gespräch führen können, wenn es *Ihnen* gerade in den Kram passt. (Genau genommen sollten Sie solche Gespräche besser grundsätzlich vermeiden.) Sie werden merken, dass die großen Themen alle zu einem langen roten Faden gehören, der sich durch die Pubertät Ihrer Tochter zieht. Sie müssen nicht alles auf einmal lösen.

Ihren Erfolg erkennen Sie daran, dass weniger Gespräche mit »Kauf mir . . .«, »Gib mir . . .«, »Besorg mir . . .« eingeleitet werden. Gespräche werden intensiver und für beide Seiten ergiebiger. Sie werden als Mutter mehr eine Person und weniger eine Verleihstelle für Kreditkarten.

VERLIEREN SIE NUR NICHT DEN HUMOR!

Die Spannung, die Ihre Beziehung zu Ihrer Tochter kennzeichnet, kann allzu leicht den natürlichen Humor, den Spaß und die Albernheit auslöschen, die doch ein notwendiger Bestandteil einer Familienbeziehung sind. Oft verlernt man im Eifer des Gefechts, wie man über sich selbst lacht. Und Ihre Tochter ist so überempfindlich, dass es ihr ohnehin schwer fällt, über sich zu lachen. Sie sollten sich beide etwas entspannen und lockerer werden.

IST DAS EIN GESPRÄCH ODER EIN HINTERHALT?

Ihre Tochter verfolgt ihre eigenen Pläne, und sie möchte *umgehend* eine Antwort, ein klares Ja oder Nein. Dabei wissen Sie gelegentlich nicht mal genau, wie die Frage lautet. Eine kleine Erinnerung: Die Pubertätsuhr läuft nach Teenagerzeit, und das heißt, alles ist *augenblicklich* und *dringlich* und *wichtig* und *doppelt unterstrichen*. Für Ihre Tochter sind Sie oft einfach ein Hindernis, das es zu überwinden gilt. Im Originalton: »Mama, wenn Calley kommt, fährst du dann mit uns zum Einkaufszentrum und wir tauschen das Kleid, das dir nicht gefallen hat, gegen das andere Kleid und den Mantel um, den ich mir kaufen soll? Ich muss das jetzt *sofort* wissen, weil Calleys Mutter nämlich wartet. Tschüs.«

Solche Ansinnen werden aus heiterem Himmel auf Sie abgefeuert. Zwar hört es sich an, als hätte Ihre Tochter irgendwie um Ihre Zustimmung gebeten, aber genau genommen ist das nicht der Fall. Es klingt auch, als hätte ihre Erzählung nicht wirklich am Anfang angefangen oder Sie hätten jedenfalls einen wichtigen Teil verpasst.

Wenn Sie das Gefühl haben, dass Sie die Pistole auf die Brust gesetzt bekommen, teilen Sie das Ihrer Tochter deutlich mit und bitten Sie sie, einen Gang zurückzuschalten. Wehren

Sie sich gegen das Gefühl, auf der Stelle die Antwort parat haben zu müssen. Die meisten Mädchen reagieren ungeduldig, aber Sie könnten beispielsweise sagen: »Schau mal, ich lasse mir das wohlwollend durch den Kopf gehen, aber ich kann dir erst eine Antwort geben, wenn ich verstanden habe, worum es geht. Dafür musst du mich noch ein bisschen besser informieren.«

Dass Sie nicht auf alles sofort eine Antwort aus dem Ärmel schütteln, ist sowohl für Sie als auch für Ihre Tochter gut. Indem Sie Ihre Tochter um mehr Information ersuchen, zwingen Sie sie gleichzeitig, mehr Verantwortung für ihr Anliegen zu übernehmen; sie muss sich anstrengen, ihren Wunsch klarer auszudrücken, ihn so zu artikulieren, dass Sie überzeugt werden können. Je besser sie durchschaut, um was sie bittet, desto weniger wahrscheinlich ist es, dass Sie sich vorkommen, als seien Sie aus dem Hinterhalt überfallen worden.

Einige Themen sind für Sie beide so schwierig, dass hilfreiche Ratschläge nicht mehr greifen. Sie sind so explosiv, dass wir sie Landminen-Themen nennen. Auch wenn Sie sich noch so lange den Kopf nach der perfekten Antwort zermartern – es gibt keine. Bei solchen Themen findet unweigerlich eine schwierige und unangenehme Diskussion statt.

Hier ein paar der häufigsten Landminen-Themen:

- Ihre Tochter meint nicht nur, sie wäre übergewichtig, sie ist es wirklich.
- Ihre Tochter ist deutlich untergewichtig und steht auf extreme und ungesunde Diäten.
- Ihre Tochter ist extrem schüchtern; soziale Situationen sind für sie eine Qual.
- Ihre Tochter hat ein echtes Problem mit etwas, was mit Jungen, Verabredungen, Sex oder ihrer sexuellen Orientierung zu tun hat.
- Ihre Tochter tut irgendetwas, das Ihnen wirklich Angst macht. Sie will sich piercen oder tätowieren lassen, und Sie

machen sich große Sorgen wegen möglicher Infektionen oder Narben. Sie konsumiert Alkohol oder Drogen, und in Ihrer Familie gibt es Suchtgefährdung.

Wenn Sie sich in einer dieser Situationen befinden, sollten Sie das Problem erst einmal als solches zur Kenntnis nehmen. Lassen Sie sich nicht von Ihrer Angst überwältigen, aber erkennen Sie auch, dass das Problem nicht von alleine gelöst wird. Mit Selbstbeschwichtigungen wie »Ach, das ist nur so eine Phase« lügen Sie sich nicht nur in die eigene Tasche, sondern lassen zudem noch Ihre Tochter im Stich, indem Sie das Problem nicht ansprechen.

Was ist die beste Methode, mit einem Landminen-Thema umzugehen? Wenn Ihre Tochter über das Thema reden *könnte*, würde sie es tun. Aber sie kann es nicht. Und sie will auch nicht, dass Sie darüber sprechen. Als Mutter stehen Sie doppelt unter Druck: Erstens wollen Sie Ihrer Tochter helfen, und zweitens erwartet Ihre Umgebung, dass *Sie* das Problem irgendwie in den Griff bekommen. Aber ganz gleich, wie sehr sich Ihre Tochter auch bemüht, Sie im Dunkeln tappen zu lassen, ein ernstes Problem kommt unter Garantie irgendwann ans Tageslicht. Vielleicht spricht sie es nicht aus, aber Sie erkennen es an ihrem Verhalten, oder Sie bekommen entsprechende Rückmeldungen von Lehrern, Freunden, den Müttern ihrer Freundinnen. Achten Sie auf diese Zeichen und Warnhinweise. Wenn Sie sicher sein können, dass auch Ihre Tochter sie erkennt, können Sie das Problem leichter ansprechen und der Situation klar und sachlich gegenübertreten.

Wenn das Problem von selbst an der Oberfläche auftaucht, ist es leichter für Ihre Tochter, Sie eher als Verbündete denn als Kritikerin zu sehen. Natürlich gibt es für die Lösung des Problems kein Patentrezept. Doch wenn Sie sich emotional nicht so weit hineinziehen lassen, dass Sie beide sich nur noch schlechter fühlen, wird es in jedem Falle leichter. Das Ziel ist für Sie beide, einfühlsam und direkt mit dem umzugehen, was

Sie sehen. Sie müssen Ihre Tochter mit der Tatsache konfrontieren, dass (a) ein echtes Problem existiert und (b) alles nur noch schlimmer wird, wenn sie davor wegläuft. Erklären Sie ihr, dass Sie bereit sind zu helfen, wenn sie bereit ist, die Sache in Angriff zu nehmen.

Fangen Sie damit an, dass Sie Ihrer Tochter genau zuhören und sensibel auf ihre Bedürfnisse und Ängste reagieren. Wenn sie noch nicht so weit ist, dass sie über ihr Problem sprechen kann, und Sie sie dazu zwingen, endet das Gespräch rasch in einer Sackgasse. Auf dem Problem herumzureiten führt nur zu Streitigkeiten und dazu, dass Ihre Tochter sich zurückzieht. Spätestens dann stoßen all Ihre Beteuerungen, all Ihre Vorschläge und Lösungsmethoden ohnehin auf taube Ohren. Oft sind aus normalen Problemen erst deshalb Landminen geworden, weil die Lösungsversuche, die Ihre Tochter bisher unternommen hat, fehlgeschlagen sind.

Erklären Sie Ihrer Tochter, dass sie sich vielleicht unter anderem deshalb schlecht fühlt, weil sie mit dem Problem allein ist, und dass die Last leichter wird, wenn sie darüber spricht. Sagen Sie ihr, dass es sicher hilfreich war, ihren engsten Freunden davon zu erzählen, dass es aber allem Anschein nach nicht genügt. Sagen Sie ihr, Sie wüssten, dass sie glaubt, Sie würden kritisch oder enttäuscht reagieren, wenn sie vor Ihnen ein Problem eingesteht, und erklären Sie ihr, dass sie damit *ihre* Gefühle auf *Sie* projiziert; was sie als Reaktion von Ihnen erwartet, entsteht aus ihrer eigenen selbstkritischen Haltung. Machen Sie ihr klar, dass sie möglicherweise resigniert hat oder mit einer Lösung zu leben versucht, die genau das Gegenteil von dem erreicht, was sie möchte (indem sie sich aushungert oder sozial zurückzieht). Dass das Problem damit aber nicht vom Tisch ist und sie früher oder später unter der vermeintlichen Lösung ebenso leiden wird wie unter dem Problem selbst.

Zeigen Sie ihr andere Möglichkeiten auf. Wenn sie zu beschämt oder verschüchtert ist, um mit Ihnen zu reden, dann vermitteln Sie ihr glaubwürdig, dass das in Ordnung ist. Helfen Sie ihr, ihr soziales Netz zu erweitern. Schlagen Sie ihr vor, mit anderen klugen, einfühlsamen Menschen zu reden – mit Verwandten, Freunden, Nachbarn, bestimmten Lehrern, Pfarrern oder Psychologen. Das Prinzip, das dahinter steckt, ist: Je mehr sie redet, desto größer wird die Wahrscheinlichkeit, dass sie irgendwann auch mit Ihnen redet.

Ganz gleich, was passiert – egal, wie groß oder klein das Problem ist, wie raffiniert oder geradezu genial Ihr Ansatz sein mag –, erwarten Sie nicht, dass Ihre Tochter mitspielt.

PATTY: Ich bin viel zu dick.
MUTTER: Was stört dich denn *wirklich*, Schätzchen?
PATTY: Nur weil ich weiß, dass ich fett bin, heißt das noch lange nicht, dass mich irgendwas stört. (Die Tür knallt zu.)

Oder:
ILONA (fröhlich): Eigentlich finde ich es nicht so schlimm, dass ich dick bin.
MUTTER (begeistert): Oh, das ist ja großartig!
ILONA: Es stört mich einfach nicht mehr so.
MUTTER (noch begeisterter): Echt?
ILONA: Ja. Ich bin nämlich so hässlich, dass es sowieso scheißegal ist, ob ich fett bin oder nicht.

Wenn Worte nichts bringen und ein vernünftiges Gespräch unmöglich erscheint, können Sie nichts anderes mehr tun, als die Gedanken und Gefühle Ihrer Tochter einfach zur Kenntnis zu nehmen. Indem Sie wenig sagen, aber weiterhin einfühlsam reagieren, indem Sie versuchen herauszufinden, was Ihre Tochter beunruhigt, und zu verstehen, was sie Ihnen *wirklich* mitteilen will, halten Sie zumindest die Verbindung aufrecht. Und es lohnt sich immer, Ihren Instinkt einzusetzen und eine Hypothese darüber aufzustellen, was eigentlich los ist. Lassen Sie sich nicht beirren, wenn Ihre Tochter Sie erst einmal strikt zurückweist. Ihre Vermutungen öffnen vielleicht einen Kommunikationskanal zwischen Ihnen. Aber lassen Sie sich nicht hinreißen, spielen Sie nicht Sherlock Holmes. Wenn Ihre Tochter den Verdacht hat, dass Sie sie mit Ihrer Schnüffelei austricksen wollen, wird sie verständlicherweise ärgerlich und Ihnen gegenüber nur noch misstrauischer. Damit schaden Sie Ihrer Beziehung.

So schwer es manchmal ist, angemessene Kommunikationsmethoden zu finden, sind sie für Ihre Tochter dennoch lebenswichtig, damit sie sich zu einer gesunden, reifen jungen Frau entwickeln kann, die sich in der realen Welt zurechtfindet. Die Fähigkeit Ihrer Tochter, Konflikte zu lösen und Bedürfnisse auszuhandeln, entsteht grundlegend aus der Beziehung zu Ihnen, ihrer Mutter. Und Ihre Beziehung zu Ihrer Tochter hängt jetzt und auch in Zukunft davon ab, ob Sie in der Lage sind, miteinander zu reden. Im Verlauf der Abnabelung wird das Bedürfnis nach körperlicher Nähe und nach Schutz Stück für Stück geringer. Aber was Ihre Tochter mehr denn je braucht, ist Kommunikation. Wenn Sie sich um eine gute Kommunikation bemühen und weiterhin Vertrauen entwickeln, werden Sie mit einer liebevollen, innigen Beziehung zu Ihrer Tochter belohnt.

Was Sie Ihrer Tochter sagen können, um zu erreichen, dass sie nie wieder mit Ihnen spricht

»Wäre das eine Größe größer nicht bequemer?«

»Na ja, wenn du deine Diät nicht aufgeben wolltest, warum hast du dann dieses fette Zeug zum Mittagessen bestellt?«

»Deine Freundin Kathy hat echt Glück. Sie kann essen, was sie will, und bleibt trotzdem schlank.«

»Gott sei Dank hast du eine tolle Persönlichkeit.«

»Ich hab dich nicht gezwungen, das zu essen. Du bist selbst für dein Gewicht verantwortlich.«

»Wie würdest du deine Haarfarbe nennen? Ich denke, Mausbraun wäre die treffendste Bezeichnung.«

»Wenn die Verkäuferin dir was in Stretch zeigt, sag einfach, das gefällt dir nicht.«

»Wenn du fünfzehn Pfund abnimmst, kauf ich dir die Hüfthose.«

»Größe zweiunddreißig, Größe vierunddreißig – das sind doch bloß Zahlen.«

Dieses Gespräch führt in eine Sackgasse oder: Wie »es gut meinen« alles noch schlimmer macht

Sie versuchen Ihre Tochter zu trösten, indem Sie sie darauf hinweisen, was sie nicht ändern kann. »Ach Schätzchen, lass doch. Fußballerbeine liegen eben in der Familie.« »Man kann es drehen und wenden, wie man will, du hast eben die kleine dicke O'Brian-Nase.«

Sie präsentieren Kritik als guten Rat: »Blauer Lidschatten ist doch unmodern.« »Du wärst so viel hübscher, wenn dir nicht ständig die Haare in die Augen hängen würden.«

Sie teilen Ihrer Tochter mit, was Sie »beobachtet« haben: »Schau dir mal das Mädchen an, das diesen Bikini anprobiert. Widerlich! Sie ist viel zu dick, um so was zu tragen.« Oder: »Diese Jeans kaufen wir ganz bestimmt nicht, darin sieht dein Hintern aus wie von einem Büffel.«

Ihre Komplimente sind grundsätzlich zweischneidig: »Du bist ja ganz hübsch, aber es wäre auch nicht schlecht, wenn du ein paar Pfund weniger drauf hättest und dir mal die Haare schneiden lassen würdest – du würdest dich garantiert um einiges besser fühlen.« Oder: »Das ist ein schöner Rock. Na ja, jedenfalls würde er an einem Mädchen mit schmaleren Hüften richtig gut aussehen.« Oder: »Das ist ja ein tolles Sommerkleid, schade, dass du so was nicht tragen kannst.«

Sie streuen großherzige Gesten in Ihr Gespräch ein: »Weißt du, meine Friseuse würde dir in zehn Minuten ein paar blonde Strähnchen verpassen, um deine Haarfarbe ein bisschen aufzupeppen – ich bezahl sie dir auch.« »Gerade ist mir eingefallen, dass man am Samstag im Kaufhaus Soundso kostenlos Schminken lernen kann. Das macht bestimmt Spaß!«

Mit Hilfe scheinbar zufälliger Doppelbotschaften, zu denen nur Mütter fähig sind, schmuggeln Sie Kritik ein: »Es kommt auf die inneren Werte an. Iss ein bisschen Obst.« Oder: »Was man im Kopf hat, ist am wichtigsten. Hast du heute wieder irgendwelches Junkfood verdrückt?« Oder: »Was zählt, ist Freundlichkeit. Was hast du denn da im Gesicht?«

Ihre Nettigkeit wirkt tödlich – oder zumindest verletzend. »Endlich hast du mal was an, was richtig gut aussieht. Warum trägst du das nicht morgen, wenn mehr Leute hier sind, die dich sehen?«

KAPITEL 6

Was für ein Muttertyp sind Sie?

AM BESTEN werden Sie das Verhalten Ihrer Tochter verstehen, wenn Sie Ihr eigenes Verhalten unter die Lupe nehmen. Lesen Sie die folgenden leicht übertriebenen, stilisierten Beschreibungen von Mutterarchetypen und überlegen Sie, wo Sie etwas von sich wiederfinden. In jedem Beispiel steht eine bestimmte mütterliche Verhaltensweise einer offenen, vertrauensvollen Kommunikation von Mutter und Tochter im Wege. Die Porträts sind nicht sonderlich schmeichelhaft, aber seien Sie beruhigt: Selbst die beste Mutter hat *irgendein* Element mit einem oder auch mehreren dieser Archetypen gemeinsam.

DIE KONKURRENZMUTTER

Die Konkurrenzmutter betrachtet die Pubertät ihrer Tochter als Bedrohung. Jugend und Lebhaftigkeit ihrer Tochter erinnern sie daran, dass sie selbst älter wird. Die knospende Sexualität ihrer Tochter führt ihr unmissverständlich vor Augen, dass Männer sich bald eher nach ihrer Tochter als nach ihr umdrehen werden. Diese Konkurrenz, die manchmal offen, manchmal versteckt abläuft, treibt die konkurrierende Mutter in einen Kampf mit ihrem eigenen Körper. Paradoxerweise stürzt sie sich ausgerechnet in einer Zeit, in der sie eigentlich erwachsen genug sein müsste, um sich in ihrer Haut wohl zu fühlen, in extreme Diäten, kauft Fitnessgeräte und flirtet mit den Freunden ihrer Tochter. In unserer zwanghaften Jugendkultur ist sie dabei ständig mit der Tatsache konfrontiert, dass sie die Uhr nicht zurückdrehen kann, egal, wie viele Stunden sie auch im Fitnessstudio auf dem Stepper verbringt oder wie viel Geld sie für Antifaltencremes ausgibt. Eine solche Mutter sagt zu ihrer Tochter: »Als ich in deinem Alter war, hatte ich so viele Verehrer, dass ich am Samstagabend nie alleine zu Hause rumsitzen musste«, oder sie gibt hilfreiche Ratschläge nach dem Motto: »Ich wette, wenn du abnimmst, hast du auch bald einen Freund.« Oder: »Hier, ich hab dir diese Jeans mitgebracht. Mir haben sie so gut gefallen, dass ich mir gleich selbst welche gekauft habe. Natürlich in einer kleineren Größe.« Oder: »Du bist viel zu jung, um dich jetzt schon mit Orangenhaut rumzuplagen.«

DIE VERSCHMELZENDE MUTTER

Diese Mutter ist nie über ihre eigene (für gewöhnlich unglückliche) Pubertät hinweggekommen und sieht in allen Erfahrungen ihrer Tochter sich selbst. Wenn ihre Tochter Ballkönigin ist, hat diese Mutter das Gefühl, selbst Ballkönigin zu sein. Wenn ihre Tochter eine Mathematikarbeit in den Sand setzt, hat sie selbst versagt. Wenn ihre Tochter in einer Krise steckt, spürt sie es am eigenen Leib.

SARAH: Michelle war heute in der Schule total gemein zu mir. Sie hat sich vor der ganzen Klasse über meinen neuen Haarschnitt lustig gemacht. Ich hätte beinahe losgeflennt.
MUTTER: Das ist ja grässlich. Ich hab das Mädel ja auch nie gemocht, sie ist echt fies. Am besten gehst du ihr in Zukunft aus dem Weg.
SARAH: Ehrlich gesagt, hab ich sogar ein bisschen geweint. Ich hasse diese Schnepfe.

MUTTER: Ich spreche mal mit Michelles Mutter.

Am nächsten Tag:

SARAH: Oh, Michelle hat mich für Freitag nach dem Footballspiel zum Übernachten eingeladen.

MUTTER: Michelle? Magst du sie jetzt plötzlich, oder was?

Eine verschmelzende Mutter ermutigt ihre Tochter vielleicht, sich für die Hauptrolle beim Schulmusical zu bewerben. Wenn ihre Tochter die Rolle dann nicht bekommt, sagt sie (und meint es absolut ernst): »Na, kein Wunder, dass du sie nicht gekriegt hast. Deine Schule nimmt immer die gleichen Leute für ihre Aufführungen.« Nur ganz verschwommen kapiert sie, was ihr Mann meint, wenn er darauf hinweist, dass diese »gleichen Leute« einfach die Begabtesten sind.

Diese Mutter sieht ihre Tochter nur als Erweiterung ihrer eigenen Person. Ihre Mission besteht darin, ihrer Tochter die schmerzlichen Erfahrungen zu ersparen, die sie selbst als Teenager gemacht hat. Sie leidet unter eigenen Körperbildproblemen und hat daraus einen »Körperperfektionismus« entwickelt. Nimmt ihre Tochter zu oder bekommt Pickel, wird diese Mutter gleich ganz nervös. Dann sagt sie Dinge wie: »Willst du dieses Brownie denn wirklich essen?« oder »Ich bin vom Mittagessen noch total voll, du nicht?«

Die verschmelzende Mutter identifiziert sich so mit ihrer Tochter, dass sie sich um sie *beide* gleichermaßen sorgt; sie ist unfähig, ihre Wahrnehmung einer sachlichen Realitätsprüfung zu unterziehen. Es fällt ihr schwer, Grenzen zu setzen und zu erkennen. Eine solche Mutter überschreitet ihr Budget, um ihrer Tochter teure Klamotten zu kaufen, weil »man so was heute trägt«. Sie ermuntert ihre Tochter, sich Freunde in den Cliquen der besonders Beliebten zu suchen, sie ist bereit, ihren Mann anzulügen, wo ihre Tochter hingeht, weil sie es nicht erträgt, dass diese ein großes Rockkonzert oder eine angesagte Party verpasst. Sie hält den Gedanken nicht aus, dass ihre Tochter vielleicht kein perfektes Leben haben könnte. Statt ihre Tochter anzuleiten, steckt sie mit ihr unter einer Decke.

DIE ÄNGSTLICHE MUTTER

Im pubertären Tumult ihrer Tochter hat diese Mutter völlig die Fassung verloren. Sie sitzt in einer emotionalen Achterbahn und ist ständig aus dem Gleichgewicht. So sehr sie ihre Tochter auch liebt, kann sie einfach nicht mehr. Ihre Angst hat sie überwältigt, ihr Instinkt hat sie verlassen. Sie ist so damit beschäftigt, ihre Tochter zu beschützen, dass sie sich entweder zu viel oder zu wenig Sorgen macht – oft über die falschen Dinge. Am einen Tag verhätschelt sie ihre Tochter und traut ihr rein gar nichts zu, am nächsten ist sie bereit, ihr die Weltherrschaft zu überlassen. Sie meint, ihre Tochter könne nicht ohne Hilfe für die Geschichtsarbeit lernen, aber am nächsten Tag ist sie groß genug, um allein mit ihrem älteren Freund dessen Verwandte in Yucatan zu besuchen

Die ängstliche Mutter regt sich furchtbar darüber auf, wenn ihre Tochter mal wieder kein gutes Haar an sich finden kann. Weil sie selbst so viel Angst hat, erträgt sie bei ihrer Tochter keine negativen Gefühle. Statt zuzuhören, ist sie von vornherein so wild entschlossen, alle Probleme ihrer Tochter augenblicklich zu eliminieren, dass sie unfähig zu jeder Form von Mitgefühl wird. Als Hilfe und Unterstützung hat sie bestenfalls bedeutungslose Beschwichtigungen anzubieten. Ironischerweise hat ihre Tochter irgendwann das Gefühl, dass ihre Mutter sie überhaupt nicht kennt und sich auch nicht für sie interessiert. So kommt es, dass diese Mutter, der ihre Tochter doch so sehr am Herzen liegt, sich ihrer Tochter schließlich entfremdet fühlt.

WENDY: Ich sehe heute echt furchtbar aus.
MUTTER: Aber nein, du bist wunderschön.
WENDY: Na ja, ich fühle mich aber nicht so.
MUTTER: Dann lass dir doch die Haare schneiden. Ich vereinbare gleich einen Termin für dich. Die Nägel kannst du dir dann auch gleich machen lassen.
WENDY: Vergiss es. Ich mag nicht zum Friseur, da sind überall Spiegel.
MUTTER: Hier, iss ein bisschen Eis, dann geht's dir gleich besser.

Es gibt drei verschiedene Sorten ängstlicher Mütter:

Die kontraphobische Mutter: Kontraphobisch soll heißen, dass diese Mutter auf Angst reagiert, indem sie das Gegenteil tut: Ein Kind, das Angst vor Spinnen hat, kauft sich als Erwachsene beispielsweise eine Tarantel als Haustier. Diese Mutter ist sich oft ihrer eigenen Ängste nicht bewusst; es fällt ihr schwer, Kontakt zu ihren Gefühlen aufzunehmen und ihrem Urteil zu trauen – wie die vorhin erwähnte Mutter, die ihre Tochter ohne nachzudenken einfach nach Yucatan abdampfen lässt. Ohne es zu wissen, möchte diese Mutter ihrer Tochter vielleicht unbedingt gefallen und beugt sich ihrem Willen, statt angemessene Grenzen zu setzen.

Die erdrückende Mutter: Sie ist hundertprozentig engagiert, sie ist die Löwenmutter, die ihr Junges verteidigt. Es gibt keinen Lehrer, mit dem sie sich nicht anlegt. Wenn ihre Tochter sich mit ihrer besten Freundin streitet, ist sie sofort zur Stelle. Und sie verteidigt ihr Baby bei jedem Krach mit ihrem Ehemann. Diese Mutter handelt nicht nur überbehütend, sondern auch überengagiert und überempfindlich.

Sie wäre zutiefst schockiert, wenn jemand ihr sagen würde, dass ihre so entschlossen liebevolle Haltung eigentlich extrem kontrollierend ist und das aufkeimende Kompetenzgefühl ihrer Tochter untergräbt. Diese Mutter hat Angst, dass sie keine Aufgabe mehr hat, wenn ihre Tochter erwachsen wird, deshalb tut sie alles dafür, dass ihre Tochter ohne sie nicht zurechtkommt. Sie möchte, dass ihre Tochter ein Baby bleibt, denn Babys lieben ihre Mütter am meisten. Unweigerlich glaubt die Tochter irgendwann, dass sie ohne ihre Mutter tatsächlich hilflos und inkompetent ist. Letztlich führt dies aber nur zu einer Auseinandersetzung, indem die Mutter wütend ist, weil ihre Tochter heranwächst, und die Tochter wütend ist, weil ihre Mutter sich so kontrollierend und ablehnend verhält. Diese Dynamik führt zu Problemen mit dem Körperbild, weil es einem solchen Mädchen extrem schwer fällt, sich gut zu fühlen in dem Bewusstsein, dass ihr Körper allein ihr gehört.

Die kritisierende Mutter: Diese Mutter zeigt ihre Angst auf andere Weise; für sie ist es sehr wichtig, dass ihre Tochter beliebt und erfolgreich ist, und deshalb hat sie immer gute Ratschläge (und Kritik) parat, mit denen sie ihrer Tochter »helfen« möchte. Wenn meine Tochter mir doch nur zuhören würde, denkt sie, dann wäre ihr Erfolg gesichert – was dazu führt, dass ihre Tochter jedes Problem, dem sie begegnet, als Zeichen für Versagen und Minderwertigkeit wahrnimmt. Für sie ist jede Kritik ihrer Mutter ein Beweis dafür, dass diese kein Vertrauen in sie hat. Weil sie es ihrer Mutter nie recht machen kann, entwickelt sie keinerlei Selbstsicherheit.

Die kritisierende Mutter verhält sich so, weil sie selbst unter einem geringen Selbstwertgefühl und starken Selbstzweifeln leidet. Mit einer »perfekten« Tochter kann sie diese Gefühle ein wenig kompensieren. Sie versucht krampfhaft, den Schein zu wahren und anderen zu gefallen, und besteht darauf, dass ihre Tochter das Gleiche tut.

Die kritisierende Mutter sagt zum Beispiel: »Du hast dich ja nie richtig angestrengt . . .« oder: »Wenn du dich ein bisschen mehr bemühen würdest, wärst du die Beste. Aber offenbar ist es dir egal.« Im Wortschatz dieser Mutter gibt es eine Menge »immer« und »nie« und »sollte« oder »sollte nicht«. Sie sagt: »Was werden die Leute denken?« Nun ruhen die Augen der Welt auf ihrer Tochter, und die Messlatte liegt so hoch, dass dem Mädchen kaum etwas anderes übrig bleibt, als Körperprobleme zu entwickeln.

Ein Sonderfall der kritisierenden Mutter ist die traditionelle Mutter, die sich besonders intensiv Sorgen über die Meinung anderer Leute macht. Für sie muss das Leben reibungslos funktionieren, alles muss so sein, wie es immer war, daher kommt sie überhaupt nicht mit einer Tochter zurecht, die sich grellrosa Strähnen in den Haaren oder Tätowierungen am Knöchel wünscht. Ihre Botschaft an ihre Tochter lautet: »Sei wie ich. Wenn du anders bist, liebt dich keiner.« Dazu kommt noch eine weitere subtile Botschaft: »Wenn du anders bist, dann liebe *ich* dich nicht mehr.«

DIE SUPERMUTTER

Diese Mutter ist nicht damit zufrieden, eine der heute üblichen Supermamas zu sein. Sie ist ein A-Plus-Typ, eine perfektionistische Überfliegerin. Sie ist diejenige, die, nachdem sie den ganzen Tag hart gearbeitet hat, zum Elternabend noch selbst gemachte Lasagne für zwanzig Leute mitbringt. Für sie sind die typisch pubertären Verhaltensweisen und die Ängste ihrer Tochter lediglich Zeichen von Schwäche. Wenn sie sieht, dass ihre Tochter ganz normale Teenagerdinge tut – beispielsweise stundenlang telefoniert, wo sie doch eigentlich Hausaufgaben machen sollte, oder auf der Couch liegt, Chips in sich hineinstopft und die Wiederholung ihrer Lieblingsserie anschaut –, geht sie an die Decke.

Selbst wenn diese Mutter versucht, nicht überkritisch zu sein, hört man aus allem, was sie von sich gibt, das implizite Urteil heraus. Ständig findet sie irgendwo einen Fehler und ist unablässig am Korrigieren und Bessermachen. Das normale negative Pubertätsverhalten ihrer Tochter nimmt sie persönlich und denkt, es sei nur da, um sie zu ärgern. Diese Mutter findet keine gemeinsame Grundlage, auf der sie mit ihrer Tochter kommunizieren kann, weshalb sie dauernd frustriert ist. Da sie bei sich kein Versagen toleriert, kann sie mit der Unvollkommenheit ihrer Tochter nicht leben und distanziert sich immer weiter von ihr.

Folgende Situation: Mit ihren fünfzehn Jahren ist Megan ziemlich unglücklich; sie ist zu dem Schluss gekommen, dass ihre Freundinnen (obwohl sie sie sehr mag) langweilig sind, deshalb färbt sie sich die Haare, lackiert sich die Nägel schwarz und verschenkt alle Kleidungsstücke, die rosa oder hübsch sind. Sie ist reizbar, ständig auf hundertachtzig und allgemein schlecht gelaunt. Ihre Mutter erkundigt sich, was eigentlich los ist:

MEGAN: Du kannst mir sowieso nicht helfen.
MUTTER: Dann habe ich als deine Mutter versagt. Wenn du nicht mit mir sprechen kannst, habe ich dich falsch erzogen.
MEGAN: Das versteh ich nicht. Ich kann nicht mit dir reden, weil du gegenüber allem, was ich mache, und jedem, den ich kenne, total misstrauisch bist. Wenn ich dir sage, dass etwas nicht stimmt und dass es mir nicht gut geht, dann stellst du es immer so hin, als wäre es meine Schuld. Es geht dir nur darum, herauszufinden, was ich falsch gemacht habe, damit du mir Vorwürfe machen kannst.
MUTTER: Na ja, wahrscheinlich hast du ja auch was falsch gemacht. Schließlich bist du nicht perfekt.
MEGAN (vorwurfsvoll): Dich interessiert überhaupt nicht, was ich fühle. Du willst mich immer nur schlecht machen. Und wenn ich dir sage, ich fühle mich schlecht, dann kommt von dir immer nur, ich solle mich nicht so fühlen. Echt, ich geb's auf.

In ihrem Drang, eine perfekte Mutter zu sein, ist die Supermutter besessen von der Leistung ihrer Tochter auf allen Gebieten. Was Ernährung und Gesundheit angeht, hält sie selbst ständig Diät und achtet streng auf das Gewicht und die Kleidergröße ihrer Tochter. Sie gibt Kommentare von sich wie: »Du siehst aus, als hättest du zugenommen«, oder sie fragt: »Du siehst heute richtig gut aus. Ernährst du dich in der Schule etwa nicht mehr von Cola und Chips?« Sie interessiert sich kolossal für die Liebesgeschichten ihrer Tochter und kennt jede einzelne Schulnote. Sie steht um fünf Uhr früh auf, um ihre Tochter vor einer Klausur abzufragen.

Eine solche Mutter hat es schwer, ihre Tochter zu verstehen. Warum weigert sie sich nur, freiwillig alle Leistungskurse zu belegen, Tennis zu spielen, unterprivilegierte Kinder zu beaufsichtigen und politisch aktiv zu werden? Wenn sie anders mit ihrer Zeit umgehen und endlich aufhören würde, *Dawson's Creek* zu glotzen, könnte sie das alles ohne weiteres schaffen. Die Tochter dieser Mutter hat das Gefühl, sich die Liebe ihrer Mutter verdienen zu müssen, und sie soll so tun, als würde sie das wollen, was ihre Mutter will. Entweder fügt sie sich dem Programm oder sie wird fallen gelassen. Einen Mittelweg gibt es nicht.

DIE UNMÜTTERLICHE MUTTER

Diese Mutter kann ihrer Tochter emotional nicht das geben, was diese braucht. Im Grunde ist sie irgendwo verschollen. Meist gibt es dafür komplexe Gründe, aber einige Faktoren sind recht häufig: Oft ist eine solche Frau von ihrer eigenen Mutter unzureichend bemuttert worden, sie versteht das Bedürfnis ihrer pubertierenden Tochter nach Bemutterung nicht oder ist von ihren eigenen Problemen so stark in Anspruch genommen, dass sie sich nicht um die Bedürfnisse ihrer Tochter kümmern kann. Diese Mutter ist typischerweise wenig engagiert, entweder weil sie glaubt, dass ihre Tochter schon erwachsen ist, oder weil sie andere Dinge in ihrem Leben befriedigender findet, als Mutter zu sein.

Eine unmütterliche Mutter kann nicht akzeptieren, dass sie und ihre Tochter nicht identisch sind, und fühlt sich vom Verhalten ihrer Tochter bedroht – mit dem Ergebnis, dass sie unfähig bleibt, eine einfühlsame Verbindung zu ihrer Tochter herzustellen. Die Mutter-Tochter-Beziehung ist gekennzeichnet von Machtkämpfen, nach denen sich beide Parteien einsam und fremd fühlen. Im schlimmsten Fall entwickelt die Tochter aus diesem Mangel an Verbindung schwerwiegende Körperbildprobleme. Ihr »Mutterhunger« kann so extrem werden, dass sie ihre Wut und ihr körperliches Bedürfnis nach Bemutterung nach innen und gegen ihren eigenen Körper richtet. Ein solches Mädchen hat das größte Risiko, promiskuös zu werden, weniger aus dem Bedürfnis nach Sex als aus dem Bedürfnis nach Körperkontakt und Zuwendung. Sie ist anfällig für verschiedene Formen von Missbrauch – Drogen, Alkohol, ungesunde Beziehungen.

Charakteristisch für eine unmütterliche Mutter sind Depressionen. Sie besitzt nicht die Energie, den Optimismus oder sonstige Vorbedingungen, um eine Beziehung mit ihrer Tochter aufzubauen oder gar aufrechtzuerhalten. Außerdem hat sie Schwierigkeiten, auf die Probleme ihrer Tochter einzugehen, weil sie in Bezug auf ihre eigenen resigniert hat. Diese Mutter ist unfähig zu geben und stößt ihre Tochter zu früh aus dem Nest. Paradoxerweise ist sie selbst so bedürftig, dass sie unfähig ist, ihrer Tochter die emotionale Basis zu verschaffen, die diese dringend braucht.

Eine zu wenig mütterliche Mutter fängt kein offenes Gespräch an; sie glaubt, wenn ihre Tochter etwas Wichtiges zu sagen habe, werde sie schon von sich aus den Mund aufmachen. Sie argumentiert überzeugend, dass ihre Tochter ihr sowieso nicht zuhört und dass Gespräche mit ihr deshalb sinnlos sind. Sie nimmt das, was ihre Tochter ihr sagt, für bare

Münze, ohne es zu hinterfragen; sie wiegt sich in dem Glauben, dass ihre Tochter tatsächlich so erwachsen ist, wie sie vorgibt, und von ihrer Mutter auch nichts braucht. Hinweise auf Probleme werden ignoriert und als Phase verstanden, aus der die Tochter von alleine herauswächst. Selektives Hören gibt dieser Mutter ein falsches Sicherheitsgefühl.

Um eine gute Mutter zu sein, muss man bereit sein, sich selbst unter die Lupe zu nehmen und die eigenen Vorstellungen sowie das eigene Verhalten in Frage zu stellen. Eine Mutter hat meist ein ziemlich klares Bild davon, wie sich ihre Tochter verändern sollte. Weniger leicht fällt es ihr, einzusehen, dass sie selbst sich ändern muss. Zu den wertvollsten Aspekten der Pubertät gehört, dass man als Eltern gezwungen wird, sich selbst aus einer anderen Perspektive zu betrachten und auf neue Weise mit sich in Kontakt zu treten – mit der eigenen Sexualität, den eigenen Beziehungen, Freundschaften und Leistungen. Nutzen Sie diese Zeit positiv, begegnen Sie den Herausforderungen, vor die Ihre Tochter Sie stellt, indem Sie lernen, sich selbst besser zu verstehen. Wenn Sie irgend können, sehen Sie diese Zeit als Chance, sich an dem zu freuen, was Sie an sich mögen, und das zu verändern, was Ihnen nicht gefällt. Denken Sie daran, dass Leben und Wachstum für Sie und für Ihre Tochter immer auch mit Veränderungen verbunden sind. Lassen Sie sich von Ihrer Tochter anregen und bereichern, nehmen Sie an ihrem Wachstum und ihrer Kreativität teil. Begeben Sie sich in ihr intellektuelles Energiefeld. Ihre Tochter wird wachsen und Sie mit ihr.

KAPITEL 7

Ehemänner und Väter

DIE IRONIE der Vater-Tochter-Beziehung liegt darin, dass ein Mädchen seinen Vater genau dann am nötigsten braucht, wenn die Verbindung zu ihm schwierig wird und es das Gefühl bekommt, wenig mit ihm gemeinsam zu haben. Wenn ein Vater es schafft, den Kontakt zu halten, und wenn die Tochter es zulässt, kann er sehr viel für sie tun. Er kann ihr Mentor sein, kann sie unterstützen und beschützen. Und er kann ihr einen Blick aufs Leben aus männlicher Perspektive anbieten. Wer kann ihr besser helfen, das andere Geschlecht zu verstehen, als ein Vertreter des anderen Geschlechts? Vor allem, wenn es ein Mann ist, dem sie vertrauen kann.

Vom Vater akzeptiert und geschätzt zu werden, für ihn eine Freude zu sein – das alles ist für die Entwicklung eines gesunden Selbstbewusstseins zentral und gibt der Tochter die entscheidende Bestätigung, als Frau begehrenswert zu sein. Wie bei allem anderen zieht auch beim Vatersein ein Erfolg den anderen nach sich. Hat ein Vater eine enge Beziehung zu seiner heranwachsenden Tochter, wird er Mittel und Wege finden, involviert zu bleiben. Das hilft beiden, eine für beide Seiten befriedigende Beziehung aufzubauen, in der normale Eltern-Kind-Spannungen durchgearbeitet, Belastungen ertragen und Konflikte angesprochen werden können. Die Beziehung eines Vaters zu seiner Tochter ist ein Prozess, der in groben Zügen dem zwischen Mutter und Tochter ähnelt, sich aber auf besondere Weise für die emotionale und intellektuelle Entwicklung des Mädchens auszahlt. Wenn ein Vater seiner Tochter seine Liebe schenkt, fühlt sie sich in einer beängstigenden Phase ihres Lebens dennoch geborgen. Indem er sie an seinem Wissen über die Welt teilhaben lässt, regt er sie an, selbstständig zu denken. Und wenn er sie als ganze Person sieht, hilft er ihr außerdem, sich von ihrer Mutter zu lösen, was es ihr leichter macht, andere gesunde Beziehungen zu knüpfen und Selbstvertrauen zu entwickeln.

In all diesen Aspekten spielt der Vater eine ganz spezifische Rolle für das Wachsen und Reifen seiner Tochter. Ihre Beziehung ist einmalig. Der Vater ist der erste Mensch des anderen Geschlechts, den ein Mädchen kennt und liebt. Die Erfahrung, von einem Mann geliebt und geschätzt zu werden, beginnt mit der Beziehung zu ihrem Vater. Die intensive Liebe zu ihm ist ein normaler Bestandteil des ödipalen Prozesses. Erinnern Sie sich an Ihre psychologischen Grundkenntnisse: Ein kleines Mädchen »verliebt« sich in seinen Papa und beginnt sich von der Mama abzunabeln. Zwischen ihm, seinem Vater und seiner Mutter entsteht eine gesunde Dreiecksbeziehung. Als Teil des Dreiecks rivalisiert die Mutter mit der Tochter um die besondere Zuwendung des Vaters. Vielleicht erinnern Sie sich nicht an die Zeit, als Ihre Tochter Ihnen mitteilte: »Wenn ich groß bin, heirate ich Papa.« Alles lachte, und Sie haben Ihrer Tochter freundlich erklärt: »Papa ist schon mit Mama verheiratet. Aber eines Tages findest du jemanden ganz für dich allein.«

Im üblichen Verlauf des ödipalen Prozesses wird ein Mädchen in seinem Wunsch frustriert, den Vater ganz für sich allein zu haben, und irgendwann gibt es die Rivalität zur Mutter ebenso auf wie das Streben danach, die wahre Liebe des Vaters zu werden. In dieser Zeit wendet es sich erneut der Mutter zu und vertieft den gesunden Prozess, in dem es sich als Frau mit dieser identifiziert. Nun kann die Tochter damit beginnen, das ödipale Dreieck zu durchschauen, ihre Beziehung zu beiden Eltern ins richtige Verhältnis zu rücken und endlich eine echte Abnabelung zu erreichen.

Als natürliche Folge dieses Konflikts, den Ihre Tochter durchmacht, rücken Sie und Ihr Mann enger zusammen. Und wenn Sie eine gute Beziehung haben, fühlt sich Ihre Tochter in Sicherheit. Es ergibt sich für sie nicht die (gleichzeitig faszinierende und beängstigende) Chance, ihre Mutter abzuservieren und ihren Papa ganz für sich allein zu beanspruchen. Stattdessen begreift sie allmählich, was eine gute Beziehung ausmacht, und lernt nicht nur wertvolle Lektionen über die Liebe, sondern auch über das Grenzensetzen sowohl in einer freundschaftlichen als auch in einer Liebesbeziehung. Alle Beteiligten profitieren davon, wenn Sie und Ihr Mann Ihre Tochter gemeinsam erziehen. Wenn die verschiedenen Rollen gut aufeinander abgestimmt sind, kann das die Spannungen deutlich vermindern, die für Ihre Tochter daraus entstehen, dass sie ihre eigene Identität finden muss.

Nun fragen Sie sich vielleicht, was geschieht, wenn Sie Ihre Tochter nicht zusammen mit dem Vater erziehen. Das Interesse an ihrem Vater und das Bedürfnis nach ihm bleibt ein wichtiger Teil ihrer Entwicklung. Und wenn ihr Vater – weil er gestorben ist, ob wegen Scheidung oder Trennung, oder weil Sie nicht in einer traditionellen Familie leben – nicht verfügbar ist, müssen bestimmte Themen angesprochen werden. Dafür sollten Sie erstens aufgeschlossen sein und Ihrer Tochter zweitens eine männliche Bezugsperson bieten, die für sie eine aktive, involvierte Elternfigur darstellt. Ob dies ein guter Freund, ein Stiefvater, Onkel oder Großvater ist, ist unerheblich. Wichtig ist nur, dass Ihre Tochter zu einem Mann aufblicken und eine konstante Beziehung haben kann. Männer, die ein junges Mädchen auf diese Art unterstützen, verdienen übrigens eine Menge Respekt und Anerkennung, denn es braucht eine Menge Mut, diese schwierige Aufgabe zu übernehmen.

Das Bedürfnis nach einem Vater verschwindet nicht. Wenn

Ihre Tochter in die Pubertät kommt, nimmt der ödipale Prozess eine noch größere Bedeutung an. Jetzt braucht Ihre Tochter die Zuwendung ihres Vaters noch mehr. Es ist ein verwirrendes, schwieriges Bedürfnis, weil sie selbst schüchtern und durcheinander ist, weil ihr die Veränderungen in ihrem Körper zu schaffen machen, weil sie sich abwechselnd die Aufmerksamkeit ihres Vaters wünscht und ihn dann am liebsten zum Teufel jagen möchte. Diesen Zwiespalt handhabt sie mit wechselndem Erfolg, je nachdem, wie verfügbar ihr Vater ist und wie Sie die Beziehung zu ihm unterstützen. Wenn diese beiden Anteile stimmen, profitiert Ihre Tochter davon; sie kann mehr Zeit mit ihrem Vater verbringen, ihn weiterhin an ihrer Welt teilhaben lassen und schließlich ihre Beziehung zu ihm sogar noch erweitern.

Aber wenn Ihre Beziehung gestört oder einer von Ihnen nicht für Ihre Tochter da ist, treten wahrscheinlich Probleme auf, in ganz unterschiedlicher Form. Möglicherweise wird Ihre Tochter von ihrem intensiven Verlangen nach der Zuneigung ihres Vaters so überwältigt, dass sie sich von ihm zurückzieht und sich stattdessen an Sie, ihre Mutter, klammert. Vielleicht bemüht sie sich aber auch immer angestrengter, indem sie die perfekte Tochter spielt, seine Persönlichkeit imitiert und seine Interessen übernimmt. Vielleicht denkt sie, die einzige Möglichkeit, ihm näher zu kommen, bestehe darin, dass sie sich eher wie ein Sohn als wie eine Tochter verhält. Oder sie stilisiert sich wieder als Papas kleines Mädchen, nur jetzt auf aggressivere Art: Sie fängt Krach mit Ihnen an, versucht einen Keil zwischen Sie und Ihren Mann zu treiben und stellt sich bei jeder Auseinandersetzung auf seine Seite.

Die große Frage lautet also: Wenn das Bedürfnis einer Tochter nach ihrem Vater so heftig ist, wenn die Vater-Tochter-Beziehung einen so wichtigen Stellenwert hat, warum ist sie dann so schwierig? Warum ist es für pubertierende Mädchen so kompliziert, mit ihrem Vater zurechtzukommen? Die meisten Probleme fangen an, wenn Papas kleines Mädchen anfängt erwachsen zu werden und plötzlich nicht mehr Papas kleines Mädchen ist. Es entwickelt nicht nur Hüften und Pickel, sondern auch einen Standpunkt. Auf dem Planeten, wo das Alien lebt, das jetzt den Körper Ihrer Tochter in Besitz genommen hat, gibt es eine militante Anti-Papa-Bewegung. Praktisch über Nacht hört das nette kleine Mädchen auf, ihn nett und liebevoll zu behandeln, und fängt an ihm Widerworte zu geben und Türen zu knallen, behandelt ihn respektlos, weicht vor seinen Berührungen zurück, bezeichnet ihn als dumm, hat Geheimnisse vor ihm, verbündet sich mit der Mutter und seinen Freundinnen gegen ihn und macht sich gnadenlos über ihn lustig – angefangen bei seiner Art, sich anzuziehen, bis hin zu dem, was er sich im Fernsehen anschaut. Plötzlich ist es der Tochter peinlich, mit ihm gesehen zu werden. Ihre Liebe hat sich in Hohn und Verachtung verwandelt. Anscheinend kann er ihr nichts mehr recht machen. Es ist beinahe so, als hätte sie eine Allergie gegen ihn entwickelt. Natürlich ist er beleidigt und verletzt, fühlt sich zurückgewiesen und weiß nicht, womit er das alles verdient hat.

An diesem Punkt kommen viele Väter zu dem Schluss, dass ihre Töchter sie nicht mehr brauchen. Sie fühlen sich ausgeschlossen und sind nicht in der Lage, einen sinnvollen Versuch zur Wiederangliederung zu unternehmen. Sie sehen, dass ihre Töchter sich ganz offensichtlich für den Rest der Welt interessieren, ihnen aber die kalte Schulter zeigen. Aber sie sehen nicht, dass ihre Töchter weiterhin dringend einen Vater brauchen. Kein Wunder, wenn sich ein Vater darüber ärgert; er hat das Gefühl, dass er nur noch dafür da ist, seine Tochter zum Einkaufen in die Stadt zu kutschieren und das Geld für Klamotten hinzublättern, die er schauderhaft findet.

Was ein Vater oft nicht versteht, ist die Tatsache, dass seine Tochter sich mit ihm deshalb so unbehaglich fühlt, weil sie sich mit sich selbst so unbehaglich fühlt. Ihre ablehnende Haltung ihm gegenüber entsteht aus ihrem Unbehagen, ihrer Schüchternheit. Dass sie sich an der Oberfläche so unverschämt gibt, macht es für ihn noch schwerer zu verstehen. Mit ihrem sich wandelnden Körper und ihren ambivalenten Sehnsuchtsgefühlen fährt sie ständig Achterbahn. Neben ihrer allgemeinen Negativität ihm gegenüber agiert sie ihre Unsicherheit und Unreife noch auf andere Art aus. Beispielsweise flirtet sie mit ihrem Vater, provoziert ihn und hänselt ihn. Und ihr Vater, der keinen Anhaltspunkt dafür besitzt außer dem Klischee, dass pubertierende Mädchen unmöglich sind, sieht nur, dass seine Tochter sich unerklärlich feindselig aufführt. »Du machst alles kaputt«, sagt sie zu ihm. »Du verstehst einfach nicht, dass ich jetzt erwachsen bin.« »Ich zieh das an, ob es dir gefällt oder nicht.« Es ist, als hätte es die ersten dreizehn Jahre in ihrem Leben nie gegeben.

Kein Gebiet ist für einen Vater ein solches Minenfeld wie der sich entwickelnde Körper seiner Tochter. Ihr Körperbild ist jetzt immens sexualisiert. Ständig testet sie ihn und hält Ausschau nach Bestätigung für ihre Sexualität und Attraktivität. Für pubertierende Mädchen mit einem sehr weiblichem Körper (mit dem sie noch nichts Rechtes anzufangen wissen) ist das Leben so, als würden sie ohne Fahrlehrer in einem Porsche Fahren lernen.

Die frühere, einfachere Rolle, die ein Vater hatte – mit seiner Tochter spielen oder für Mama einspringen –, scheint plötzlich überflüssig geworden zu sein. Seine Tochter lässt keinen Zweifel daran, dass er nichts, aber auch gar nichts Erstrebenswertes zu bieten hat, und sie hilft ihm auch nicht dabei, neue Wege zu finden, mit ihr Verbindung aufzunehmen. Wenn sie seine Anwesenheit überhaupt zur Kenntnis nimmt, sieht sie ihn als Autoritätsfigur, und diese Autorität dient ihr lediglich als Zielscheibe für ihre Rebellion.

Wenn niemand dem Vater erklärt, was los ist, kann das Ergebnis katastrophal sein. Das Problem betrifft nicht nur Vater und Tochter, sondern auch Sie als Mutter und die gesamte Familie. Gerade wenn Sie dabei sind, Ihre eigenen Probleme mit Ihrer Tochter zu beackern, haben Sie, ob Sie es nun wollen oder nicht, auch noch einen Logenplatz für den hochexplosiven Liebe-Hass-Kampf zwischen Ihrem Mann und Ihrer Tochter. (Und so schlimm die Explosivität auch sein mag, noch schlimmer ist das eisige Schweigen zwischen den beiden.) Sie streiten, ködern einander, werfen sich Kritik an den Kopf, brüllen um die Wette. Türen knallen, Drohungen werden ausgestoßen und absurde Strafmaßnahmen verhängt. Er ist sarkastisch, sie ihm ebenbürtig. Sie provoziert, er versucht sie einzuschüchtern. Sie ist trotzig, er selbstgerecht. Sie schreit, er schreit lauter.

Doch richtig schlimm wird es, wenn ein Vater seine Tochter aufgibt, weil ihm alles verlorene Liebesmüh zu sein scheint. Er redet sich ein, dass Sie als Mutter Ihre Tochter besser verstehen als er. Seine Verwirrung in Kombination mit Ihrem Bedürfnis, Ihre verletzliche und überforderte Tochter nicht im Stich zu lassen, kann Ihren Mann in die Flucht schlagen. Und auf dem Weg zur Tür gibt er wahrscheinlich entweder Ihnen oder Ihrer Tochter oder Ihnen beiden die Schuld an dem, was passiert ist – als hätten Sie sich gegen ihn verschworen.

Die Tochter, die ihm in der Vergangenheit das Gefühl gegeben hat, dass er ein Held ist, vermittelt ihm jetzt das genaue Gegenteil. Und er kann weder den Verlust ertragen noch das Gefühl, versagt zu haben. Seine Tochter andererseits versteht sein Verhalten nicht einmal ansatzweise. Warum lässt er sich plötzlich so gehen? Warum merkt er denn nicht, wie sehr sie ihn braucht? Warum sieht er nicht, dass sie leidet? Sein Rückzug verletzt sie, seine Kritik tut ihr weh. Er ist zutiefst enttäuscht von ihr, das spürt sie, ohne dass er ein Wort zu sagen braucht. Ihr kommt es vor, als hätte er sie für immer verlassen, und sein Rückzug ist für sie ein psychischer Schlag. Wenn ein Mädchen seinen Vater erfolgreich aus seinem Leben verjagt hat, kann es sich nicht wirklich an diesem Sieg freuen. Es spürt eine Macht, die es niemals wollte und die nicht gut ist.

Wie steht es also um die beiden? Sowohl Vater als auch Tochter sind feindselig und argwöhnisch. Keiner traut dem anderen über den Weg. Vielleicht unternehmen sie gelegentlich vorsichtige Versuche, den Riss zwischen ihnen zu kitten, aber die Situation ist so angespannt, dass nichts lange hält. Die Beziehung ist ein einziger Scherbenhaufen.

Wie nicht anders zu erwarten sitzen Sie als Mutter zwischen allen Stühlen. Ihr Mann beklagt sich bei Ihnen: »Unsere Tochter ist unmöglich. Kümmere du dich um sie.« Ihre Tochter jammert: »Ich hasse Papa. Ich rede nie wieder ein Wort mit ihm.« (Auf diese Bemerkung folgt oft auch noch die Frage: »Wie konntest du bloß so einen Mann heiraten?«) Lassen Sie sich nicht unterkriegen! Nur wenn Sie durchschauen, was hier geschieht und warum, können Sie hilfreich eingreifen. Natürlich können Sie nicht alles kontrollieren: Sie können nicht dafür sorgen, dass der Konflikt und die Spannungen einfach verfliegen, erwarten Sie keine Wunder. Aber Sie können wahrscheinlich mehr tun, als Sie denken.

Mit dem entsprechenden Wissen und dem richtigen Handwerkszeug können Sie Ihrem Mann helfen, Ihre Tochter zu verstehen, und Sie können auch Ihrer Tochter helfen, ihren Vater besser zu verstehen. Sie müssen sich nicht Ihrem Schicksal ergeben, niemand zwingt Sie, sich zwischen den Fronten aufzuhalten. Als Erstes können Sie überlegen, wo Sie die Dinge für die beiden vielleicht schwieriger machen. Sie können dafür sorgen, dass Sie Ihr Leben nicht der Aufgabe widmen, Freizeitsozialarbeiterin oder Familienschiedsrichterin zu werden. Sie können dafür sorgen, dass die Beziehung zu Ihrer Tochter im Gleichgewicht und die Beziehung mit Ihrem Mann intakt bleibt. Dann sind Sie nämlich in der Lage, die Vater-Tochter-Dynamik und ihre Machtkämpfe zu durchschauen: die hormonellen Aufwallungen Ihrer Tochter, seine Verwirrung und Verletztheit, ihre kunstvollen Manipulationen, seine Überreaktionen und das ungeheuer infantile Verhalten auf beiden Seiten.

Zuerst einmal können Sie Ihrem Mann helfen, die grundlegende Dynamik von Pubertät und Vaterschaft zu begreifen. Er muss verstehen, wie unsicher pubertierende Mädchen wirklich sind und mit wie vielen Dingen sie sich auseinander setzen müssen. Ein heranwachsendes Mädchen ist ein wandelndes Vorzeigeobjekt für alle Arten von Problemen. Wenn es die Pubertät erreicht hat und der ödipale Prozess wieder aufgenommen wird, muss es sich bereits den Themen Körperbild, Sexualität und Identität stellen, zusätzlich zu allen anderen Schwierigkeiten (mit Beliebtheit, Schulnoten, Klamotten etc.). Ihre Tochter ist ernsthaft überproblematisiert. Und jetzt hat sie auch noch Vaterprobleme. Sie ist sich seiner Gegenwart stets bewusst, versucht ständig seine Meinung über ihr Aussehen, ihre Klamotten zu erraten, und ob sie es zeigt oder nicht, nimmt sie sich alle seine Kommentare zutiefst zu Herzen.

Wenn er beispielsweise unaufgefordert äußert: »Meine Tochter hat das wunderbarste Lächeln, das ich je gesehen habe«, und dabei vor Freude strahlt, dann hat er seiner Tochter damit einen guten Tag beschert. Nicht nur der Inhalt, sondern dass er es unaufgefordert gesagt hat – das macht die Bemerkung so wertvoll. Ein heranwachsendes Mädchen möchte nicht darum bitten, bewundert zu werden, es will nicht nach Komplimenten fischen oder auf seinen Körper aufmerksam machen. Die Tochter braucht es, dass ihr Vater sie aus freien Stücken lobt. Wenn er nicht das sagt, was sie sich wünscht, weist sie es offen oder unbewusst zurück. Natürlich kann es sein, dass er genau das äußert, was sie hören möchte, und sie es – aus Unsicherheit oder Schüchternheit – trotzdem zurückweist oder ihn gar kritisiert. (Und Sie glauben, es ist schwierig, ihre *Mutter* zu sein!) Aber komme, was wolle – sie ist immer auf ihn gepolt, sie möchte seine Meinung hören, sie versucht seine Werturteile nachzuvollziehen, sie möchte sehen, wo für ihn die Grenzen zwischen den Geschlechtern liegen (vor allem zwischen ihr und den Jungs), sie möchte sehen, wie wichtig sie ihm ist und dass er entschlossen ist, sie zu beschützen.

So sehr sie ihm vielleicht vertrauen möchte, betrachtet selbst die liebevollste Tochter in dieser Zeit die Motive ihres

Vaters mit einem gewissen Argwohn. Möglicherweise denkt sie, er möchte nur nicht, dass ein anderer Mann sich für sie interessiert. Dann sagt sie etwas wie: »Na klar findest du dieses Top scheußlich. Du willst lieber, dass ich aussehe wie eine graue Maus, damit mich bloß kein Junge anschaut.« Sie denkt, er mag irgendein Kleidungsstück deshalb nicht, weil er so konservativ oder herrschsüchtig ist. Sie denkt, er begreift nicht, dass die Zeiten sich geändert haben seit der grauen Vorzeit, in der er aufgewachsen ist. Ob sie weiß, wie sexy sie aussieht, wenn sie das sagt? Wahrscheinlich nicht. Nachdem ein Vater sich vergewissert hat, dass das Herzklopfen, das er bekommt, wenn er sein kleines Mädchen zum ersten Mal in einem hautengen Glitzertop sieht, nicht auf einen lebensbedrohlichen Herzanfall zurückzuführen ist, muss er erst einmal tief Luft holen und dann versuchen, angemessen zu reagieren. Für ihn kommt es darauf an, solche Situationen so zu meistern, dass es zumindest ansatzweise erwachsen und freundlich wirkt.

Wenn er der Versuchung widersteht, seine Meinung über ihre Aufmachung kundzutun, und ihr nur eine Rückmeldung gibt, wenn sie ihn dazu auffordert, kann dies für seine Tochter eine gute Richtschnur sein. Doch er muss besonders gut auf sie eingestimmt sein, denn vielleicht fragt sie ihn nicht direkt. Natürlich ist es hilfreich, ein paar grundsätzliche Modegrenzen zu setzen, bevor Ihre Tochter mit einem echten Schocker anrückt. Ideal ist es, Vereinbarungen zu treffen, sobald Ihre Tochter aus der Kinderabteilung herausgewachsen ist und anfängt sich dafür zu interessieren, was die angesagten Hollywoodschauspielerinnen tragen. Aber was, wenn Sie das verpasst haben?

STACY: Papa, wie gefällt dir mein neues Outfit?
VATER: Wenn du meine ehrliche Meinung hören willst, wirst du damit auffallen, aber ich finde es zu freizügig. Du bist zu hübsch, um dich so anzuziehen. Schließlich willst du doch, dass die Leute *dich* bemerken, nicht das, was du anziehst.

Ist das einfach? Nein. Zwischen Vätern und ihren pubertierenden Töchtern laufen die Botschaften oft durcheinander, und oft ist nicht klar, worum es eigentlich geht. Obwohl die Tochter vielleicht mutig genug ist, um sich extrem sexy zu kleiden, hat sie dennoch häufig Hemmungen, über ihren Körper oder über Dinge zu sprechen, die mit Sex zu tun haben, vor allem mit ihrem Vater. Und während der eine Vater sich darüber Sorgen macht, dass seine Tochter zu sexy und sinnlich aussieht, hat ein anderer vielleicht Bedenken, dass seine Tochter nicht früh genug anfängt zu flirten und sich weiblich zu verhalten. Er sorgt sich, wenn sie übergewichtig ist, wenn sie statt winzigen Miniröcken Sweatshirts und ausgebeulte Trainingshosen trägt. Dann sucht er Zuflucht bei Bemerkungen wie: »Warum ziehst du zur Abwechslung nicht mal ein Kleid an? Ich weiß wirklich nicht, warum du nicht ein paar Pfund abnehmen oder dich ein bisschen schminken magst. Kein Wunder, dass du keinen Freund hast.«

Warum sagt er das? Ein Vater betrachtet die äußere Erscheinung seiner Tochter aus der Perspektive eines Mannes. Er möchte, dass sie attraktiver aussieht, weil für ihn Attraktivität ein Zeichen von Glück und Erfolg ist. Wenn das Aussehen eines Mädchens ins eine oder andere Extrem abweicht, wird der Vater möglicherweise so nervös, dass er unangemessene, kontrollierende Kommentare abgibt. Womöglich fühlt er sich so bedroht und unbehaglich, so unsicher, dass er verächtlich, kritisch oder gar sarkastisch reagiert und vor lauter Aufregung genau die falschen Dinge sagt. Er macht Bemerkungen über das Gewicht der Tochter, ihre Brüste, ihren Sinn für Mode, ihre Rollenmodelle. »Für wen hältst du dich denn?«, fragt er. »Für Jennifer Lopez?« So macht er aus Körperthemen Fragen des Selbstrespekts und verkündet, dass ihre Art, sich zu kleiden, eine Unverschämtheit gegenüber ihrer Mutter ist. Auf ähnliche Weise macht er sich auch über ihre Freundinnen lustig. Natürlich ist es für seine Tochter dann leicht, das Gefühl zu haben, dass etwas (alles?) nicht mit ihr stimmt.

Manche Väter gehen das Problem anders an. Beispielsweise tun sie so, als hätten sie gar nicht bemerkt, was mit dem Körper ihrer Tochter passiert. Sie sind ehrlich überzeugt, dass es das Richtige für alle Beteiligten ist, wenn sie sich blind stellen. (Kann man das Verdrängung nennen?) Deshalb sagt er nichts, macht keine Komplimente, bewundert sie nicht, sondern bleibt der Überzeugung treu, dass es besser ist, nichts zu sagen, als etwas Falsches.

Dann gibt es noch den Vater, der den sich entwickelnden Körper seiner Tochter nicht nur ignoriert, sondern es noch einfacher findet, den Mädchenteil ganz zu überspringen und sie wie einen Jungen zu behandeln. (Kann man das auch als Ahnungslosigkeit bezeichnen?) Für diesen Vater ist es das höchste Kompliment, dass er sie wie einen Sohn behandelt, doch in Wirklichkeit leugnet er schlicht die Weiblichkeit seiner Tochter. Schlimmer noch – er glaubt, das gebe ihm das Recht, über ihren und den Körper anderer Mädchen, Filmschauspielerinnen, Sportlerinnen zu sprechen, als wäre sie »einer von den Jungs«.

Der Vater, der seine Tochter wie eine kleine Prinzessin behandelt – ihr süße Kleidchen kauft und es genießt, wenn sie mit ihm schäkert –, überfordert sie und erteilt ihr eine völlig verzerrte Lektion über Sexualität. Vielleicht lernt sie auf diese Weise die Macht ihrer Sexualität, wird aber nie einem Mann und seinen Absichten vertrauen können. Dieser Vater wird mit den Freunden seiner Tochter allzu vertraulich und findet es in Ordnung, sich selbst wie ein Pubertierender zu verhalten. Er gibt vor, seine Tochter zu unterstützen, aber in Wirklichkeit flirtet er nur.

Wenn ein Mädchen seinen Vater ignoriert und anfängt, ihn von sich wegzustoßen, reagiert er wahrscheinlich irgendwann beleidigt, wütend und nachtragend. Aber wenn ein Vater seine Tochter ignoriert, sie schlecht macht oder unangemessen behandelt, hat das weit schlimmere Konsequenzen. Wenn ein Mädchen das Gefühl hat, seinen Vater verloren zu haben, ohne recht zu wissen, warum, bemüht es sich möglicherweise, sein Interesse wieder zu wecken, indem es sein Aussehen entsprechend manipuliert. Das kann bedeuten, dass die Tochter sich bunte Strähnen in die Haare färbt oder sich in eine »Wenn ich nur schlank wäre«-Haltung hineinsteigert. Vielleicht kleidet sie sich extrem verführerisch, um durch ihre Sexualität seine Aufmerksamkeit an sich zu ziehen. Vielleicht gibt sie ihn auch gänzlich auf und ist wütend auf ihn, ohne es ihm zu sagen. Als Folge dieser traurigen Beziehung kann es auch passieren, dass sie sich selbst aufgibt. Sie versteckt ihren Körper und tröstet sich mit Essen. Ein solches Mädchen kann leicht einen heftigen Selbsthass entwickeln, auf sich selbst als weibliches Wesen. Weil es die Reaktionen seines Vaters nicht kontrollieren kann, identifiziert es sich mit dessen Zurückweisung und weist sich selbst zurück.

Das Mädchen, das vom Vater ignoriert wird, beginnt sich selbst wie ein Nichts zu fühlen. Wenn mein Vater mir nicht sagt, dass ich hübsch bin, denkt es, stimmt es sicher – denn er muss es ja wissen. Oder es kommt zu dem Schluss, dass er es ablehnt, weil es erwachsen wird, dass es seine Zuneigung nur bekommen kann, wenn es weiter ein kleines Mädchen bleibt. Dies kann leicht die Grundlage für eine Essstörung werden, bei der das Mädchen seinen sich entwickelnden Körper als Feind ansieht. In ödipalen Begriffen ausgedrückt, glaubt es, der Körper müsse der Grund dafür sein, dass es seinen Vater verloren hat. Und während es sich seiner Gefühle immer unsicherer wird, wächst die Rivalität mit der Mutter.

Dann gibt es noch die Heranwachsende, die sich nie ganz sicher ist, ob sie die Tochter oder die Freundin ihres Vaters ist. Vielleicht lernt sie, ihren Vater und die Jungen in ihrem Leben zu manipulieren, wird als Erwachsene aber nur in Ausnahmefällen eine wirklich gute Beziehung mit einem Mann führen können.

Zum anderen kann ein emotional verunsichertes Mädchen, das sich seines Körpers nicht bewusst ist, aufgrund unsensibler väterlicher Bemerkungen auch Hemmungen und Scham gegenüber dem eigenen Körper entwickeln.

Ein Mädchen, dessen Vater mit der Sexualität seiner Tochter nicht umgehen kann und sein Aussehen ständig verächtlich kommentiert, schafft zwar die nötige Distanz zwischen Vater und Tochter, aber auf Kosten verheerender Auswirkungen für ihr Selbstwertgefühl:

TONYA (die den winzigsten Minirock und eine Art Puppen-T-Shirt trägt): Papa, gefallen dir meine neuen Sachen?
VATER (dem beinahe die Augen aus dem Kopf fallen): *So* willst du ausgehen? Was meinst du denn, was die Jungs da denken? Nein, *so* lasse ich meine Tochter ganz bestimmt nicht aus dem Haus.

In nur drei Sätzen schafft er es, die Sexualität seiner Tochter herabzusetzen und als böse abzustempeln. Er reagiert damit auf seine eigene Unsicherheit und Verklemmtheit, was seine Tochter aber nicht wissen kann. Es ist leicht, eine Heranwachsende dazu zu bringen, dass sie ihren Körper schrecklich findet, oder den umgekehrten Effekt zu erzielen. Ein Vater, der etwas Anerkennendes oder Positives äußert, hilft seiner Tochter immens. Und wenn er außerdem noch dafür sorgt, dass sein Kommentar nicht wie das Evangelium klingt, – sondern nur seine Meinung ist, – macht ihn das für seine Tochter viel menschlicher und sympathischer.

Mütter bringen in die bereits problembeladene Vater-Tochter-Beziehung ihre eigenen Probleme und Vorurteile mit ein. Auf diese Weise tragen sie oft noch dazu bei, dass der Vater sich ausgeschlossen fühlt. Während seine Tochter ihn aus dem einen Grund wegschiebt, tut seine Frau aus einem anderen Grund dasselbe. Mütter pubertierender Töchter stellen ihren Mann oft als ahnungslos und dumm dar. Sie glauben, dass Väter die Situation nicht so gut verstehen wie Mütter, dass sie nicht die gleichen Gefühle haben, dass sie grob gesagt nicht wissen, was sie tun. Sie werfen den Männern vor, sie würden nichts richtig machen, ohne ihnen aber je mitzuteilen, was ihrer Meinung nach denn richtig wäre. Und sie fangen an, ihren Männern zu misstrauen, vor allem auf dem schwierigen Gebiet der Erziehung einer heranwachsenden Tochter.

Sicher, Väter sind tatsächlich oft ungeschickt und unsicher im Umgang mit ihren pubertierenden Töchtern, sie benehmen sich auf genau die Art, die diesen peinlich oder unangenehm ist. Wenn es bei Ihnen zu Hause ähnlich aussieht, zieht sich Ihre Tochter wahrscheinlich wirklich vor ihrem Vater zurück und kommt Hilfe suchend zu Ihnen gerannt. Das mag für Sie zwar schmeichelhaft sein, aber auf diese Weise geraten Sie auch mitten in den Konflikt. Ihr Mann kann nicht mit ihr umgehen. Ihre Tochter kann nicht mit ihm reden. Und Sie als Mutter kommen allmählich zu der Überzeugung, dass es zu riskant ist, Ihrem Mann eine maßgebliche Rolle bei der Erziehung zuzubilligen. Da Sie nicht wissen, wie Sie die Vater-Tochter-Beziehung reparieren können, ist es leichter, zu denken, dass Ihr Mann einfach weiter die Brötchen verdienen und sich aus der Erziehung heraushalten soll.

Ihre Tochter (die wahrscheinlich vor Ihnen merkt, worum es hier eigentlich geht) vertieft den Riss zwischen ihren Eltern möglicherweise noch, indem sie Sie fragt, warum Sie eigentlich mit so einem Volltrottel verheiratet sind. Oder sie sagt: »Wenn du dich von Papa scheiden lassen willst – meinetwegen gerne, um mich brauchst du dir echt keine Sorgen zu machen.« Vielleicht versucht sie sogar, Sie zu ködern: »Du willst mich bloß nicht zu der Party gehen lassen, weil du tun musst, was Papa dir sagt. Warum kannst du so was denn nicht selber entscheiden?« In solchen Fällen ist es kein Wunder, wenn Ihr Mann anfängt, Sie und Ihre Tochter zu hassen. Entweder zieht er sich ins Büro zurück oder nimmt seine Golfleidenschaft wieder auf, oder er versucht, das enge Mutter-Tochter-Duo aufzubrechen, was für Ihre Tochter nur zu einer noch chaotischeren Erziehung und noch mehr Spannungen zwischen Ihnen allen führt. Je mehr Ihr Mann Ihre Tochter kritisiert, desto mehr fühlen Sie sich dazu verpflichtet, sie in Schutz zu nehmen. Je konservativer er mit ihr umgeht, desto lockerer werden Sie. Machtkämpfe, jugendliches Ausagieren, und schon haben wir zwei Elternteile in zwei entgegengesetzten Positionen, die ihrer Tochter widersprüchliche Botschaften vermitteln – ein trauriges Ergebnis.

Was können Sie tun, wenn Sie sich in einer solchen Lage befinden? Zuerst einmal sollten Sie den Vater Ihrer Tochter als besorgten Elternteil behandeln, nicht als potenzielle Quelle von Peinlichkeiten. Sie müssen sich an ihn als erwachsenen Partner wenden und für ihn im Familienkreis Raum schaffen. Selbst geschiedene oder unverheiratete Eltern können ein solches Arrangement treffen, wenn sie einsehen, wie wichtig es für das gesunde Wachstum ihrer Tochter ist. Väter lassen sich oft zu Machtkämpfen hinreißen, wenn sie das Gefühl haben, sie stehen mit dem Rücken zur Wand und werden nicht ernst genommen. Nur wenn sie respektiert werden und eine Rolle in der Familie bekommen, können sie sich davon lösen. Wenn Ihr Mann etwas Dummes sagt und Sie dann die Augen verdrehen und Ihre Tochter verschwörerisch anlächeln, ist das keine Hilfe. Aber genauso wenig produktiv ist es, wenn Sie es ihm einfach durchgehen lassen. Schreit Ihr Mann Ihre Tochter beispielsweise wegen etwas an – weil sie zu spät nach Hause gekommen ist oder die Schule geschwänzt hat –, können Sie ihn darauf hinweisen, dass er in der Sache Recht hat, aber nicht in der Art, wie er sie vorbringt. Erklären Sie ihm, dass seine Tochter ihn umso weniger hört, je lauter er schreit.

Wenn Sie erst einmal erkannt haben, dass Ihre Tochter sich ihrem Vater gegenüber so verhält, weil sie unsicher ist, Angst vor ihrer Sexualität hat und ihn austestet, können Sie ihm das sagen, ohne sich zum Anwalt Ihrer Tochter aufzuschwingen. Dann kann Ihr Mann selbst anfangen, seine Beziehung zu ihr zu verbessern. Dabei können Sie ihm helfen. Väter verfallen leicht in die Rolle des »netten Onkels«, der einspringt, wenn Mama einmal unabkömmlich ist und auch sonst niemand die Tochter von der Party abholen kann. Solange Sie verfügbar sind, erwartet niemand ernsthaft von ihm, dass er für seine Tochter sorgt. Wenn Sie merken, dass die Rollen in Ihrer Familie so aufgeteilt sind, dann können Sie für ein wenig Abwechslung sorgen und Ihren Mann wissen lassen, dass Sie durchaus bereit sind, ihm etwas von Ihrem Territorium zu überlassen. Denken Sie daran, dass er durchaus fürsorglich sein kann, wenn man ihm die nötigen Hinweise gibt.

Tappen Sie nicht in die Falle, aus Ihrem Mann den Gorilla zu machen, der für alle unpopulären Entscheidungen verantwortlich ist. Sagen Sie lieber nicht: »Frag deinen Vater, ob er dir das Auto leiht«, oder: »Frag Papa, ob er dir erlaubt, zu dem Konzert zu gehen«, oder: »Frag Papa, wann du zu Hause sein sollst.«

Überlegen Sie, wie es für Sie wäre, Ihren Mann in die Verantwortung einzubinden und sie mit ihm zu teilen. Vermissen Sie das Gefühl, diejenige zu sein, die immer alles weiß? Wünschen Sie sich, alles unter Kontrolle zu haben? Glauben Sie, dass Sie für Ihre Tochter weniger wert sind, wenn Ihr Mann sich mehr einbringt? Fragen Sie sich, ob Sie ein Problem damit haben, ihm Dinge mitzuteilen. Informieren Sie ihn deshalb nicht über die Schwierigkeiten Ihrer Tochter, weil Sie meinen, dass Sie daran schuld sind? Haben Sie Angst, dass er Ihnen deshalb Vorwürfe macht?

Sie und Ihr Mann müssen sich zusammensetzen und dafür sorgen, dass er eine echte Rolle im Leben Ihrer Tochter spielt – eine, mit der Sie sich beide anfreunden können. Da Mädchen heute viel mehr über Geschlechterrollen wissen, merken sie schnell, dass Frauen oft trotz allem Gerede über Gleichberechtigung immer noch diejenigen sind, die sich vornehmlich um andere kümmern, während Männer in erster Linie für sich selbst sorgen. Auch wenn eine Heranwachsende noch so viel reflektiert, ist auch sie sicher nicht ganz frei von den Auswirkungen einer Sozialisation, die ihr beigebracht hat, ihr Erfolg in der Welt hänge davon ab, es anderen Leuten recht zu machen und begehrenswert zu sein. Männer müssen sich nur selbst zufrieden stellen. Zwar beneiden Mädchen die Männer um ihre Privilegien, aber wenn sie versuchen, sich diese selbst anzueignen, werden sie von ihrer Umwelt leicht als egoistisch und zickig verschrieen. Wenn der Vater in seinem Leben eine Rolle spielt, hat ein Mädchen eher die Chance zu lernen, dass Männer genauso fürsorglich sein können.

Oft muss ein Vater lernen, wann er das Wachstum und die Entwicklung seiner Tochter zur Kenntnis nehmen soll. Ermuntern Sie Ihren Mann, geben Sie ihm spezifische Tipps, wie und wo er etwas sagen soll. Eine Frau, deren Mann ständig etwas Unangemessenes oder Peinliches zu seiner vierzehnjährigen Tochter sagte, schlug ihm vor, seine Kommentare auf Dinge zu beschränken, die sich oberhalb der Schultern befanden. Eine Weile begnügte er sich auf Bemerkungen wie: »Hübsche Ohrringe«, »Netter Pferdeschwanz« oder »Der Lidschatten steht dir sehr gut« – bis er das Komplimentemachen schließlich etwas besser gelernt hatte.

Da Sie ja wissen, wie heikel und explosiv das Thema Sex ist, sollten Sie sowohl Ihrer Tochter als auch Ihrem Mann klarmachen, dass in einer Familie kein Thema tabu sein sollte. Vielleicht gesteht Ihnen Ihr Mann als Erstes seine eigene Befangenheit. Doch wenn er lernt, offen zu sein, ohne sich aufzudrängen oder neugierig zu wirken, kommt seine Tochter viel eher mit ihren Fragen und Sorgen zu ihm. Falls Sie sich an irgendwelche Anekdoten darüber erinnern, was Ihr eigener Vater in der Pubertät Dummes zu Ihnen gesagt hat, geben Sie diese ruhig zum Besten. (Welche Frau hat nicht ein paar blöde Männerbemerkungen im Gedächtnis behalten?)

Helfen Sie Ihrem Mann zu verstehen, dass er, selbst wenn er sich total über etwas aufregt, was Ihre Tochter trägt oder tut, sich trotzdem nicht der Verantwortung entziehen und alles Ihnen überlassen sollte, nur weil ihm die Konfrontation unangenehm ist. Beispielsweise: »Sag Susie bitte, sie soll diese knappen Höschen nicht mehr anziehen«, oder: »Ich möchte nicht, dass sie so rausgeht.« Sie sind nicht sein Sprachrohr. Lassen Sie ihn selbst mit Ihrer Tochter reden.

Geben Sie Ihrem Mann Rückmeldung, ein Gefühl für Ausgewogenheit und Perspektive. Schätzen Sie seine Ehrlichkeit und seinen Scharfsinn, seinen direkten Ansatz. Seien Sie dankbar, dass er gelegentlich als Puffer zwischen Ihnen und Ihrer Tochter fungiert.

Ermutigen Sie ihn, Risiken einzugehen, um seine Beziehung zu seiner Tochter zu verbessern. Vielleicht hat sie ihn bisher zurückgewiesen, aber sagen Sie ihm, er solle es weiter versuchen und sich nicht abwimmeln lassen. Machen Sie ihn darauf aufmerksam, dass Wachstum ein Prozess ist. Bitten Sie ihn, sich daran zu erinnern, wie es ist, Teenager zu sein. Sagen Sie ihm, wenn er ein Risiko eingeht und dabei einen Fehler macht, kann er immer zu seiner Tochter sagen: »Tut mir Leid, ich hab was Falsches gesagt«, oder: »Entschuldige, wenn ich deine Gefühle verletzt habe.« Wenn er seine Motive unter die Lupe nimmt, wenn er überprüft, was er sagt, und mit Ihrer Tochter darüber diskutiert, ohne ihre Gefühle zu missachten oder zu trivialisieren – »Warum bist du so empfindlich?«, »Warum regst du dich denn so auf?«, »Das hab ich nicht so gemeint«, »Verträgst du denn überhaupt keinen Spaß?« –, dann wird auch sie ihm gegenüber offener.

Beziehen Sie Ihren Mann mit ein. Nichts ist demotivierender, als wenn man alles immer als Letzter erfährt. Fragen Sie sich, ob es sein könnte, dass Sie manchmal nicht wollen, dass er etwas erfährt. Ist es für Sie so wichtig, die Vertraute Ihrer Tochter zu sein, dass Sie Geheimnisse mit ihr haben wollen? Wenn Ihre Tochter beispielsweise ihre Periode bekommt, ist es in Ordnung, wenn Sie ihr versprechen, es Papa nicht zu sagen. Aber Sie sollten Ihre Tochter auch in diesem Fall darauf aufmerksam machen, dass er über derlei Dinge durchaus Bescheid weiß. Sagen Sie ihr, dass Sie es ihm beide sagen können, wenn der richtige Zeitpunkt gekommen ist. Verhalten Sie sich nicht, als wären Ihre Tochter und Sie ein Schwesterngeheimbund.

Geben Sie Ihrem Mann Rückmeldungen über Ihre Wahrnehmung der Realität: Er liegt ganz richtig – Teenager (und sogar viele jüngere Mädchen) sind tatsächlich sehr sexy. Und ihre Freundinnen natürlich auch. Hoffentlich ist er schlau genug, sich nicht zu benehmen wie das Klischee des Mannes in einer Midlife-Crisis. Wenn der Vater eine tragende Rolle im Leben seiner Tochter spielt, hilft ihm das, sich verantwortungsbewusst zu verhalten. (Hier kann er zeigen, dass er der Situation gewachsen ist.) Seine Beteiligung an der Erziehung verlangt von ihm, dass er an die wirklichen Bedürfnisse seiner Tochter denkt, dass er nicht nur ihr Äußeres sieht, sondern ihr hilft, sich innerlich zu entwickeln.

In einer idealen Familienkonstellation (ist das ein Widerspruch in sich?) verstärkt Ihr Mann die Identifikation mit Ihnen, der Mutter. Er sagt beispielsweise Dinge wie: »Du und deine Mutter, ihr seid die beiden einzigen Menschen, die schon beim Vorspann eines Films anfangen zu weinen.« Oder: »Du hast den gleichen wunderbaren Sinn für Humor wie deine Mutter.« Erklären Sie Ihrem Mann, dass solche Dinge seine Beziehung zu seiner Tochter festigen; sie weiß dann, dass sie ihre Mutter nicht ersetzen kann. Ihr Vater liebt Mutter und Tochter getrennt und angemessen.

Die Rolle des Vaters ist nicht immer gut definiert, selten leicht und wird oft wenig bis gar nicht wahrgenommen. Aber obwohl der Vater nicht direkt in die Körperthemen seiner Tochter involviert sein mag, kann er sie mit seinem Einfühlungsvermögen und seiner positiven Rückmeldung ermutigen, ihren eigenen Wert zu erkennen. Dass der erste Mann in ihrem Leben sie liebt, hilft ihr, hoch erhobenen Hauptes durch die Welt zu gehen und sich ihrer persönlichen Würde bewusst zu sein. Ihr Vater beweist ihr, dass Männer keine mysteriösen Wesen sind. Er beantwortet für sie die Frage, die jede Frau früher oder später stellt – wird irgendwann ein anderer Mensch mich wirklich lieben, so, wie ich bin? Ja, sagt er – jedes Mal, wenn sie ins Zimmer kommt und er sie anlächelt, jedes Mal, wenn er über ihre Witze lacht, jedes Mal, wenn er ihr sagt, dass sie gut oder nett aussieht. Wenn ein Mädchen sich in der Liebe seines Vaters geborgen fühlt, dann steigt die Wahrscheinlichkeit, dass es selbst die Liebe findet.

Was ein Vater lieber nicht sagen oder tun sollte
Eine Liste für Ihren Mann

Kritisieren Sie niemals die Ernährung oder die Figur Ihrer Tochter; verkneifen Sie sich Bemerkungen über ihre Größe und ihren Modegeschmack.

Flirten Sie nicht mit ihren Freundinnen, schmeicheln Sie sich nicht ein. Erzählen Sie keine dummen Witze, versuchen Sie nicht, sich in die Gespräche der Mädchen einzuschleichen.

Versuchen Sie nicht, cooler zu sein als alle anderen Väter. Sagen Sie nicht: »Na klar kannst du eine Bierparty veranstalten«, oder: »Hast du Lust auf einen Joint?«

Versuchen Sie nicht, cooler zu sein als ihre Mutter. Sagen Sie nicht: »Ich würde dir die Party ja gern erlauben, aber du kennst ja deine Mutter«, oder: »Hast du Lust auf einen Joint? Dann warte, bis deine Mutter mal nicht da ist.«

Seien Sie nicht so kontrollierend oder überbeschützend, dass Ihre Tochter sich befangen oder blamiert fühlt. »Oh, der Pulli ist viel zu eng. Wo willst du denn in diesem Aufzug hin?«

Ermuntern Sie Ihre Tochter nicht, Sachen anzuziehen, die zu sexy oder zu elegant sind. Kaufen Sie ihr aber auch keine Sweatshirts in XXL.

Ganz egal, was Ihre Tochter anhat – wenn sie ins Zimmer kommt, sollten Sie um jeden Preis Sätze vermeiden, die anfangen mit. »O mein Gott . . .« oder: »Ich werde nicht zulassen, dass meine Tochter . . .«

Äußern Sie sich nicht herablassend über andere Mädchen. Tun Sie nie so, als seien Teenager sowieso in einem krankhaften Stadium. Ersparen Sie sich und ihr Bemerkungen darüber, wie geschwätzig, albern, unberechenbar, launisch, seicht oder unzuverlässig sie ist.

Wenn Ihre Tochter Probleme mit ihrem Freund hat, erteilen Sie ihr keine weisen Männerratschläge eines Vierzigjährigen. (Aber bemühen Sie sich, den Namen ihres Freundes nicht zu vergessen.)

Versuchen Sie nicht, der Freund Ihrer Tochter zu sein. Was sie braucht, ist ein erwachsener Mann in der Vaterrolle.

Überreagieren Sie nicht, wenn Sie von Ihrer Tochter kritisiert werden.

Lassen Sie sich nicht von ihr um den Finger wickeln, aber gehen Sie auch nicht davon aus, dass Ihre Tochter immer nur versucht, Sie zu manipulieren und Ihnen Ihr Geld aus der Tasche zu ziehen.

Achten Sie darauf, niemals schlecht über Frauen zu reden. Machen Sie Frauen nie zum Objekt. Betrachten Sie Frauen nicht als Sexualobjekte. Starren Sie ihnen nicht auf Brust oder Schenkel, geben Sie keine Kommentare über diese Körperteile ab (es sei denn, Sie haben Hühnchen bestellt). Machen Sie nicht große Augen, wenn im Fernsehen ein Unterwäschespot mit hübschen Mädchen läuft.

Was Sie tun sollten

Bewundern Sie Frauen.

Lassen Sie Ihre Tochter gelegentlich miterleben, dass Sie Ihre Frau umarmen. Wenn Sie geschieden sind, sagen Sie nichts Abwertendes über ihre Mutter.

Schenken Sie Ihrer Tochter Ihre ganze Aufmerksamkeit – ihren Ideen, Problemen, Konflikten, Meinungen. Nehmen Sie sie ernst und behandeln Sie sie entsprechend. Geben Sie ihr nicht das Gefühl, dass sie ein alberner Teenager ist, sondern zeigen Sie ihr, dass Sie sie als vollwertige Person mit interessanten Ideen und Meinungen sehen. Wenn sie sich unlogisch anhört, helfen Sie ihr herauszufinden, was logischer wäre.

Bringen Sie ihr bei, was Hattrick, Dreierwette, Doppelpassspiel, Fehlpass und Abseits sind.

Gehen Sie mit Ihrer Tochter hin und wieder in einen Teeniefilm, und machen Sie sich nicht darüber lustig.

Bewundern Sie ihren Wurfarm und dann ihre Ohrringe.

Lassen Sie sich blicken – bei der Theateraufführung, beim Sportwettkampf, am Esstisch. Aber nicht in ihrem Zimmer.

Seien Sie da, weil Sie es wollen, nicht weil Ihre Tochter bettelt und Ihre Frau Sie unter Druck setzt. Seien Sie ein Teil ihres Lebens, selbst wenn Ihre Tochter vor Dankbarkeit keinen Freudentanz aufführt.

Wenn Ihre Tochter Besuch bekommt, versichern Sie ihr, dass Sie ihren Freund nicht ins Verhör nehmen oder alle Beteiligten aushorchen, an welche Uni sie mal gehen wollen.

Versuchen Sie ihren Freund zu akzeptieren, selbst wenn er nicht Ihrem Geschmack entspricht.

KAPITEL 8

Wie umsorgt und ernährt man seine heranwachsende Tochter?

IRGENDWO zwischen Kühlschrank und Kühltruhe, zwischen Küche und Esstisch verstricken Sie sich mit Ihrer heranwachsenden Tochter wahrscheinlich des Öfteren in ziemlich hitzige Diskussionen (okay, sagen wir ruhig Streitereien) über das, was sie auf dem Teller hat. Wenn Sie eine Tochter im Teenageralter haben, wird sie Sie höchstwahrscheinlich mit einigen sehr ungewöhnlichen und höchst originellen Ideen über Essen und Ernährung konfrontieren. Voraussichtlich wird sie Sie etwa ab ihrem vierzehnten Lebensjahr mit ihrer Art der Nahrungsaufnahme auf die Palme bringen. Vielleicht macht sie eine Diät, die Sie grässlich finden, möglicherweise kommt sie auf völlig abgefahrene Ideen bezüglich Ernährung und Bewegung, Diät und Gewicht, Kalorien und Fett, dünnen Schenkeln und flachem Bauch.

In dieser Zeit, in der sich Ihre Tochter mit ihren Körperbildproblemen auseinander setzt, müssen Sie sich darauf gefasst machen, dass Ihre Tochter sich nicht sonderlich gesund ernährt. Über die Nahrungspyramide wird sie sich ebenso wenig Gedanken machen wie über gesundes Grünzeug, andererseits werden die Nährwertangaben auf den Packungen genauestens studiert. Sie wird ungesunde Einstellungen zu bestimmten Lebensmitteln entwickeln. Im schlimmsten Fall wird sie krank. Und wenn Sie das schon beunruhigend finden – richtig unheimlich wird es, wenn Sie daran denken, dass sie damit zur überwältigenden Mehrheit gehört. Statistiken zeigen, dass weibliche Teenager sich heutzutage von allen Altersgruppen am schlechtesten ernähren. Viele sind buchstäblich dabei, zu verhungern. Sehr wenige essen die richtigen Lebensmittel und bekommen die angemessenen Nährstoffe. Daher würden Mütter, die sich darüber Sorgen machen, ob ihre Töchter bezüglich Jungenfreundschaften und Drogen die richtigen Entscheidungen treffen, oft gut daran tun, sich um das Frühstück ihrer Tochter oder um ihre Neigung zu Junkfood zu kümmern.

Woher haben diese Mädchen ihre falschen Vorstellungen, wo gabeln sie ihre unguten Essgewohnheiten eigentlich auf? Bei ihren Müttern. Bei ihren von Nahrungsphobien und Schlankheitswahn besessenen, ständig Diät haltenden Müttern. Tatsache ist, dass sich die meisten Frauen heutzutage im Krieg mit ihrem Körper befinden. Wenn Sie in dieser Hinsicht etwas für Ihre Tochter tun möchten, dann durchbrechen Sie den Teufelskreis zwischen den Generationen und helfen Sie ihr, mit ihrem Körper Frieden zu schließen. Sonst wird Ihre Tochter ein Leben lang mit ihm kämpfen.

Glücklicherweise *können* Sie etwas bewirken. Von all den Problemen, die Ihre heranwachsende Tochter bestürmen, ist die Ernährung eines, über das Sie (welch Wunder!) tatsächlich ein wenig Kontrolle haben. Sich herauszuhalten ist keine Option: Es gehört zur Jobbeschreibung einer Mutter, ihrer Tochter zu helfen, ihre Essgewohnheiten zu verbessern. Mit dem Essen können Sie jetzt das ausdrücken, was Sie ihr nicht direkt sagen können. Da Ihre Tochter Ihnen auf so vielerlei Weise vermittelt: »Halt dich raus aus meinem Leben«, ist das Essen manchmal die beste Möglichkeit, eine wichtige Verbindung aufrechtzuerhalten. Beim Thema Essen wendet sich Ihre Tochter noch immer an Sie.

Die Kehrseite der Medaille: Es ist eine echt harte Aufgabe. Ihre Tochter hat nicht das geringste Interesse daran, fit zu sein, sie will nur unter gar keinen Umständen fett sein. Ihr ist vollkommen egal, was gut für sie ist, sie möchte nur dazugehören und entsprechend aussehen. Ihre Gesundheit spielt keine Rolle, nur ihre Figur. In ihrer Wahrnehmung hat sich das Essen in etwas verwandelt, das nichts mehr mit dem leiblichen Wohl oder mit wirklichem Hunger zu tun hat. Nein, es ist eher eine schlechte Gewohnheit, eine Schwäche, eine lästige Notwendigkeit. Manche Nahrungsmittel sind »gut«, andere »schlecht«. An manchen Tagen findet sie ihr Essverhalten »gut«, an anderen »schlecht«. Spätestens wenn ein Mädchen in die Pubertät kommt (und normalerweise schon eine ganze Weile vorher), ist das Essen schon so weit von seiner eigentlichen Bedeutung und seinem ursprünglichen Wert abgespalten, dass es zu einem negativen Erlebnis mutiert ist. Das Mädchen trennt Essen von Genuss und Ernährung. Für ein heranwachsendes Mädchen bedeutet Essen Dickwerden. Und Dicksein ist der Feind schlechthin.

Weil Ihre Tochter spürt, dass sich so viel in ihrem Leben ihrer Kontrolle entzieht, versucht sie vielleicht, sich beim Essen erfolgreich zu fühlen, indem sie es kontrolliert. Aber dabei setzt sie sich, vor allem durch Diäten, oft unrealistische Ziele und hegt übersteigerte Erwartungen. »Ab jetzt esse ich pro Tag nicht mehr als fünfhundert Kalorien«, sagt das Mädchen, das in fünf Tagen fünf Pfund abnehmen möchte. »Abnehmen ist schwer für mich, weil ich so einen langsamen Stoffwechsel habe«, sagt das permanent fastende Mädchen, obwohl es keine Ahnung hat, wie der Stoffwechsel eigentlich funktioniert, und nicht versteht, dass das, was es tut, sich negativ auf seinen Stoffwechsel auswirken kann. Es dauert meist nicht lange, bis solche Mädchen jede Diät als Desaster erleben und ihren Körper als Quelle von Stress und Misserfolg. Sie werden so hungrig, dass sie impulsiv essen und sich dann dafür hassen. Das Einzige, das bei diesen Extremdiäten abnimmt, ist das Selbstwertgefühl.

Wenn Essen weder Nahrung noch Genuss noch Treibstoff noch Miteinander oder Verbundenheit ist, was ist es dann eigentlich für ein Mädchen in der Pubertät?

ESSEN IST EIN MACHTKAMPF

Sie kochen ein gutes Essen, nur damit sich Ihre Tochter weigert, etwas davon zu sich zu nehmen. Oder Sie machen sich extra Umstände und kaufen etwas Besonderes ein, von dem Sie wissen, dass Ihre Tochter es mag, nur damit sie verkündet, dass sie es seit neuestem verabscheut. Sie müssen Ihrer Tochter nicht mal persönlich begegnen, um sich mit ihr über das Essen zu streiten. Heute essen Mädchen oft allein. Nicht nur verbringen sie den halben Tag in der Schule, auch zu Hause bleiben viele die meiste Zeit in ihrem Zimmer. Folglich verschwindet der soziale Aspekt des Essens, zum Beispiel am Familientisch. Die Mädchen, die es am heftigsten ablehnen, sich zum Rest der Familie an den Tisch zu setzen, sind diejenigen, die besonders rigorose Diäten einzuhalten versuchen. Sie wollen die totale Kontrolle über das, was sie zu sich nehmen, und am gedeckten Familientisch gibt es einfach zu viele Verlockungen.

Eine weitere Folge der wachsenden Unabhängigkeit Ihrer Tochter besteht darin, dass Sie eigentlich gar nicht wissen, was sie isst (außer anhand von Verpackungen, leeren Coladosen und vergammelnden Lebensmitteln in ihrem Rucksack). Das Fehlen strukturierter Mahlzeiten, die isolierte Nahrungsaufnahme und die ständigen, über den ganzen Tag verteilten Snacks verstärken gestörtes Essverhalten.

ESSEN IST DER FEIND

»Das esse ich nicht mehr«, verkündet Ihre Tochter. »Das tut mir überhaupt nicht gut.« (Warum tun ihr denn *Karotten* nicht gut? Und *Aufläufe*?) Oder sie wird wütend, weil Sie etwas zubereitet haben, von dem Sie *wissen*, dass es dick macht. »Weißt du eigentlich, wie viele Kalorien diese Hühnerpastete hat?«

»Sag mir bloß nicht, was ich essen soll, ich mach mir selber was«, faucht die kleine Stimmungskanone. »Das trieft ja vor Fett, das krieg ich nicht runter.« Wenn sie so schwierig und streitlustig ist, schafft sie es häufig, ihre Mutter wegzustoßen. Damit nimmt das Unheil auch schon seinen Lauf. Ihre Mutter zieht sich zurück und überlässt ihrer Tochter die Entscheidung, was sie isst. Aber ein Mädchen in der Pubertät trifft wahrscheinlich eine schlecht informierte Wahl, da es Essen oft nur als etwas sieht, das dick macht. Selbst wenn es schon etwas reifer ist, hat es vielleicht nicht das Interesse oder die Geduld, die ausgewogene Ernährung zusammenzustellen, die der Körper braucht.

ESSEN IST MAGISCH

Eine Heranwachsende sagt Dinge wie: »Es gibt Fleisch *und* Kartoffeln? Man soll doch Eiweiß und Kohlehydrate nicht zusammen essen, das weiß doch inzwischen jeder. Die Kohlehydrate verwandeln sich sofort in Fett. Das ist eine chemische Reaktion.« Wenn Sie sie fragen, woher sie das alles weiß, antwortet sie: »Das wissen doch *alle*.«

ERNÄHRUNG IST EINE SPRACHE, DIE JEDER MENSCH BEHERRSCHT – AUSSER IHNEN

Heranwachsende Mädchen sprechen miteinander viel über ihren Kampf mit dem Essen, über den Fettgehalt eines Erdnussbutterbrots oder über die in einem Muffin enthaltenen Kalorien. Sie erzählen sich, was sie gegessen haben; sie geben Kommentare dazu ab, sie überwachen ihre Entscheidungen und fällen ständig Werturteile. In Wirklichkeit jedoch benutzen sie in solchen Gesprächen ihre Freundinnen als Mutterersatz. In ihrem Krieg mit dem Essen stellen Mädchen an sich selbst strikte Ansprüche. Da sie aber meist nicht über die innere Kontrolle und Selbstdisziplin verfügen, um die Sache durchzuziehen, schieben sie ihren Freundinnen die Aufseherinnenrolle zu, die früher die Mutter innegehabt hat. Ein Mädchen sagt zum anderen: »Wie konntest du mich das nur essen lassen?«, oder: »Warum hast du mich nicht daran gehindert, das letzte Stück Pizza auch noch zu verdrücken?« Die ständige Konzentration auf Essen und Gewicht und die gegenseitige Beurteilung des Verhaltens spiegeln die Gespräche, die ihre Mütter mit *ihren* Freundinnen über *ihre* Diäten führen. Für diese neue Generation selbstkritischer Esserinnen ist das Essen zu gleichen Teilen Werturteil und Angst geworden.

ESSEN IST GEHEIM

Manchmal reden Mädchen nicht über das alles. Wenn ihr Kampf mit dem Essen drastischer wird und sie sich auf dem Weg vom gestörten Essen zu einer ausgewachsenen Essstörung befinden, fängt die Heimlichtuerei an. Sie stopfen sich mitten in der Nacht voll. Sie sind vierundzwanzig Stunden am Tag zwanghaft von Gedanken ans Essen besessen und antworten auf entsprechende Nachfrage: »Ich möchte nichts, ich hab keinen Hunger«, wenn sie in Wirklichkeit am Verhungern sind. Sie belügen ihre Mutter und sich selbst, wie viel sie gegessen und wie viel sie abgenommen haben. Sie tun so, als wäre alles normal, aber in Wirklichkeit ist das Gegenteil der Fall.

ESSEN IST PEINLICH

Für eine Heranwaschsende sagt das Essen sehr viel über ihre Person aus. Angefangen beim »Was« und »Wie viel« (Hält mich etwa jemand für verfressen?) über das »Wie« (Hab ich aus lauter Nervosität gekleckert? Stopf ich das Zeug in mich rein wie ein Lastwagenfahrer?) bis hin zu der Frage, wie es ihr Image beeinflusst (Wirke ich dabei nicht sexy genug? Oder uncool?). Viele Mädchen genieren sich dermaßen und fühlen sich so unbehaglich, dass sie in der Schule in Anwesenheit von Jungen gar nichts zu sich nehmen und schließlich den ganzen Tag hungern. Manche Mädchen können zwar in Gegenwart von Jungen essen, aber nicht in Gegenwart der Jungen, die sie mögen. Welche Überzeugung steckt dahinter? Als Mädchen muss man bei den Jungen Eindruck schinden. Essen ist peinlich. Also gehen Jungen und Essen nicht unter einen Hut.

ESSEN IST KONKURRENZ

Mädchen wollen von ihren Geschlechtsgenossinnen nicht beim Essen gesehen werden, weil sie Angst haben, verurteilt zu werden. Essen sie zu viel? Finden ihre Freundinnen, dass sie zu dick sind und diesen Keks lieber nicht essen sollten? Andererseits werden Diäten als sehr positiv eingeschätzt, denn sie dienen ja dazu, das Aussehen der Heranwachsenden zu verbessern, und helfen ihr, sich als etwas Besonderes zu fühlen. Diäten können ihr die richtige Art von Aufmerksamkeit verschaffen und sogar Neid hervorrufen. »Was für eine Diät machst du gerade?«, fragt ein Mädchen bewundernd ein anderes. »Wie lange hältst du schon Diät?«, »Wie viel hast du abgenommen?«, »Seit wann hast du schon nichts Zuckerhaltiges mehr gegessen?« Zu Problemen kommt es, wenn ein Mädchen solche unrealistischen und ungesunden Ziele nicht durchhält. Wenn sie bei ihrer Diät mogelt und zunimmt, bekommt sie eine furchtbare Wut auf sich selbst. Sie hält sich für schwach, sie hat die Kontrolle verloren, sie ist nicht so gut wie die anderen. Wer kann sie noch bewundern? Und aus diesem verzweifelten Kontrollbedürfnis und dem Drang, die Diät kompromisslos durchzuhalten, kann eine Essstörung entstehen.

ESSEN MACHT ANGST

Wenn ein Mädchen fürchtet, dick zu werden, sind Cheeseburger unheimlich und Schokoladeneis total beängstigend. An Tagen, an denen sich ein solches Mädchen richtig dick fühlt, kann ihm natürlich auch schon grüner Salat Angst machen. Vor lauter Angst wird dann um Mitternacht der Kühlschrank geplündert, verstohlen und heimlich.

ESSEN LÖST NICHT NUR GUTE GEFÜHLE AUS

Die chronisch unausgewogenen Essgewohnheiten heranwachsender Mädchen – Modediäten, ausschließlich Snacks aus dem Automaten, nur eine Mahlzeit am Tag, mit einem Päckchen Kartoffelchips überleben – führen zu allen möglichen unnormalen Körperempfindungen. Wenn ein Mädchen dann wirklich etwas isst, und sei es auch nur wenig, fühlt es sich voll – natürlich eine grauenhafte Empfindung. Es kann sich nicht mehr wohl fühlen, wenn es satt ist, erkennt ein normales Hungergefühl nicht mehr als solches. Sich leer zu fühlen sorgt für ein erfolgreicheres und scharfsinnigeres Gefühl. Und satt zu sein ist von seinem Standpunkt aus ohnehin nichts, worauf man stolz sein könnte, sondern vielmehr ein Zeichen von Schwäche. »Ich hab gefressen wie ein Schwein«, sagt das Mädchen. »Jetzt ist mir schlecht.« In der Folge sind auch die Ausscheidungsprozesse gestört. Das Mädchen bekommt Verstopfung oder Blähungen und weiß nicht, dass es an seinen schlechten Ernährungsgewohnheiten liegt. So entsteht ein Teufelskreis für den Körper. Essen wird etwas, das ein schlechtes Gefühl im Körper hervorruft, etwas, das es zu vermeiden gilt. Das Mädchen kommt zu dem Schluss: »Ich fühle mich besser, wenn ich nichts esse.«

UMS ESSEN SOLL SICH JEMAND ANDERES KÜMMERN

Auch wenn ein Mädchen über gute Ernährung Bescheid weiß, tut es das oft mit einer typischen Teenager-Reaktion ab: »Das ist mir ja alles klar, aber ich bin eben anders.« Für die meisten sind die Langzeitwirkungen einer schlechten Ernährung nicht absehbar. Sie sind lieber gertenschlank, als sich darüber Sorgen zu machen, ob sie in vielen Jahren irgendwann einmal brüchige Knochen bekommen. Kurzzeiteffekte einer schlechten Ernährung wie Schlaflosigkeit oder Konzentrationsstörungen werden ebenfalls als unerheblich abgetan oder anderen Ursachen zugeschrieben – um auf gar keinen Fall zugeben zu müssen, dass sie mehr Nahrung brauchen.

Für Mädchen mit tatsächlichen Gewichtsproblemen wird solches verzerrtes Denken sogar noch problematischer. Sie stellen sich vor, dass ein Keks genauso viel Schaden anrichtet wie die ganze Packung, und weil sie einem nicht widerstehen können, stopfen sie wirklich die ganze Tüte in sich hinein. Sie feilschen mit sich selbst und gehen immer wieder einen Handel ein, den sie unmöglich erfüllen können. »Ich esse das jetzt, aber später faste ich dafür.« Später wird das gleiche Spielchen wiederholt. Auf einmal tragen sie Stretchjeans und Sweatshirts und versuchen, die Konsequenzen der Fresserei vor sich selbst zu verstecken. Dabei fühlen sie sich hilflos und zutiefst beschämt. Schließlich geben sie verzweifelt auf und verstärken damit noch ihre Essstörungen.

IHRE ROLLE ALS MUTTER

Wenn Sie glauben, verdrehte Gedanken über Essen seien das Spezialproblem Ihrer Tochter, dann denken Sie noch einmal gründlich darüber nach. Essen ist für manche Mütter nämlich ebenso negativ besetzt. Essen kann eine Form von Kontrolle sein, eine Belohnung, eine Krücke. Wenn Sie nicht aufpassen, kann das Thema Essen dazu führen, dass Sie die Verbindung zu Ihrer Tochter abbrechen, denn ist dieses Thema erst einmal zu einem sinnlosen Machtkampf verkommen, gibt manche Mutter die Fürsorge für die Ernährung ihrer Tochter auf. Dies führt zu vielen verschiedenen Arten schuldbewusster Rechtfertigungen. Vielleicht redet eine Mutter sich ein, dass ihre Tochter so selbstständig ist, dass sie weiß, was sie tut, und keine Hilfe mehr braucht. Ein Irrtum vom Kaliber: »Meine Tochter ist ungewöhnlich klug und reif für ihr Alter.« Eine unsichere Mutter, die zu viel Angst davor hat, die Verantwortung für die Ernährung zu übernehmen, und Vorwürfe vermeiden möchte, findet es vielleicht einfacher, ihrer Tochter die Entscheidung zu überlassen, was sie isst. Eine Mutter, die wieder in ihre Karriere einsteigen oder einfach ihr Leben zurückhaben möchte, hat vielleicht plötzlich zu viel um die Ohren, um Lebensmittel einzukaufen und Mahlzeiten zu planen.

Es gibt Mütter, die selbst keine bewusste Beziehung zum Essen haben und denen es daher schwer fällt, für ihre Tochter eine entsprechende Ernährung zur Verfügung zu stellen. Weil ihnen Einkaufen, Kochen und Tischdecken lästig ist, greifen sie auf Fastfood zurück. Solche Mütter sagen: »Ich bin eine schlechte Köchin«, oder: »Ich koche ganz wunderbare Sachen, aber keiner mag sie.« Eine solche Mutter hat ihre genussvolle Beziehung zum Essen verloren oder vielleicht nie gehabt, deshalb essen in ihrer Familie alle schnell und ohne Freude.

Es gibt auch Mütter, die ihre Töchter nicht ernst nehmen. Sie hören sich an, wie sie über irgendeine lächerliche Diät oder einen vollkommen unrealistischen Fitnessplan erzählt, und behandeln sie, als wäre sie selbst lächerlich. Sie lachen über die Diät oder machen sich über ihre Tochter lustig, weil sie so etwas überhaupt in Erwägung zieht. Alles, was sie anzubieten haben, sind Demütigungen, keine Hilfe.

Viele Mütter haben ihre eigenen, oft sehr realen Schwierigkeiten mit dem Essen. Eine Mutter mit lebenslangen Gewichtsproblemen befürchtet, dass auch ihre Tochter dick wird, als wäre Übergewicht erblich. Sie weiß nicht, was genetisch bedingt und was durch einen bestimmten Lebensstil verursacht ist. Angst und Verwirrung können in solchen Fällen zu zahlreichen verzerrten und schädlichen Botschaften führen; eine solche Mutter setzt ihre Tochter praktisch schon als Baby auf Diät, managt, überwacht und rationiert das Essen schon für das Kleinkind. »Oh, weißer Zucker ist schlecht für Amy. Gelegentlich geb ich ihr aber ein bisschen Honig aus dem Bioladen.« Außerdem versucht sie, der Tochter eine perfekte Ernährung angedeihen zu lassen. »Wir haben keine Kekse und keinen Kuchen im Haus. Amy isst viel lieber frisches Obst.« Eine Mutter, die mit ihrem eigenen Körper kämpft, läuft Gefahr, jeden Bissen, den ihre heranwachsende Tochter zu sich nimmt, mit Schuldgefühlen und moralischen Werturteilen zu befrachten. Indem sie versucht, ihr ein perfektes Vorbild für gesunde Ernährung zu sein, schafft sie womöglich so viele verbotene Zonen, dass ihre Tochter dagegen rebelliert. Dann finden Sie Ihre Tochter sicher des Öfteren am Schrank mit den Süßigkeiten und Keksen!

Manche Mütter schaffen Probleme durch unklare Botschaften. Obwohl sie selbst es offensichtlich nicht tun, erwarten Sie von ihren Töchtern, dass sie Essen als etwas Lebenswichtiges und Angenehmes betrachten. Oft übersehen sie die Sorgen ihrer Töchter und haben kein Verständnis für ihre Ängste. Wenn sie an die Zeit zurückdenken, als sie selbst noch jung waren und aufgrund des schnelleren Stoffwechsels praktisch alles essen konnten, beneiden sie ihre Töchter vielleicht. Oder sie denken, weil ihre Tochter eine gute Figur hat, steht es ihr nicht zu, sich wegen des Essens Sorgen zu machen. Eine solche Mutter sagt dann zum Beispiel Dinge wie: »Ach, mach dich nicht lächerlich, iss deinen Schokoladenpudding.«

Wenn Sie selbst mit Ernährungsproblemen zu kämpfen haben, sollten Sie sich bemühen, Ihre Tochter trotzdem zu unterstützen. Wenn Sie ihr dabei helfen wollen, erwachsen und unabhängig zu werden, ist es ganz wichtig, dass sie lernt, sich um ihren Körper und ihre Gesundheit zu kümmern. Obwohl sie kein Baby mehr ist und Sie nicht mehr für jede ihrer Mahlzeiten sorgen müssen, sollten Sie dennoch mit ihr darüber sprechen, was sie für eine gesunde Ernährung braucht, und zuhören, welches positive Selbstbild sie anstrebt.

Viele heranwachsende Mädchen wünschen sich, dass ihre Mutter engagierter ist und mehr Verantwortung für die Ernährung übernimmt. Aber Ihre Tochter wird ganz bestimmt nicht zu Ihnen kommen und sagen: »Ich hätte gern, dass du dich mehr darum kümmerst, was ich esse.« Trotzdem weiß sie nicht, was sie tun soll. Sie ist froh, wenn Sie die Führung übernehmen, solange Sie Ihre Tochter nicht kontrollieren, sich nicht ständig einmischen und solange Sie Babyfragen vermeiden wie zum Beispiel: »Was hast du denn heute zu Mittag gegessen?«, »Warum hast du denn nicht den ganzen Apfel gegessen?«, »Hast du wenigstens die Milch getrunken?« Wieder einmal ist es ein Balanceakt. Ihre Tochter braucht zwar Ihren Rat und Ihre Unterstützung, aber sie möchte gleichzeitig auch selbst bestimmen und das Gefühl haben, dass sie selbst das Heft in der Hand hat (was ihr auch zusteht).

Während Sie hier den goldenen Mittelweg suchen – dazwischen, dass Sie Ihre Tochter sich selbst überlassen oder jeden ihrer Bissen überwachen –, sollten Sie nicht nur auf die Ernährungsprobleme, sondern auch auf das körperliche Wachstum Ihrer Tochter achten. Zur normalen Entwicklung heranwachsender Mädchen gehört es, dass sie im Alter zwischen elf und vierzehn zunehmen. Informieren Sie Ihre Tochter darüber, dass dies von der Natur so eingerichtet ist: Der Körper produziert Östrogen, um sich auf zukünftige Schwangerschaften vorzubereiten. Die Brüste werden größer, die Hüften breiter, und das Mädchen wirkt insgesamt runder und fraulicher. Es ist wichtig, dass Sie mit Ihrer Tochter darüber sprechen, wie sich ihr Körper in dieser Phase entwickelt, damit sie nicht in Panik ausbricht und denkt, sie würde dick.

Leider werden einem Mädchen, das auch nur mit geringem Übergewicht in die Pubertät eintritt, oft voreilig Gewichtsprobleme angedichtet. Kein Wunder, wenn es das Gefühl bekommt, dass es seinen sich entwickelnden weiblichen Körper bekämpfen muss. Von der frühen Adoleszenz an betrachtet ein solches Mädchen seinen Körper als Feind; er offenbart seine Schwächen und lässt es im Stich. Es vertraut nicht darauf, dass er stark und gesund ist, denn aus seiner Sicht entwickelt er sich nur in eine Richtung – nämlich dahin, dass es dick aussieht und sich auch so fühlt.

Neben einem Schnellkurs in weiblicher Biologie sollten Sie Ihrer Tochter auch beibringen, *wie* man isst. Am besten dadurch, dass Sie sich als Rollenvorbild anbieten. Es zählt nicht das, was Sie ihr sagen, sondern das, was Sie tun. Setzen Sie sich mit ihr an den Tisch und essen Sie mit ihr. Wenn Sie sich selbst einigermaßen gesund ernähren, vermitteln Sie Ihrer Tochter damit genau die richtige Botschaft. Aber wenn Sie in Ihrem Salat herumstochern (»Keine Croutons, keine Avocado, kein Käse, fettfreies Dressing – auf einem Extrateller, bitte«) und ihr dabei erzählen, dass Sie jederzeit bereit wären, für einen Schinken-Cheeseburger mit Pommes zur Mörderin zu werden, hört Ihre Tochter nur heraus, dass Salat eine weitere Strafe Gottes für die Frauen ist. Wenn Ihre Kühltruhe voll gestopft ist mit kalorienreduzierten Gerichten, wenn in Ihrem Kühlschrank nichts anderes zu finden ist als Diätlimonade und Mineralwasser, wie soll Ihre Tochter da nicht denken, dass Zucker und Fett natürliche Feinde sind? Wenn Sie aber gut essen und sich ausreichend bewegen, wird irgendein Teil des Bewusstseins Ihrer Tochter auch das in sich aufnehmen.

Aber was ist, wenn Sie genau das Richtige sagen und tun? Wenn Ihre Tochter unter- oder übergewichtig ist, ohne dass es sie im Geringsten zu kümmern scheint? Dann sollten Sie wissen, dass es ihr in Wahrheit wahrscheinlich sehr zu schaffen macht, sie aber mit den vernünftigen Ernährungsgrundsätzen ihrer Mutter und deren gut gemeinten Hilfsangeboten nichts zu tun haben will, weil sie wütend auf ihren Körper ist. Fressen und Fasten sind oft Zeichen einer Depression. Vielleicht hat Ihre Tochter mit Identitätsproblemen zu kämpfen, vielleicht hat sie nicht die Freunde und Freundinnen, die sie sich wünscht, vielleicht fühlt sie sich von Ihnen oder von ihrem Vater unfair behandelt. Vielleicht hat sie aufgegeben und isst zum Trost, vielleicht ist Essen für sie eine Zuflucht oder ein Protest gegen die Forderung, dass ein Mädchen unbedingt hübsch sein muss – hüsch, lieb und perfekt. Wenn ein Mädchen zu viel isst, behandelt es seinen Körper wie einen Schutzwall, hinter dem es sich verstecken kann. Wenn ein Mädchen auf extreme Diäten abfährt, bedeutet Dicksein für es Versagen. Es fühlt sich nur dann erfolgreich, wenn es die Kalorienaufnahme eingrenzt, ganz gleich, um welchen Preis. Und dieser Preis ist häufig eine Essstörung.

Wenn das wahre Ziel der Ernährungsbotschaften, die Sie Ihrer Tochter vermitteln, darin liegt, dass sie gut aussehen soll, wird sie das sofort durchschauen. Wenn Ihr Fokus als Mutter darauf ausgerichtet ist, dass Ihre Tochter wegen ihrer guten Figur beliebt ist, dann bestehen gute Chancen, dass sie mit Hilfe ihres Körpers dagegen protestiert. Sie agiert das Problem mit Essen aus, nimmt zu und besiegt damit Ihre Mutter – und sich selbst. Wenn Ihre Tochter also ständig mit ihrem Gewicht zu kämpfen hat, dann überlegen Sie, ob hier nicht etwas auf einem tieferen Niveau geschieht. Die unausgesprochene Botschaft Ihrer Tochter an Sie lautet: »Du kannst mich nicht kontrollieren«, gefolgt von einem: »Ich bin erwachsen genug, um die Kontrolle zu verlieren.« Und wem wird Ihre wütende, unglückliche Tochter die Schuld an ihrem Kontrollverlust geben? Natürlich ihrer Mutter und sich selbst.

Manche Mütter wundern sich über die Essgewohnheiten ihrer Töchter, denken aber nicht daran, einmal tiefer zu schürfen. Andere machen sich Sorgen, dass ihre Tochter es als Kontrolle und Kritik auffassen und in die Defensive gehen wird, wenn sie etwas – irgendetwas – dazu sagen. Manche Mütter haben Angst, dass sie unabsichtlich eine Essstörung auslösen, wenn sie zu viele falsche Dinge sagen. Ich kann Sie beruhigen: Sie können tausendmal nörgeln, ohne eine Essstörung auszulösen. Ihre Tochter kann jede Woche eine andere Diät anfangen, und auch das wäre noch kein Grund für eine Esstörung.

Es besteht ein großer Unterschied zwischen gestörtem Essverhalten und einer Essstörung. Unregelmäßiges und chaotisches Essen ist mehr oder weniger normaler Bestandteil der Teenagerzeit. Wie viele Dinge in der Pubertät verläuft auch die Nahrungsaufnahme ungeregelt, extrem und impulsiv. Aber denken Sie daran, dass Essen für Mädchen *der* wunde Punkt ist. Auch die klügste, vernünftigste und in sich ruhendste Heranwachsende – die mit allem zurechtkommt, von der Scheidung ihrer Eltern bis zu einem großen Umzug mitten in der zehnten Klasse – bricht in Tränen aus, wenn sie einen Zentimeter Orangenhaut auf ihrem Schenkel entdeckt.

Woran erkennt man gestörtes Essverhalten? Ihre Tochter macht zwei Tage lang eine Grapefruit-Diät und isst dann mit ihren Freundinnen eine Peperoni-Pizza mit Zwiebelringen. Wochenlang weigert sie sich, zum Abendessen etwas anderes als Spaghetti mit Tomatensauce zu sich zu nehmen. Seit Monaten hat sie kein Stück Gemüse mehr gegessen, dann ist sie sechs Wochen strikte Vegetarierin, dann holt sie sich beim Baseballspiel einen Hotdog.

Eine Essstörung ist etwas ganz anderes. Sie besitzt immer eine starke emotionale Komponente. Essen und Kalorienaufnahme werden rigide eingeschränkt (Anorexie), die Nahrung wird verschlungen und dann erbrochen (Bulimie), oder es findet eine Kombination aus eingeschränktem Essen und Fressattacken statt. Die Ursachen einer Essstörung sind weit komplexer als eine nörgelnde Mutter oder eine Reihe verschiedener Diäten. Um ein klares (und herzzerreißendes) Bild einer Essstörung zu bekommen, können Sie sich im Internet unter »Andreasvoice.org« die Geschichte einer Mutter sowie ein paar praktische Tipps ansehen oder eines der im Anhang erwähnten Bücher lesen.

Hier einige spezifische Hilfsvorschläge:

- Sorgen Sie dafür, dass sich Ihre Bemerkungen immer auf die Ernäherung oder die Gesundheit Ihrer Tochter beziehen, nicht auf ihr Gewicht.
- Sprechen Sie nicht von »guten« Lebensmitteln, wenn Sie fettfreie meinen, und von »schlechten«, wenn etwas dick macht. Karotten sind nicht per se »gut«, und Kuchen ist nicht »schlecht«. (Karottenkuchen ist natürlich immer sehr gut.)
- Scham sollte nicht zum Essen gehören. (»Ich hasse mich dafür, dass ich den ganzen Kuchen verdrückt habe.«)
- Sprechen Sie mit Ihrer Tochter bei den Mahlzeiten nicht über Essprobleme.
- Werten Sie die Ratschläge zu Ernährung und Diät, die Ihre Tochter von ihren Freundinnen erhält, nicht ab. Sagen Sie nicht: »Also, das klingt aber wirklich blöd«, selbst wenn es Ihnen so vorkommt.
- Denken Sie daran, dass Jugendliche beim Essen wie auf jedem anderen Gebiet auch zu Schwarzweißdenken neigen. Erklären Sie Ihrer Tochter, dass es nicht um alles oder nichts geht. Wenn sie sich zum Beispiel bereit erklärt, es mal mit Frühstücken zu probieren, versichern Sie ihr, dass ein »gutes Frühstück« nicht unbedingt 2000 Kalorien haben und aus Spiegelei und Speck oder ähnlichen Extravaganzen bestehen muss.
- Heranwachsende sind leicht von dem zu beeinflussen, was ihre Freunde sagen, und aus einer harmlosen Idee kann schnell eine große Sache werden. Wenn eine Freundin Ihrer Tochter einen Ernährungstipp oder einen Diätvorschlag

gibt, gilt es gleich als das Evangelium. Schlagen Sie Ihrer Tochter behutsam vor, eine zweite Meinung einzuholen.

- Aus einer harmlosen Idee kann auch eine große Sache werden, wenn *Sie* beschließen, sie aufzublasen und sich über sie zu streiten. (»Wenn du nicht jeden Tag Milch trinkst, bist du in meinem Alter runzlig und krumm wie eine Brezel.«)
- Seien Sie realistisch. Wenn Ihre Tochter an Übergewicht leidet, ist es keine gute Idee, ihr irgendeine tolle Diät zu empfehlen und sie dann sich selbst zu überlassen.
- Wenn Ihre Tochter um Hilfe bittet, besprechen Sie mit ihr eine erfolgreichere Strategie als die bisher ausprobierten Modediäten. Arbeiten Sie mit ihr. Fragen Sie sie: »Wie funktioniert das?«, »Wie können wir dafür sorgen, dass es funktioniert?«, »Wie kann ich dabei helfen?«, »Inwieweit soll ich mich einmischen?«
- Sie sollten lieber nicht selbstgerecht herumsitzen, an rohem Gemüse nagen und verkünden, dass Sie wirklich überhaupt keine Lust mehr auf einen tollen Eisbecher verspüren. Geben Sie zu, dass Sie auch nur ein Mensch sind. Machen Sie sich hin und wieder ein Sandwich. Genehmigen Sie sich mal ein paar Kartoffelchips oder einen Schokoladenkeks. Lassen Sie Ihre Tochter sehen, dass es keine verbotenen Lebensmittel gibt und dass man sich erlauben kann, was man will, solange man nicht allzu sehr über die Stränge schlägt. Hin und wieder darf man sich auch mal ein Stückchen Schokoladenkuchen genehmigen.
- Rufen Sie sich ins Gedächtnis, dass Essen Spaß macht und dass es auch so sein sollte. Gehen Sie ab und zu gemeinsam ins Restaurant. Zählen Sie nicht die Kalorien. Erwähnen Sie, wie gut etwas schmeckt. Genießen Sie.
- Leihen Sie sich Filme aus, die Sie und Ihre Tochter daran erinnern, wie befriedigend und sinnlich Essen sein kann: *Babettes Fest* zum Beispiel ist ein wunderschöner Film über die Freuden des Essens.
- Betrachten Sie Ihre eigenen Probleme realistischer. Sagen

Sie Ihrer Tochter die Wahrheit – dass Sie wünschten, Sie wären weniger darauf fixiert, wie viel Sie wiegen, dass Sie versuchen, netter zu sich zu sein und sich nicht für das zu bestrafen, was Sie essen, dass es Ihnen Leid tut, wenn Sie sich gelegentlich aufführen wie die Ernährungspolizei.

Lassen Sie Ihre Tochter wissen, was sie für ihre Diät braucht, und helfen Sie ihr, es sich zu verschaffen. Damit meinen wir nicht das, was in einer perfekten Welt wünschenswert wäre. Wir meinen das, was sie heute und alle Tage braucht, um gesund und stark zu bleiben, um körperlich und seelisch zu wachsen. Was sie braucht, damit ihre Haare glänzen, damit sie einen Kilometer rennen kann, ohne aus der Puste zu kommen, damit sie in der erste Schulstunde wach bleibt, auch wenn es Mathe ist, damit sie ihren schweren Rucksack jeden Tag die Schultreppe hinauf und hinunter schleppen kann. Seien Sie realistisch! Die Welt ist hart: Die meisten Mädchen werden nie fünf Portionen Obst und Gemüse am Tag essen oder drei Gläser Milch trinken. Sie schlafen lieber aus, als zum Frühstück aufzustehen. Oft verstreichen Wochen, ohne dass sie das kleinste Stückchen Grün gegessen haben. Und eine Kultur (eine *übergewichtige* Kultur obendrein), die Schlankheit mit Schönheit verwechselt und mit einer Aura moralischer Überlegenheit umgibt, vermittelt eine giftige Botschaft, die niemand ganz ausblenden kann. Tun Sie, was Sie können, um Ihrer Tochter zu helfen, dass sie sich in ihrem Körper wohl fühlt, helfen Sie ihr, darauf zu achten, was sie in sich hineinstopft – und bleiben Sie noch ein Weilchen in der Küche!

WIE ERNÄHRE ICH MEINE TOCHTER?

Ihre Tochter braucht Fett. Jeder Mensch braucht Fett. Nicht nur schmeckt das Essen dann besser, wir bekommen außerdem essenzielle Fettsäuren und fettlösliche Vitamine. Fett spielt außerdem für die Bildung der Sexualhormone eine Rolle; ein gewisses Maß an Körperfett ist notwendig, um die Menstruation und schließlich eine gesunde und erfolgreiche Schwangerschaft zu gewährleisten. Wenn Mädchen abnehmen und ihr Körperfett dabei unter ein bestimmtes Niveau sinkt, setzt die Periode aus – ein deutliches Zeichen, dass etwas nicht stimmt. Die einzige Möglichkeit, wie Ihre Tochter essenzielle Fettsäuren bekommt, ist Fett in der Nahrung. Unterm Strich kann man sagen, dass man nicht gesund bleiben kann, ohne Fett zu sich zu nehmen.

Ihre Tochter braucht ein Frühstück. Nahrung, die man morgens zu sich nimmt, hilft den Stoffwechsel in Gang zu bringen. Ein gesundes Frühstück besteht aus Eiweiß, vollwertigen Kohlehydraten (Vollkorn und/oder Obst) und einer kleinen Portion Fett. Ein gekochtes Ei auf einer Scheibe Vollkorntoast und ein Glas Orangensaft mit Kalziumzusatz, das ist ein gutes Frühstück. Auch geschmolzener Käse oder Erdnussbutter auf einem Vollkorntoast und dazu eine Orange oder eine Schale Müsli mit Rosinen und ein Glas fettarme Milch. Ein Doughnut oder Berliner mit Puderzucker und ein Glas Fruchtnektar oder eine Cola light dagegen gehen nicht als gutes Frühstück durch.

Ihre Tochter braucht Proteine. Der Körper braucht länger, um Proteine zu verarbeiten, daher fühlt man sich auch länger satt, und der Blutzuckerspiegel fällt nicht ab. Protein ist Aufwachnahrung. Zucker ist nur ein Strohfeuerchen: Ein schneller, kurzer Energieschub, und schon fühlt man sich wieder lustlos und hungrig.

Ihre Tochter sollte zu einigermaßen normalen Zeiten essen. Sorgen Sie dafür, dass Ihre Tochter abends nicht so spät noch isst, weil sie damit ihren ganzen Stoffwechsel durcheinander bringt. Und beobachten Sie ihren Stundenplan – oft wird das

Essen immer weiter nach hinten verschoben. Erst lässt sie das Frühstück aus, das Mittagessen ist minimal, dann stehen die nachschulischen Aktivitäten im Weg, und so fängt sie erst gegen Abend überhaupt an zu essen. Inzwischen ist sie so hungrig, dass sie womöglich eine Heißhungerattacke bekommt. Wenn sie bis spät in die Nacht noch nascht, wacht sie morgens auf, hat keinen Hunger, und alles geht von vorne los.

Genauso sieht übrigens das klassische Fressschema aus. Dieses Muster beeinflusst den Insulinhaushalt, der seinerseits wiederum beeinflusst, wie der Körper Kalorien speichert, was zum Teil daran schuld sein kann, wenn eine Heranwachsende Übergewicht bekommt. Aber Ihre Tochter kann den Teufelskreis durchbrechen, indem sie ein paar Stunden vor dem Schlafengehen nichts mehr isst; auf diese Weise kann der Körper sich über Nacht ausruhen, und sie wacht mit einem angenehmen Hungergefühl auf.

Informieren Sie Ihre Tochter über die Erkenntnisse der Ernährungswissenschaft: Spätes Essen hat für gewöhnlich nichts mit Hunger zu tun. Oft isst man nachts, weil man müde ist, nicht weil man Hunger hat. Und wonach man spät in der Nacht Verlangen hat, sind Kohlehydrate, oft in Form von zuckrigen Snacks. Was sagen Sie Ihrer Tochter, wenn so etwas passiert? Iss lieber nichts. Mach ein Nickerchen und erledige deine Hausaufgaben, wenn du wieder wach wirst. Oder geh gleich früh ins Bett.

Schon mit ein bisschen mehr Eiweißzufuhr und regelmäßigeren Mahlzeiten wird Ihre Tochter sich fast augenblicklich besser fühlen.

Ihre Tochter braucht eine einigermaßen gesunde Ernährung. Der Schlüssel zu einer gesunden Ernährung liegt in Vielfalt, Ausgewogenheit und Maßhalten – egal, ob für Teenager oder den Rest der Bevölkerung.

Es klingt vielleicht seltsam, ist aber die Wahrheit: Wenn eine Heranwachsende *öfter* isst, kann sie mehr essen und wiegt trotzdem weniger. Wenn sie anfängt, ihre Nahrungsaufnahme zu drosseln, signalisiert sie ihrem Körper, den Stoffwechsel zu verlangsamen. Das verhindert zwar, dass sie verhungert, drosselt aber auch die Gewichtsabnahme.

Über Jahrtausende war Nahrung Mangelware, daher hat sich der menschliche Körper so entwickelt, dass er mit Hungerperioden fertig werden kann. Wenn es nur wenig zu essen gab, verlangsamte der Körper automatisch seinen Grundumsatz, um Brennstoff zu sparen. Erst in jüngerer Vergangenheit muss unser Körper mit einem ständigen Überfluss an Nahrung zurechtkommen. Eine New Yorker Ernährungswissenschaftlerin begrüßt Mädchen, die wegen Übergewicht in ihre Praxis kommen, mit einer Gratulation. »Genetisch gesehen«, erklärt sie ihnen, »haben dickere Menschen bessere Überlebenschancen.«

Heranwachsende Mädchen glauben oft, dass sie zunehmen, wenn sie regelmäßig essen. In Wirklichkeit aber sucht sich der Körper Ihrer Tochter in dem Fall ein Gewicht, bei dem es ihm gut geht, und hält es auch.

Ausgewogenheit, Maßhalten und häufige Nahrungsaufnahme – so funktioniert der Stoffwechsel Ihrer Tochter am effizientesten. Dann hat sie Energie und kann ihr Gewicht leichter unter Kontrolle halten.

Zehn Dinge braucht Ihre Tochter am Tag: Kalorien (für die Energie). Protein (vor allem, wenn sie Vegetarierin ist). Kohlehydrate, Eisen (15 Milligramm pro Tag, wenn sie ihre Menstruation hat). Fett. Kalzium (aus Milch, Joghurt, Käse). Wasser. Obst und Gemüse. Ein Multivitaminpräparat. Bewegung (eine Stunde pro Tag ist ideal).

Ihre Tochter braucht Wasser. Gut zwei Liter pro Tag, aber sie muss nicht alles trinken, einiges nimmt sie beispielsweise durch Obst und Gemüse auf. Durst ist kein gutes Signal dafür, wie viel sie trinken sollte, denn Durst wird häufig mit einem

Hungergefühl verwechselt, und man isst, wenn man eigentlich Wasser trinken sollte.

Es gibt eine ganz einfache Art zu testen, ob Ihre Tochter genug Wasser trinkt. (Aber sagen Sie ihr, dass es kein geheimer Drogentest ist!) Wenn der Urin blass ist (ungefähr wie Limo), ist alles in Ordnung. Eine intensivere Farbe (etwa wie Apfelsaft) ist ein Zeichen, dass sie zu wenig trinkt.

Viele Mädchen trinken nicht genug, weil sie sich nicht gern von der Flüssigkeit aufgebläht fühlen und auch nicht ständig zur Toilette rennen wollen. (Wer verpasst schon gern etwas Wichtiges?)

Multivitaminpräparate wirken Mangelerscheinungen entgegen. Hier gehen die Ansichten von Ernährungswissenschaftlern weit auseinander – von »kann nicht schaden« bis zu »ist unbedingt notwendig«. Ein Multivitaminprodukt ist wie eine Krankenversicherung, vor allem für Vegetarier und noch mehr für Veganer, für die es schwer ist, Vitamin B-12 mit der Nahrung aufzunehmen. Viele heranwachsende Mädchen sind anämisch, daher ist die Extraportion Eisen wichtig für sie.

Idealerweise sollte Ihre Tochter auch ein Kalziumpräparat nehmen (zum Beispiel in Form von Kautabletten), es sei denn, sie isst viel Milchprodukte.

Ein Problem mit Vitaminen besteht darin, dass die meisten Mädchen sie auf leeren Magen schlucken, sich dann komisch fühlen und sie nicht mehr nehmen wollen. Es ist besser, die Vitamine mit einem kleinen Imbiss nach der Schule einzunehmen oder gleich nach dem Abendessen. Allerdings sollte Ihre Tochter sie nicht mit Kaffee hinunterspülen, denn die Säuren heben die Wirkung der Nährstoffe auf.

Was tun, wenn Ihre Tochter Vegetarierin ist? Für Vegetarier ist es schwerer, sich ausgewogen zu ernähren, aber nicht unmöglich. Grundsätzlich ist nichts dagegen einzuwenden, dass Ihre Tochter auf Fleisch verzichtet, es sei denn, sie ernährt sich größtenteils von Pizza oder Chips. Dann sollten Sie aufpassen. Solche Mädchen nehmen meist zu viel Fett zu sich. Auch Vegetarier, die hauptsächlich Nudeln, Käse, Butter und Milch essen, nehmen im Allgemeinen zu. Normalerweise wechseln Mädchen nicht von einer Essstörung zum Vegetariertum über, sondern eher andersherum. Vegetarierin zu werden ist oft schon ein Versuch, Gewichtsängste in den Griff zu bekommen. Aber es kann auch die Art sein, wie Ihre Tochter ihre Ansichten über Politik, die Rechte der Tiere und globale Gesundheit zum Ausdruck bringt.

Gehen Sie nicht sofort davon aus, dass Ihre Tochter eine Essstörung hat, nur weil sie kein Fleisch essen will. Und zeigen Sie auch nicht so viel Respekt vor der politischen Einstellung Ihrer Tochter, dass Sie ihr keine Fragen mehr stellen. Sorgen Sie auf alle Fälle dafür, dass sie ein gutes Buch über die Grundlagen einer gesunden vegetarischen Ernährung liest und versteht, was sie essen muss, um gesund zu bleiben.

HÄUFIG GESTELLTE FRAGEN

Frage: Was ist »normales« Essen? Was isst ein »normales« Mädchen im Teenageralter?

Antwort: Leider ist es für Teenager normal, dass Mahlzeiten ausgelassen werden, dass sie sich unausgewogen ernähren, zu wenig Proteine, zu viele Kohlehydrate, zu viel Light-Limonade. Im Idealfall jedoch bedeutet normales Essen, dass man das Essen genießt und auf Maßhalten und Ausgewogenheit achtet. Auf den Punkt gebracht heißt das: Essen, wenn man Hunger hat, und aufhören, wenn man satt ist.

Frage: Was ist der Unterschied zwischen gestörtem Essen und einer Essstörung?

Antwort: Das ist ein sehr großer Unterschied. Gestörtes, chaotisches Essverhalten ist typisch für Mädchen in der Pubertät – beispielsweise verkündet Ihre Tochter eines Tages, dass sie nur noch weiße Nahrungsmittel zu sich nimmt (Reis, Nudeln, etc.), wechselt dann abrupt zu einer »Ich bin so dick«-Obstdiät über und bestellt schließlich ohne Zögern einen Big Mac mit einer großen Portion Pommes. Eine Essstörung zeigt sich nicht in mehr oder weniger extremem Essen und Diäthalten, sondern ist ein komlexes Geflecht aus emotionalen Komponenten und einer Menge ungeordneter Gedanken über das Essen, über Fett und das, was man im Spiegel wahrnimmt.

Frage: Wann muss ich anfangen, mir Sorgen um die Ernährung meiner Tochter zu machen? Um ihr Gewicht? Wann sollte ich professionelle Hilfe bei einem Ernährungswissenschaftler, Kinder- oder sonstigen Arzt suchen?

Antwort: Sie sollten unbedingt professionelle Hilfe aufsuchen, wenn Ihre Tochter zu dünn ist, stark zunimmt oder ausweichend auf die Frage reagiert, was sie isst. Ziehen Sie eine Art Check-up für Ihre Tochter in Erwägung. Wenn der Besuch beim Ernährungswissenschaftler für ein Mädchen zur gewohnten Gesundheitsvorsorge gehört, hat sie mit hoher Wahrscheinlichkeit eine Menge interessanter Fragen und ist offener für Diskussionen.

Frage: Was kann ich tun, wenn meine Tochter stark übergewichtig ist und ich glaube, dass ich etwas unternehmen muss, egal, ob sie mich darum bittet oder nicht?

Antwort: Übergewichtige Mädchen sind häufig so übersensibel, was ihre Ernährung angeht, dass sie Hilfe von der Mutter zurückweisen. Erweitern Sie Ihr soziales Netzwerk. Beziehen Sie ein paar vertrauenswürdige Freunde mit ein, von denen Sie wissen, dass sie eine gute Beziehung zu Ihrer Tochter haben. Diese können Ihnen dabei helfen, das heikle Thema anzuschneiden. Suchen Sie sich einen Arzt und einen Ernährungswissenschaftler, die Übergewicht bei Teenagern behandeln und die Diät betreuen. Widerstehen Sie den eifrigen Superdiät-Vorschlägen Ihrer Tochter, kaufen Sie ihr lieber nicht den Heimtrainer, für den sie die Werbung im Fernsehen gesehen hat. Entwickeln Sie einen umfassenden Plan, der gesunde Gewichtsreduzierung, Ernährungsberatung und Bewegung einschließt. Vermeiden Sie modische Patentrezepte und Blitzdiäten. Ermuntern Sie Ihre Tochter, an einem unterstützenden Programm teilzunehmen. Wenn Ihre Tochter an einem Kurs teilnehmen möchte, achten Sie darauf, dass sie sich realistische Ziele setzt und, wenn sie heimkommt, nicht alles gleich wieder über den Haufen wirft. Hüten Sie sich, sie zu erpressen oder zu blamieren, seien Sie einfühlsam und spielen Sie sich nicht als die große Managerin auf. Sorgen Sie dafür, dass gutes Essen im Haus ist.

Frage: Kann ich einfach bei einem Ernährungswissenschaftler oder Kinderarzt anrufen, wenn ich eine Frage habe?

Antwort: Lassen Sie sich lieber zunächst ein paar Termine für die Sprechstunde geben. Fragen Sie dort, ob ein Ernährungswissenschaftler auch zu vorbeugenden und unterstützenden Maßnahmen bereit ist, damit Ihre Tochter gar nicht erst in irgendwelche Extrembereiche gerät. Entwickeln Sie erst einmal eine Beziehung und rufen Sie an, sobald Ihre Tochter eine Frage hat.

Frage: Wie kann ich meiner Tochter helfen, mit dem Druck, den ihre Altersgenossinnen auf sie ausüben, fertig zu werden? Wie kann ich ein Gegengewicht setzen zu ihrem ständigen: »Wenn du dünn bist, bist du richtig hübsch«, »Oh, du hast abgenommen, du siehst ja sagenhaft gut aus«?

Antwort: Wir leben in einer Kultur des Schlankheitswahns. Wenn Sie mit Ihrer Tochter darüber sprechen – sie fragen, was Gesundheit bedeutet, wie sie sich körperlich fühlt, was ihrer Meinung nach gut für sie ist –, können Sie die Stimme der Vernunft zur Vielzahl der Ansichten hinzufügen. Vermitteln

Sie ihr das Gefühl, dass sie sich selbstständig eine Meinung bilden kann, dann hat sie mehr an der Hand als nur die Informationen ihrer Freundinnen. Aber bleiben Sie realistisch: Alle heranwachsenden Mädchen wünschen sich einen flachen Bauch, Sie werden Ihrer Tochter diesen Wunsch nicht ausreden können. (Mit einer Randbemerkung über den Gruppendruck können Sie Ihre Tochter zum Beispiel darin unterstützen, dass sie einer Freundin hilft, die ihrer Meinung nach magersüchtig ist. Sie muss wissen, dass eine solche Situation ernst zu nehmen ist und es angebracht wäre, einen Elternteil oder einen Lehrer zu alarmieren.) Allerdings sollten Sie Ihre Tochter fragen, *wie* sie zu ihrem flachen Bauch gekommen ist. Greift sie zu ungesunden Maßnahmen, um schlank zu wirken? Erbricht sie auf der Toilette, joggt sie zehn Meilen am Tag, treibt sie zwanghaft Gymnastik? Überprüfen Sie Ihre eigenen Wertvorstellungen und die, die bei Ihnen zu Hause vertreten werden. Sehen Sie sich an, was ihr Vater denkt, was ihre Brüder sagen. Wird das äußere Erscheinungsbild überbetont? Sind Sie alle schnell mit einem Urteil über das Aussehen bei der Hand, ohne an innere Werte zu denken?

Frage: Ist eine Diät jemals sinnvoll?

Antwort: Die Ernährungswissenschaft ist sich darin einig, dass restriktives Diäthalten und Kalorienzählen nicht funktioniert. Schon das Wort »Diät« wird generell vermieden und als Fehler betrachtet. Wenn Ihre Tochter Übergewicht hat und wirklich abnehmen will, helfen Sie ihr lieber, ihre Einstellung zum Essen zu verändern. Eine Möglichkeit besteht darin, ihre Essgewohnheiten zu strukturieren. Menschen, die stark zunehmen, haben keinen Kontakt zu ihrem Körper; für sie geht es beim Essen mehr um Genuss und emotionale Belohnung. Ihre Tochter muss tagsüber regelmäßig essen und planen, was sie isst, sodass das Essen weder als Belohnung noch als emotionales Trostpflaster benutzt werden kann.

Wenn Ihre Tochter die Extreme von Hunger und Sattheit

vermeidet, wird sie irgendwann ihre Nahrungsaufnahme auf ein »normales« Maß beschränken – ohne Diät. Diät ist wie Luftanhalten. Früher oder später holt man umso tiefer Atem (oder schlingt das Essen umso gieriger in sich hinein), und im Endeffekt ist es mehr, als wenn man sich nicht eingeschränkt hätte. Die Antwort für Ihre Tochter liegt darin, alle drei bis vier Stunden kleinere Mengen zu essen. Wenn Sie gar nicht erst heißhungrig wird, muss sie es mit dem Essen nicht übertreiben, um die Zurückhaltung wieder wettzumachen.

Frage: Welche psychologischen Auswirkungen hat eine Diät?

Antwort: Das Ergebnis einer selbst auferlegten Beschränkung der Nahrungsaufnahme ist eine chronische Besessenheit im Hinblick auf Essen. Solche Mädchen reden ständig über das Essen, lesen Kochbücher, backen Kuchen für die Familie. Sie denken, reden, träumen sogar vom Essen – sie tun damit alles, nur nicht essen. Der mit allerlei Diäten geführte Kampf um Kontrolle und die damit einhergehenden Körperverrenkungen haben einen Teufelskreis von Gewichtsabnahme und -zunahme zur Folge. Auf diese Weise erfährt Ihre Tochter nie, mit welchem Gewicht sich ihr Körper wohl fühlen würde, und fühlt sich mit ihrem Gewicht selbst nie wohl.

Frage: Welche körperlichen Auswirkungen hat falsche Ernährung?

Antwort: Zu viel oder zu wenig Gewicht kann den Körper Ihrer Tochter sehr belasten, selbst wenn man es nicht direkt sieht. Zu schnell abzunehmen ist ebenfalls eine Belastung für den Körper. Was die Sache für Sie noch komplizierter macht, ist die Tatsache, dass Sie nicht viel mit bekommen, was Ihre Tochter isst oder wie sie Diält hält.

Am leichtesten können Sie mit Ihrer Tochter über richtige Ernährung sprechen, wenn Sie über ihre Haare reden. Nur sehr wenige Mädchen sind mit ihren Haaren zufrieden, aber bei Mädchen, die sich nicht gut ernähren, sind sie dünn, trocken und brüchig. Das trifft auch auf Mädchen zu, die fast alles Fett aus ihrer Ernährung verbannt haben. Ein anderer verlässlicher Indikator für unangemessene Ernährung ist der Zustand von Haut und Nägeln. Ihre Tochter darauf hinzuweisen, dass glänzende Haare, reine Haut und feste Nägel am besten durch eine gute und gesunde Ernährung zu gewährleisten sind, ist die beste Methode, sie zum Umdenken zu motivieren.

Frage: Im Leben meiner Tochter ist so viel los. Wie kann ich erkennen, ob das Problem mit dem Essen zu tun hat?

Antwort: Natürlich kann viel vom Verhalten Ihrer Tochter auf die typischen pubertären Stimmungsschwankungen zurückgeführt werden, aber Sie müssen auch zwischen den Zeilen lesen. Wenn Ihre Tochter richtig sauer aus der Schule kommt und Ihnen erzählt, dass sie sich mit ihrer besten Freundin gestritten hat, ist ihre Stimmung womöglich darauf zurückzuführen, dass sie sich den ganzen Tag nur von einem Reiscracker und einer Cola light ernährt hat. Schlechte Ernährung hat ganz reale Folgen.

Die folgenden Anzeichen können Ihnen helfen, potenzielle Probleme abzuwenden. (Wenn Sie sich richtig Sorgen machen, rufen Sie bei einem Ernährungsberater oder einem Arzt an, der sich auf Jugendliche spezialisiert.)

Ist sie ständig müde? Grund dafür könnte ein Eisenmangel sein, unregelmäßiges oder unzureichendes Essen. Es könnte auch sein, dass sie nicht genug Schlaf bekommt, oder aber es sind die ersten Anzeichen einer Depression.

Hat sie wenig Energie? Das könnte an einem Kalorienmangel liegen.

Ist sie so dünn, dass man die Rippen sieht? Dann wiegt sie nicht genug.

Macht sie immer einen schlappen, müden Eindruck? Es könnte sein, dass sie Mahlzeiten auslässt oder nicht genug Wasser trinkt.

Hat sie Schlafprobleme? Vielleicht ist sie hungrig. Vielleicht steht sie zu sehr unter Druck. Oder es handelt sich um eine Depression.

Hat sie Konzentrationsprobleme? Könnte ebenfalls an Kalorienmangel liegen.

Ist sie total reizbar? Wenn sie nicht nur bei Ihnen, sondern auch bei ihren Freundinnen schlecht gelaunt ist, wissen Sie, dass ein echtes Problem vorliegt. Eine regelmäßigere Nahrungszufuhr könnte die Lösung sein.

Fängt sie sich jeden Infekt ein, der herumschwirrt? Ihre herabgesetzte Immunabwehr könnte Folge einer schlechten Ernährung sein.

Ist sie traurig und deprimiert? Weint sie häufig? Es könnte an einem Jungen, einer schlechten Note oder an unausgewogener Ernährung liegen. An allem Möglichen.

Hat sie oft Kopfschmerzen? Häufig ist Durst daran schuld.

Gestörtes Essen an der Kippe zur Essstörung

Folgende Alarmzeichen deuten darauf hin, dass Ihre Tochter Hilfe braucht:

Ihre Tochter weiß *alles* über Ernährung.

Ihre Tochter weiß *nichts* über Ernährung.

Ihre Tochter kann Ihnen die Kalorienzahl von jedem Nahrungsmittel auf dem Tisch sagen. (Eine Essstörung liegt vor, wenn sie die Kalorienzahl von allen Nahrungsmitteln im Supermarkt kennt.)

Es sieht für Sie ganz danach aus, dass Ihre Tochter weit weniger als tausend Kalorien am Tag zu sich nimmt. Gerade wenn Sie zu dem Schluss gekommen sind, dass sie an einer Anorexie leidet, steigt ihre Kalorienaufnahme sprunghaft auf über viertausend Kalorien.

Sie hören Ihre Tochter ständig sagen: »Ich hab keinen Hunger«, oder: »Ich hab gerade was gegessen«.

Ihre Tochter steht ständig auf der Waage. Oder sie will gar nicht wissen, wie viel sie wiegt. Weil sie es im Spiegel »genau sehen« kann.

Sie ernährt sich von Früchteriegeln.

Sie sagt, sie sei Vegetarierin, isst aber eigentlich kein Gemüse. (Na ja, Pizza, Pasta, Pepsi und Kartoffelchips sind ja kein Fleisch, oder?)

Sie isst die Pizza ohne den Rand, nur das Innere vom Brötchen, den Salat ohne Dressing.

Sie und ihre Freundinnen wissen zu viel über den Fettgehalt von einer Portion Pommes frites.

KAPITEL 9

Sex

BEIM KÖRPERBILD geht es im Kern immer um Sex. Ein gutes Körpergefühl und ein gutes Gefühl zur Sexualität sind eng miteinander verbunden. Während eine Heranwachsende angestrengt versucht, sich allmählich mit ihrer sich entwickelnden Sexualität anzufreunden und sich an sie zu gewöhnen, konzentriert sie sich immer stärker auf ihren Körper. Eines ihrer wichtigsten Ziele in der Pubertät besteht darin, ein positives Körperbild mit einer für sie stimmigen sexuellen Identität zu vereinen. Um dies zu bewerkstelligen, muss sie Sex und ihre eigene Sexualität verstehen – ihre sexuelle Anziehungskraft, was ihr gefällt, was sie an einem Partner anzieht, wie sie eine Beziehung aufbauen kann, die sowohl emotional als auch sexuell erfüllend ist.

Als Mutter besteht Ihr Ziel nun darin, all diese Themen zu erkennen und in die richtige Perspektive zu rücken. Beginnen Sie damit, dass Sie versuchen, die Welt Ihrer Tochter zu verstehen. Wie kompliziert Sex für Sie selbst damals auch gewesen sein mag – ob unnötig geheim und mysteriös oder voll gepfropft mit allen möglichen Werturteilen, ob Sie überbehütet wurden oder zu frei waren –, für Ihre Tochter ist alles noch viel komplizierter. Während Sex bei Ihnen möglicherweise zu sehr tabuisiert wurde, wird Ihre Tochter heute mit sexuell aufgeladenen Botschaften geradezu bombardiert. Während Sie selbst zu viele Barrieren und Hemmungen hatten, wird Ihrer Tochter vorgegaukelt, alles sei erlaubt. Dazu kommt noch, dass einem heranwachsenden Mädchen nur sehr wenig Zeit gelassen wird, um sich im Bereich Sex und Sexualität zurechtzufinden, und die Gesellschaft und seine Freundinnen es dazu noch mächtig unter Druck setzen. Während Sie vielleicht in dem Glauben aufgewachsen sind, dass *niemand* Sex hat, denkt Ihre Tochter höchstwahrscheinlich, dass *alle* Sex haben, und zwar ständig. So setzt sie sich selbst noch zusätzlich unter Druck, möglichst schnell erwachsen zu werden und mit den anderen gleichzuziehen.

Heutzutage haben Mädchen das Gefühl, dass es einen direkten Zusammenhang gibt zwischen Popularität und sexueller Aktivität. Wer cool sein will, ist auch sexy. Doch die Doppelmoral steht weiterhin in voller Blüte. Sexuell aktive Jungen gelten als erfahren und reif, aber sexuell aktive Mädchen hält man weiterhin für Flittchen und Schlampen. Für Jungen ist Sex ohne Verpflichtung Spaß, bei Mädchen wird das Gleiche als promiskuös angesehen. Und wer sorgt dafür, dass sich solche Denkweisen halten? Viele Leute, unter anderem heranwachsende Mädchen. Sehr oft beurteilen sie ihre Geschlechtsgenossinnen äußerst kritisch, ganz zu schweigen von den Konkurrenzgefühlen, die zwischen ihnen herrschen. Sie sind leicht bereit, das Verhalten eines anderen Mädchens zu verurteilen, selbst wenn es mehr oder weniger ihrem eigenen entspricht. Auf diese Weise können sie sich überlegen fühlen und ihren eigenen Ruf wahren.

In unserer schnelllebigen (und oft genug verdrehten) Welt entwickeln sich Mädchen emotional nicht schneller, werden aber viel früher sexuell aktiv. Hat Ihre Tochter nicht erst vor einem Monat noch ihrer Barbiepuppe die Haare frisiert? Manchmal tut Ihre Tochter mit dreizehn Dinge, vor denen Sie selbst sich noch mit achtzehn gefürchtet hätten. Einige Mütter formulieren es so: »Wenn ich mich nicht so über das aufregen will, was meine Tochter so treibt, dann stelle ich mir einfach vor, sie wäre fünf Jahre älter.«

Unter diesem ganzen Druck, überflutet von sensationslüsternen, sexuell überladenden Medienbotschaften, dem ganzen Geschwätz hinter vorgehaltener Hand und den geflüsterten Fehlinformationen, wissen die Mädchen (vor allem die jüngsten und unreifsten unter ihnen) heute oft überhaupt nicht mehr, was sie denken oder glauben sollen. Mit ihrer Mutter über Sex zu reden ist viel zu peinlich. Doch obwohl ein solches Mädchen sich vielleicht besonders heftig von ihrer Mutter distanziert, braucht es deren Klugheit und Erfahrung mehr denn je. Als Mutter haben Sie eine lebenswichtige Rolle zu spielen, und je mehr Sie verstehen, was mit Ihrer Tochter geschieht, desto wirkungsvoller können Sie sie unterstützen.

Zuerst einmal müssen Sie die körperlichen Vorgänge durchschauen. Die physische Entwicklung eines Mädchens beginnt heutzutage schon sehr früh, normalerweise zwischen neuneinhalb und elf Jahren. Frühentwicklerinnen können sich auf alle möglichen Probleme gefasst machen, die mit ihrer Sexualität zu tun haben. Solche Mädchen werden oft mit sexueller Anmache konfrontiert, wenn sie noch nicht einmal annähernd dazu bereit sind und sie diese Art von Aufmerksamkeit als immens unangenehm empfinden. (»Hey, Süße, wie wär's . . .?«) Sie wissen nicht, wie sie reagieren sollen oder worauf sie überhaupt reagieren, daher ist ihnen die ganze Sache vage unheimlich und verursacht ihnen ebenso vage ein schlechtes Gewissen – als wäre ihr Körper der Beweis dafür, dass sie irgendetwas falsch machen. Mädchen, die schon früh anfangen zu menstruieren, sind nicht auf die rapiden körperlichen Veränderungen (oft entwickeln sie innerhalb weniger Monate einen üppigen Busen) und die immer intensiver werdenden sexuellen Empfindungen (Masturbieren) vorbereitet. Verwirrt und ungeschickt wie sie sind, kommt es manchmal zu dramatischen Reaktionen. Solche abrupten Veränderungen können Ekelgefühle heraufbeschwören, sodass sich manche Mädchen ganz aus sozialen Situationen mit Jungen zurückziehen oder nicht mit ihrer Clique ins Freibad gehen, weil ihnen Badeanzüge peinlich sind; sie werden gehemmt und verschüchtert und verstecken ihren Körper. Andere Mädchen benehmen sich aufreizend, auf eine Art und Weise, die selbst Lolita erblassen lassen würde.

In der frühen Pubertät weisen viele Mädchen beide Verhaltensweisen auf, deshalb weiß man oft nicht, womit man es nun eigentlich zu tun hat – mit Lolita oder der schüchternen, süßen Dreizehnjährigen, für die ihre Mutter immer noch »die Mami« ist. Besonders unreife Mädchen, die noch sehr stark an ihrer Mutter hängen, werden häufig sexuell auffällig. Sie finden keine andere Möglichkeit, den Konflikt zu schlichten, den sie zwischen ihren fast noch kindlichen Gefühlen und ihrem rapide heranreifenden Körpern spüren.

Natürlich ist es keine große Überraschung, dass auch abenteuerlustigere Mädchen ihre Probleme sexuell ausagieren. Mädchen, bei denen diese neue Phase eher gemächlich einsetzt, haben wenig Anpassungsschwierigkeiten. In diesem frühen Stadium der Pubertät haben die meisten Mädchen etwas übertriebene Vorstellungen davon, was es bedeutet, ein sexuelles Wesen zu sein. Ihr Bedürfnis, ihre Sexualität und ihren Körper zur Schau zu stellen, zeigt ihre Unsicherheit. Sie entwickeln Probleme mit dem Körperbild, weil sie erwarten, praktisch über Nacht voll entwickelt und sexuell aktiv zu sein.

Mit dem körperlichen Wachstum und den ganzen hormonellen Veränderungen bekommt jedes Mädchen neue sexuelle Gefühle, Wünsche, Empfindungen und Phantasien. Und das ist kein Entweder-oder: Ihre Tochter hat sie alle, oft gleichzeitig (was für ein Glückspilz). Es ist normal, dass sie ihren Körper zu erforschen beginnt und die ersten sexuellen Begegnungen mit Jungen hat. Aber was altersangemessen und normal und gesund ist, fühlt sich vielleicht für Ihre Tochter nicht danach an. Auf einmal ist es eine tägliche Herausforderung, sich in ihrem Körper wohl zu fühlen – und ein langwieriger Prozess.

Neue Gefühle und Gedanken über ihren Körper bringen eine Heranwachsende vielleicht dazu, sich selbst anders zu sehen – als eine Person, die Sex haben, eine sexuelle Beziehung eingehen, sich verlieben, begehrenswert oder nicht begehrenswert sein könnte. Sie entdeckt neue Freuden (Küssen macht Spaß, Zungenküsse sind der absolute Knüller), neue Sorgen (Schwangerschaft und Geschlechtskrankheiten), neue Phantasien (»ein perfekter Körper macht mich sexy, und dann wird mein Leben auch perfekt«) und neue Ängste (»Niemand wird mich wollen, wenn ich dick bin«).

Es versteht sich von selbst, dass eine Heranwachsende Hilfe benötigt. Sie braucht eine Sexualerziehung, und zwar nicht nur von ihren Freundinnen. Sie braucht eine Schulter, an der sie sich ausweinen kann. Sie muss wissen, dass es Reife verlangt, wenn man Sex und Sexualität verstehen will, und dass sie das noch nicht von sich erwarten kann. Hier kommen Sie als ihre Mutter ins Spiel. Ihre Tochter braucht Rat und Information aus vielen verschiedenen Quellen, aber als Mutter sind *Sie* am besten geeignet, ihr alles über Liebe und Beziehungen, über sicheren Sex und das angemessene Partyverhalten beizubringen. Beibringen bedeutet allerdings nicht, dass Sie auf alles eine Antwort parat haben, es ist in Ordnung, wenn Sie sagen: »Oh, das ist eine echt schwere Frage. Lass mich mal nachdenken.« Sie müssen auch nicht jedes technische Detail kennen: »Also, die Vulva ist wichtig, weil ... hmm ... sie ist hmmm ...« Sie sollten so offen und ehrlich über Sex sprechen, wie Sie nur können. Weil es beim Thema Sex so viele Ängste gibt, neigen Mütter (und Töchter) dazu, indirekt zu kommunizieren und andere Leute als Beispiele heranzuziehen (»Über deinen Freund Sasha werden sich die Leute noch das Maul zerreißen«), vage, beiläufige Bemerkungen zu machen (»Sei vorsichtig, tu nichts, was ich nicht auch tun würde«) oder nur anzudeuten, worum es geht (»Ist das Top für die Schule nicht ein bisschen eng?«).

Seien Sie klug und direkt, nicht nur bei Ihrer Tochter, sondern auch bei sich selbst. Nehmen Sie Ihre eigenen Ängste und Probleme zur Kenntnis (schließlich hat jeder welche)

Und versuchen Sie, diese von denen Ihrer Tochter zu trennen. Auch müssen Sie in der Lage sein, Peinlichkeiten zu ertragen. »Ob ich jemals einen multiplen Orgasmus hatte? Na ja, das ist eine gute Frage, Schätzchen . . .« Wenn Sie Ihre Unwissenheit eingestehen können (»Sie hat den G-Punkt gefunden? Das ist ja toll. Was ist denn ein G-Punkt?«), wenn Sie zugeben können, dass Ihnen etwas peinlich ist (»O mein Gott, ich dachte, es geht um Geometrie!«), und wenn Sie versuchen, sich auf dem Laufenden zu halten, dann sieht Ihre Tochter Sie als eine echte Gesprächspartnerin. Wenn Sie ihr zuhören und ihr sagen, was Sie denken, ohne dabei Urteile zu fällen, spricht sie vielleicht mehr mit Ihnen, als Sie es sich hätten träumen lassen.

Blicken wir den Tatsachen ins Auge. Jede Frau weiß, dass es im Allgemeinen leichter ist, Sex zu haben, als über Sex zu sprechen. Aber wenn Sie sich klar machen, dass Sie nicht nur durch das gesprochene Wort mit Ihrer Tochter kommunizieren, fühlen Sie sich bestimmt weniger gehemmt und schüchtern. Es gibt jede Menge nichtverbaler Methoden, wie Sie Ihre Ideen und Informationen weitergeben können, und wahrscheinlich haben Sie sie alle schon einmal angewendet, ohne es zu merken. Seit Ihre Tochter ein Baby war und Sie sie zum ersten Mal auf den Arm genommen haben, haben Sie ihr ein Gefühl für die Freuden des Körpers gegeben. Die Art, wie Ihre Tochter geliebt und berührt wurde, hat ihr ein Muster dafür an die Hand gegeben, wie Liebe »geht«. Ihre Tochter hat Ihre körperliche Beziehung zu ihrem Vater oder einem anderen Partner miterlebt und dadurch ein Gespür entwickelt für den Unterschied zwischen Berührung, Zuneigung und Sexualität. Dass Sie ihr die Bedeutung der Privatsphäre und die Wichtigkeit von Grenzen erklärt haben, hat ihr geholfen, ihren Körper zu respektieren. Natürlich haben Sie ihr außerdem auch noch Ihre Wertvorstellungen und Maßstäbe mitgegeben, und das ist das Wichtigste.

Ihre ausgesprochenen und unausgesprochenen Botschaften haben Ihre Tochter in ihren grundlegenden Einstellungen zur Sexualität und ihr Selbstgefühl geprägt. Haben Sie sie immer wie die kleine Schönheitskönigin behandelt? Halten Sie es für ein Verbrechen, wenn eine Frau ohne Make-up das Haus verlässt? Haben Sie Ihrer Tochter erzählt, wie wütend Sie werden, wenn in einer Werbung Frauen abgewertet oder als Sexualobjekte dargestellt werden? Finden Sie, dass es keine große Sache ist, sie gelegentlich mal einen nicht jugendfreien Film ansehen zu lassen? Ist es für Sie okay, wenn Mädchen und Jungen gelegentlich zusammen übernachten? Finden Sie es falsch, wenn ein Mädchen allzu sportlich ist? Denken Sie mal darüber nach. Seit Kindertagen haben Sie und Ihr Mann Ihrer Tochter Botschaften darüber vermittelt, wie Sie zur weiblichen Sexualität und zur Beziehung zwischen den Geschlechtern stehen. Kein Wunder, wenn Ihre Tochter mit neun oder zehn Jahren ziemlich genau weiß, ob für Sie eher Pamela Anderson oder Madeleine Albright als Vorbild fortschrittlicher Weiblichkeit in Frage kommt.

Wenn Ihre Tochter in die Pubertät eintritt, ist es Zeit, Bilanz zu ziehen, was Sie Ihrer Tochter vermittelt haben, darüber nachzudenken, was sie aufgenommen hat, zu sehen, wie es sie beeinflusst hat, und zu begreifen, dass es ein Teil ihrer Person ist. Ein guter Test besteht darin, zu beobachten, was Ihre Tochter selbst von Sex hält und wie sie ihren Körper beurteilt. Fragen Sie sich dann: Hört sie mir zu, kapiert sie, was ich sage? Oder nickt sie zwar, dreht sich dann aber um und tut das Gegenteil? Vermittelt sie den Eindruck, als würde sie nicht mal im Traum auf die Idee kommen, mit Ihnen über Sex zu sprechen? Wenn Sie sich ein Bild davon verschafft haben, wo Ihre Tochter emotional steht, können Sie eher einschätzen, wie Sie richtig mit ihr reden können. Wenn Sie auch nur eine schwache Hoffnung haben wollen, erfolgreich zu sein, müssen Sie entschlüsseln, was Ihre Tochter sagt. Sind Sie klug und haben außerdem noch ein bisschen Glück, erfahren Sie nicht nur, was Ihre Tochter über Sex sagt, sondern auch, was sie über sich und ihren Körper denkt.

WIE SIE DIE SPRACHE IHRER TOCHTER DECHIFFRIEREN

ANNA: Mama, du weißt überhaupt nicht, wie deprimierend es ist, mit meinen Freundinnen zusammen zu sein. Die sind alle so hübsch. Ständig wollen die Jungs was von ihnen, nur von mir nicht.

Was sie damit wirklich meint, ist, dass sie sich unter Druck gesetzt fühlt, ebenso attraktiv zu sein wie ihre Freundinnen, und dass sie sehr unsicher ist, was ihr Aussehen angeht. Sie braucht ihre Mutter als Kompass, der ihr die Richtung weist und hilft, weniger selbstkritisch zu sein.

MARY ALICE: Die Jungs behandeln mich immer wie einen Kumpel. Meinst du, ich bin lesbisch?

Damit meint sie, dass sie sich ihrer Sexualität beziehungsweise ihrer sexuellen Identität unsicher ist. Sie müssen dafür sorgen, dass sie diesen Fragen gefahrlos und in Ruhe nachgehen kann. Das bedeutet, dass Sie ihr gelassen und geduldig zuhören müssen, ohne auszuflippen. Manche Mädchen haben Angst, sie könnten homosexuell sein, und springen, um sich zu beruhigen und vom Gegenteil zu überzeugen, mit dem nächstbesten Jungen ins Bett. Manche identifizieren sich auch mit Menschen, die über dieses Thema liberaler denken und gegenüber Homosexualität und anderen sexuellen Identitäten offener sind. Wieder andere Mädchen probieren verschiedene sexuelle Persönlichkeiten, ohne recht zu verstehen, was diese bedeuten. »Ich bin bisexuell, transsexuell, polysexuell ...«

Die Liste ist endlos, bei allem wird probiert, ob es passt. Vielleicht schlagen Sie Ihrer Tochter vor, einen Psychologen aufzusuchen.

JILL: Ich will mir unbedingt ein Bauchnabelpiercing machen lassen. Alle in der Schule haben eins. Möchtest du etwa, dass ich eine Außenseiterin bin?

Letztlich spricht sie darüber, dass sie sich selbst definiert, indem sie eine sichtbare Botschaft über ihre Unabhängigkeit und ihre Sexualität aussendet. Für viele heranwachsende Mädchen sind Piercings und Tätowierungen eine Art Initiationsritus – die coolste Art, sich ihrer Generation zugehörig zu fühlen. Setzen Sie Ihren gesunden Menschenverstand ein. Reden Sie mit Ihrer Tochter, und finden Sie heraus, wie wichtig so ein Schritt für Ihre Tochter, und für Sie selbst ist. Wenn Sie wissen, warum Ihre Tochter ihren Nabel durchstechen lassen will, können Sie immer noch ja oder nein sagen. Sie können mit ihr über andere Möglichkeiten sprechen, wie man zeigt, dass man erwachsen ist. Vielleicht treffen Sie eine Vereinbarung mit ihr, dass sie es machen kann, wenn sie ein bestimmtes Alter erreicht hat und es dann immer noch will. Aber glauben Sie nicht, dass Sie es ihr ausreden können. Am besten ist es, wenn Sie etwas sagen wie: »Mir wäre es lieber, du würdest es nicht tun. Aber dein Körper gehört dir, deshalb hast du das letzte Wort.« Viele Mädchen machen sich einfach auf den Weg, tun, was immer sie wollen, und provozieren so eine heftige Auseinandersetzung mit ihrer Mutter. Entscheidet sich Ihre Tochter für diese Version, sehen Sie es (wenn Sie sich ein wenig erholt haben) als Chance, mit ihr über Ihre Beziehung und über andere Verhaltensmöglichkeiten zu sprechen. Nutzen Sie es für den Prozess.

KAITLIN: Der ist ein echt übler Typ. Er geht mit den coolsten Mädels aus. Ich wünschte, er würde mich auch mal anrufen.

Heißen Sie Ihre Tochter in der wundervollen Welt der Frauen willkommen, in der die bösen Jungs immer interessanter und begehrter sind als die braven. Raten Sie ihr, den gesunden Menschenverstand nicht gänzlich in den Wind zu schlagen. Und wünschen Sie ihr dann viel Spaß.

BRITTANY: Das Leben ist Scheiße. Ich werde in sexy Unterwäsche nie richtig toll aussehen.

Das könnte eine Menge verschiedener Sachen bedeuten, vielleicht aber auch gar nichts. Aber achten Sie sicherheitshalber auf Anzeichen gestörten Essverhaltens, Depressionen oder frühreifer Sexualität. Ihre Tochter hat das Gefühl, dass sie den attraktiven Dessous-Models nicht das Wasser reichen kann, meint aber, diesen Anspruch an sich stellen zu müssen.

ASHLEY: Mama, Sex und Liebe sind ein Mythos. Der hat doch längst ausgedient. Ich will überhaupt keinen Freund.

Damit teilt sie Ihnen mit, dass sie gerade gelernt hat, dass Sex und Beziehung nicht unbedingt zusammengehören. Hören Sie ihr noch ein bisschen weiter zu, dann bekommen Sie vielleicht mit, dass Ihre Tochter Angst vor Enttäuschungen hat und sich minderwertig fühlt. Sie fürchtet, dass sie auf einen Jungen, den sie mag, vielleicht nicht anziehend genug wirkt. Sie möchte ihre Mutter davon überzeugen, dass die Zeiten sich geändert haben und dass sie eine progressive Einstellung zu diesem Thema hat. Aber vielleicht hat sie in Wahrheit hauptsächlich Angst, die sie mit diesem freiheitlichen Statement überdecken möchte. Bitten Sie Ihre Tochter, sich ein paar Beispiele für starke, liebevolle Beziehungen einfallen zu lassen.

FRAN: Ich kann mit Alkohol umgehen, ein paar Drinks pack ich locker weg. Dann fühle ich mich gleich viel entspannter.

Ich hab mehr Spaß, aber ich werde nie so betrunken, dass ich die Kontrolle verliere oder nicht mehr weiß, was ich tue.

Wenn es um Alkohol und Drogen geht, kommt es leicht zu Überreaktionen. Genau genommen ist es schwer, bei diesen Themen *nicht* überzureagieren. Jede Mutter macht sich Sorgen darüber, dass ihre Tochter suchtgefährdet sein könnte. Aber es geht nicht nur um Sucht und Abhängigkeit. Sorgen nutzen weder Ihnen noch Ihrer Tochter, wenn sich hier wirklich ein Problem anbahnt. Sobald Sie ernste Anzeichen wahrnehmen, müssen Sie handeln. Suchen Sie umgehend Hilfe bei einer qualifizierten Drogenberatung. Wenn Sie das Gefühl haben, dass Ihre Tochter Alkohol und Drogen benutzt, um sich sozial und sexuell freier zu fühlen, sollten Sie ihr deutlich machen, was in einem solchen Fall alles passieren kann. Erklären Sie Ihrer Tochter die sozialen, medizinischen und juristischen Konsequenzen von Verhaltensweisen wie übermäßigem Alkoholgenuss, Ausweisfälschung und Trunkenheit am Steuer. Außerdem müssen Sie natürlich darüber *Bescheid wissen*, mit welchen legalen Konsequenzen Sie selbst zu rechnen haben.

ROSALIE: Ich kriege von den Jungs nur deshalb Aufmerksamkeit, weil sie denken, sie können mich leicht flachlegen. Einen richtigen Freund finde ich bestimmt nie.

Hier spricht ein Mädchen mit einem schwachen Selbstwertgefühl. Es denkt so schlecht über sich selbst, dass es meint, beim anderen Geschlecht dadurch Aufmerksamkeit erregen zu müssen, dass es sexuelle Gefälligkeiten verteilt. Wenn sich das, was Ihre Tochter sagt, so oder ähnlich anhört, sollten Sie mit ihr über Selbstachtung und über ihre Sexualität sprechen.

MELANIE: Wir treffen uns bei Emily, nur wir und ein paar Freundinnen, auch ein paar Jungs. Nichts Großartiges. Warum willst du denn immer wissen, ob ihre Eltern zu Hause sind?

Verabredungen, wie Sie sie kennen, gehören heute der Vergangenheit an. Ihre Tochter lässt Sie wissen, dass sie und ihre Freundinnen sich mit Jungen treffen. Sprechen Sie mit ihr über die Grenzen, die Sie für angemessen halten, und versuchen Sie diese Grenzen mit dem auszubalancieren, was Ihre Tochter für ihr engagiertes Sozialleben als notwendig erachtet. Es ist sehr wichtig, diesen Dialog aufrechtzuerhalten und nicht zu einem Kontrollkampf verkommen zu lassen.

Nachdem Sie dechiffriert haben, was Ihre Tochter Ihnen sagen will, überlegen Sie nun, was Sie ihr eigentlich mitteilen, wie Sie dies tun und was es für Ihre Tochter bedeutet (wenn es ihr überhaupt etwas bedeutet). Kurz gesagt: Übernehmen Sie die Verantwortung für Ihren Beitrag zum Prozess. Für viele Mütter ist es am bequemsten, wenn sie beim Thema Sex restriktive Meinungen vertreten, Ängste betonen und möglichst oft auf Verboten herumreiten. Natürlich müssen Sie die Gefahren von ungeschütztem oder gefährlichem Sex, Aids und Vergewaltigung klar benennen, aber wenn Sie nur wertend oder einschränkend über Sex sprechen, blendet Ihre Tochter Sie irgendwann einfach aus. Wenn Sie ihr Angst vor Sex machen, trifft sie als Reaktion wahrscheinlich genau die falschen Entscheidungen, statt auf ihr Gefühl zu hören, was für sie das Beste wäre. Die Botschaft, dass Sex etwas Schlechtes ist und dass mit Ihrer Tochter etwas nicht stimmt, macht sie hilflos. Negative Botschaften führen bei Ihrer Tochter zu der Überzeugung, dass sie keine Kontrolle über das hat, was mit ihrem Körper geschieht. Wenn Sie ihr helfen, sich selbst besser zu verstehen, wenn Sie ihr zeigen, dass sie diejenige ist, die zu bestimmen hat, helfen Sie ihr, sich nicht schlecht und überfordert zu fühlen – und dann weiß sie viel eher, wann sie ja und wann sie nein sagen soll.

Wenn es um Sex geht, muss Ihre Tochter oft überhaupt nichts sagen, und Sie verstehen trotzdem eine ganze Menge. Mit ein bisschen Beobachtungsgabe haben Sie gute Chancen, ihren Blick, ihre Haltung, ihre Reaktionen, ihre Kleidung, ihren Protest zu entschlüsseln. Gerade beim Thema Sex drücken Mädchen ihre Gedanken, Gefühle und Probleme durch ihren Körper aus. Fühlt sich Ihre Tochter gut, sehen Sie das daran, wie sie sich um ihr Äußeres kümmert und wie viel Freude sie an ihrer neu entdeckten sexuellen Anziehungskraft hat. Mädchen mit Schwierigkeiten signalisieren ihre Probleme auf verschiedenste Art. Zum Beispiel nehmen sie zu oder halten streng Diät. Sie verlieren jeden Spaß an körperlichern Aktivitäten – ein solches Mädchen bleibt zu Hause im Bett, schaut sich seine Lieblingsserien im Fernsehen an, und seine wichtigste Beziehung zum männlichen Geschlecht ist die zu Chandler aus *Friends*. Ein anderes Mädchen weigert sich, sein sexuelles Verhalten ernst zu nehmen, ignoriert strikt dessen Folgen und verschließt die Augen vor den Gefahren, schwanger zu werden oder sich mit einer Geschlechtskrankheit anzustecken. Dann gibt es natürlich noch das Mädchen, das jedes Sexmärchen glaubt, das ihm zu Ohren kommt: »Wenn man die Periode hat, kann man nicht schwanger werden«, oder: »Von Oralsex kann man kein Aids kriegen.«

Konformität, einschließlich sexueller Konformität, spielt im pubertären Verhalten eine große Rolle. Schlank zu sein und sexy *auszusehen* – das ist das A und O. Überall lauert die Angst davor, anders zu sein als die anderen. Schwierig ist nur, dass man in einer Phase, in der sich jedes Mädchen auf eine ganz eigene, unterschiedliche Art entwickelt, kaum konform sein kann. Mädchen haben nicht die Erfahrung und Perspektive, um diesen Widerspruch zu sehen; jedes Mädchen glaubt, alle anderen kommen blendend zurecht und es sei das Einzige, bei dem Probleme auftauchen. Manche Mädchen lösen diese Spannung, indem sie mit ihren Freundinnen über ihre

Unsicherheiten sprechen. Andere sind zu verklemmt, um darüber zu reden.

Wenn Sie der Auffassung sind, dass Ihre Tochter es schwer hat, die richtige Perspektive und das richtige Gleichgewicht zu finden – für Sie selbst kann dies ebenso schwierig sein. Sex ist der Bereich, in dem die Mütter mit der höchsten Wahrscheinlichkeit in irgendeine Richtung übertreiben. Manche sind zu tolerant. Die Mutter, die ihrer Tochter so gut wie alles durchgehen lässt, kompensiert wahrscheinlich ihre eigene repressive Jugend. Sie gibt ihrer Tochter die »Freiheit«, die sie sich selbst gewünscht hätte. Warum kommt ihre Tochter dann aber nicht besser mit ihrem Körper und ihrer Sexualität zurecht? Weil sie diese Freiheit leicht als Mangel an Kommunikation und Führung erlebt. Aber wenn moderne Themen Sie so verwirren, dass Sie praktisch handlungsunfähig werden, liegt es meist daran, dass Sie es nicht schaffen, ein Gleichgewicht zwischen gesunden elterlichen Grenzen und Einmischung zu finden. Wenn Ihre Tochter in soliden Wertvorstellungen verankert ist und die Regeln kennt, ist das Leben leichter für sie. Sie kann mit schwierigen Situationen besser umgehen und den Druck, unter dem sie unweigerlich steht, dadurch verringern, dass sie Ihnen die Rolle des Schurken zuschiebt. Zum Beispiel sagt sie dann zu einem aufdringlichen Jungen: »Ich würde ja furchtbar gern mit dir kommen, aber dann bringt meine Mutter mich um, ich kriege einen Monat Hausarrest, und das halte ich nicht aus, ehrlich.«

Manche Mütter sind zu ängstlich. Beim ersten Anzeichen, dass ihre Tochter Sex haben könnte, wird sie sofort zum Gynäkologen geschleppt, um sie untersuchen und ihr Verhütungsmittel verschreiben zu lassen – ob die Tochter das nun will oder nicht. (Dadurch vermittelt die Mutter ihrer Tochter unwissentlich die Botschaft, dass sie sexuell aktiv sein *sollte*.) Offensichtlich wollen solche wohlmeinenden Mütter ihre Töchter vor einer ungewollten Schwangerschaft schützen, aber es kann gut sein, dass ihre Tochter keineswegs den vermuteten Verkehr gehabt hat, sondern gerade erst angefangen hat, Sex zu erforschen. Manche Mutter ist zu konkurrenzorientiert. Vielleicht möchte sie, dass ihre Tochter Erfolg hat, weil sie selbst gut dastehen will. Ihre Tochter muss schlank, hübsch und beliebt sein. Die Mutter behandelt die Freunde ihrer Tochter, als hätte sie sie erobert. Sie tratscht mit ihren Freundinnen über die Beziehungen ihrer Tochter, als wären sie ihre eigenen. Zwar achtet sie haargenau darauf, wie beliebt ihre Tochter ist und wie es mit den Jungs läuft, aber über Sex spricht sie so gut wie gar nicht mit ihr. Sie geht einfach davon aus, dass ihre Tochter das von ihrem Freund lernt – warum sollte sie denn das Bedürfnis haben, mit ihrer Mutter über Sex zu reden? Solche Mütter haben meistens auch selbst nie mit *ihren* Müttern über Sex gesprochen. So fühlt sich ihre Tochter unsicher und leer ohne Freund; sie ist auf dem besten Wege, ihre Attraktivität als Ticket zum Erfolg zu sehen.

Manche Mütter sind überbehütend. Oft projizieren sie ihre eigenen Probleme mit den Themen Sex und Beziehung (beispielsweise Scheidung, Verlassenwerden, Missbrauch) auf ihre Tochter. Sie haben Angst, dass ihre Töchter von der Liebe verletzt werden könnten. Ein solches Mädchen darf sich nicht sexy anziehen und soll sich von Jungen fern halten. Ihre Mutter merkt nicht, wie direkt ihre eigene Problematik die Einstellungen und Entscheidungen ihrer Tochter beeinflusst. Weil ihre Mutter es ihr schwer bis unmöglich macht, sich mit ihren sexuellen Gefühlen und der Aufmerksamkeit der Jungen gut zu fühlen, leiden irgendwann das Selbstwertgefühl und das Körperbild des Mädchens.

Manche Mütter sind auch zu schüchtern, um über Sex zu sprechen. Manchmal fällt es einer Mutter schwer, ihre Tochter heranwachsen zu sehen; sie möchte lieber nicht so genau mitkriegen, was da vorgeht. Sie denkt, dass ihre Tochter in der Schule oder von ihren Freundinnen auch ohne ihr Zutun alles über Sex erfährt, wie es auch bei ihr selbst der Fall war (auch sie hat mit ihrer Mutter nicht über Sex gesprochen).

Schließlich gibt es noch die Mütter, die darauf brennen, ihrer Tochter *alles* zu erzählen. Für diesen Muttertyp ist die freiheitliche Einstellung die beste Methode, »sexuelle Probleme« bei ihrer Tochter abzuwenden. Sie macht ihrer Tochter klar, dass von ihr erwartet wird, sich wie ein sexuelles Wesen zu benehmen. Unwissentlich schickt sie ihre Tochter in die Welt hinaus mit der Botschaft: »Du bist vierzehn. Du bist eine Frau. Also leg los!«

Wenn Sie mit Ihrer Tochter über Sex reden, sollten Sie auf Folgendes achten:

- Lassen Sie sie wissen, dass es wichtig ist, nein sagen zu können. Sie sollte stets in der Lage sein, etwas abzulehnen (ohne Begründung, ohne Entschuldigung), wenn es sich nicht richtig für sie anfühlt.
- Lassen Sie die positiven Seiten des Sex nicht unerwähnt (Sex ist ein schönes Gefühl, ein Ausdruck von Liebe), ohne gleich Ihr ganzes Sexualleben zu offenbaren.
- Machen Sie ihr klar, dass Sex viel mehr ist als nur der Sexualakt. Es ist die Freude des Begehrens, Erwartung, Zuneigung, Intimität, Lachen, wenn man nackt ist.
- Erklären Sie ihr, dass Sex auch außerhalb kitschiger Liebesfilme und trotz *Sex and the City* immer noch etwas mit Liebe zu tun hat. Alle weiblichen Teenager suchen nach Liebe; romantische Liebe ist die wichtigste Bestätigung ihrer Sexualität und ihres Selbstgefühls als heranwachsende Frau.
- Vermitteln Sie ihr das Gefühl, dass sie experimentieren und erforschen kann. Auch wenn sie manches vielleicht bereut, muss sie sich noch lange nicht schwach oder hilflos fühlen. Es ist ihr Körper, sie trifft ihre eigenen Entscheidungen. Ihre Aufgabe besteht darin, Ihre Tochter zu ermutigen, die Verantwortung für ihre Entscheidungen zu übernehmen, aber sie sollten darauf achten, dass Sie nicht belehrend wirken oder in sonst einer Weise übers Ziel hinausschießen. Was immer Sie zu sagen haben, es hilft, langsam anzufan-

gen und so klar und direkt zu sein, wie Sie nur können. Wenn Sie Ihre Tochter erschrecken, weil Sie selbst vor etwas Angst haben, oder wenn Sie gern schicksalsschwangere Warnungen über das Leben ausstoßen, steigt die Wahrscheinlichkeit, dass Ihre Tochter Ihre Ermahnungen über Sex einfach in den Wind schlägt.

- Versichern Sie ihr, dass Sie ihre Privatsphäre respektieren. Fügen Sie hinzu, dass Sie zur Verfügung stehen und Interesse zeigen werden, wenn Ihre Tochter Ihnen Hinweise darauf gibt, dass etwas ihr zu schaffen macht.
- Machen Sie die Probleme Ihrer Tochter nicht schlimmer. Seien Sie für sie da. Stellen Sie klar, dass sie zu Ihnen kommen kann, wenn sie in Schwierigkeiten ist, und dass Sie nicht ausflippen, wenn sie Ihnen ihre Probleme anvertraut.
- Seien Sie ein gutes Rollenvorbild. Genießen Sie Ihre eigene Sexualität. Seien Sie stolz, wenn Sie das Glück haben, in einer starken Beziehung oder einer glücklichen Ehe zu leben.
- Wenn Sie ein richtig entspanntes Verhältnis zu Ihrer Tochter haben, lassen Sie sie wissen, dass es unglaublich Spaß macht, das Thema Sex offen und mit Humor zu behandeln.

Und hier noch einige Dinge, die Sie lieber *nicht* tun sollten:

- Überschütten Sie Ihre Tochter nicht mit Informationen, um die sie nicht gebeten hat.
- Geben Sie ihr keinen Grund, Ihnen beweisen zu wollen, dass Sie sich geirrt haben. Wenn Sie sagen: »Du bist viel zu jung, um mit einem Jungen aus der Oberstufe auszugehen. Und außerdem viel zu naiv«, dann ist das praktisch eine Einladung für sie, zu beweisen, dass sie eine sexuelle Person ist.
- Seien Sie weder zu klinisch noch zu derb, wenn es um Sex geht.
- Schwelgen Sie nicht in Erinnerungen an Ihre eigene Ju-

gend, es sei denn, Sie wollen Ihrer Tochter damit etwas illustrieren, was für ihr eigenes Leben wichtig ist.

- Schwingen Sie sich nicht zu ihrem Manager auf. Sie spielen mit dem Feuer, wenn Sie Ihrer Tochter etwas aufdrängen – sei es ein Paar hochhackige Schuhe oder eine Beziehung mit einem Jungen.
- Sprechen Sie mit ihr nicht über Ihre Hoffnungen und Träume oder Ihre Enttäuschung über Männer. Ihre Tochter ist eine eigenständige Person. Sie können sie nicht vor all den bedauerlichen Dingen schützen, die Sie durchgemacht haben.
- Machen Sie nicht aus jedem Freund gleich einen Schwiegersohn.
- Begehen Sie keinen Vertrauensbruch. Ihre Tochter muss wissen, dass sie sich hundertprozentig auf Sie verlassen kann.

Wenn es um Sex geht, besteht Ihre Aufgabe darin, alle Fragen Ihrer Tochter zu beantworten, ihre Sorgen zu respektieren, eine gesunde Einstellung zu unterstützen und zu wissen, dass ihre Körperbildprobleme die zuverlässigsten Indikatoren dafür sind, wie gut sie mit ihrer Sexualität zurechtkommt. Akzeptieren Sie Ihre Tochter als sexuelles Wesen. Denken Sie daran, dass ein bisschen gesunder Menschenverstand viel bewirken kann. Und versuchen Sie sich so weit zu entspannen, dass Sie die Sexualität Ihrer Tochter genießen können. Bewundern Sie sie, lachen Sie mit ihr, freuen Sie sich daran, wie großartig sie aussieht.

Zehn Dinge, die Sie Ihrer Tochter zum Thema Sex niemals sagen sollten

1. »Wenn du dir ständig Chips reinpfeifst, findest du nie einen Freund.« (Das muss sie schon selbst herausfinden.)
2. »*Was* hast du mit ihm gemacht?« (Vielleicht sind Sie ja zutiefst geschockt, aber es hilft nichts, wenn Sie sich auch so verhalten.)
3. »Komm, das sagen wir Papa!«, oder »Was würde Papa dazu sagen?« (Manche Dinge gehen nur Mutter und Tochter etwas an.)
4. »Als *ich* in deinem Alter war ...« (Wen interessiert das denn?)
5. »Ich hoffe, du benutzt ein Verhütungsmittel. Brauchst du ein paar Kondome?« (Lassen Sie ihr Raum, selbst danach zu fragen.)
6. »Was macht Emily eigentlich mit Tom?« (Stecken Sie Ihre Nase nicht in anderer Leute Angelegenheiten.)
7. »Was für ein Junge würde schon mit dir ausgehen, wenn du ...« (Diese Frage ist schon in grauer Vorzeit abgeschafft worden.)
8. »Schätzchen, sei doch nicht so schüchtern. Ruf ihn einfach an.« (Das ist furchtbar aufdringlich. Lassen Sie Ihre Tochter in Frieden.)
9. »Bei *mir* standen die Jungs immer Schlange.« (Was soll dieses Konkurrenzgetue?)
10. »Mach dir keine Sorgen, wenn du noch keinen Freund findest. Geh lieber zum Sport. Wenn du erst mal an der Uni bist, hast du noch mehr als genug Zeit für Jungs.« (Geht es hier um das, was *Sie* wollen, oder um das, was Ihre Tochter will?)

KAPITEL 10

Wann besteht Grund zur Besorgnis, wann müssen Sie eingreifen, wie können Sie helfen?

EIN GEWISSES MASS an emotionalem Tumult ist in der Pubertät ganz normal, aber zwischen altersgemäßer Unsicherheit und wirklich ernsten Problemen besteht ein großer Unterschied. Oft weiß man nicht recht, wie man auf die aktuelle Problemwelle reagieren soll, die ein Mädchen gerade überschwemmt: Essstörungen, Depressionen und Suizidgefahr, Selbstverletzung, Drogen, Gewalt an der Schule, Verabredungen, sexuelle Gewalt. Die heutigen Probleme sind möglicherweise krasser als die, mit denen Sie sich in Ihrer Jugend herumschlagen mussten. Manche Mütter reagieren so nervös, dass sie entweder jeden Hinweis auf irgendwelche Schwierigkeiten ignorieren, oder sie fallen ins andere Extrem, entwickeln einen detektivischen Eifer und wittern überall Probleme.

Eine Mutter, die Probleme ausblendet, wiegt sich in einem falschen Sicherheitsgefühl, das verhindert, dass sie Symptome frühzeitig erkennt. Wenn ihr dann nichts anderes mehr übrig bleibt, als zur Kenntnis zu nehmen, dass ihre Tochter in Schwierigkeiten steckt, ist sie erst einmal völlig perplex. Für gewöhnlich verschlimmert sich die Situation noch eine ganze Weile, bis sie begreift, dass Hilfe vonnöten ist.

Auf der entgegengesetzten Seite des Spektrums befindet sich die Mutter, die sich in eine Detektivin verwandelt und auf der Pirsch nach Problemen auch immer welche findet. Höchstwahrscheinlich zieht sich ihre Tochter von ihr und ihrem ständigen Nachbohren, ihrer Besorgnis und ihrer Neigung zu Überreaktionen zurück, und die Beziehung leidet darunter. Für das Mädchen ist die Sorge der Mutter nichts als unerwünschte Einmischung, deshalb setzt es alles daran, sie sich vom Leib zu halten. Und wie kann ein Mädchen einer Mutter vertrauen, die ihm selbst allem Anschein nach nicht vertraut? Das Ergebnis ist, dass Probleme – die mit Sicherheit auftauchen – nicht effektiv angegangen und bewältigt werden können.

Selbst Mütter, die bereit sind zuzuhören, zu lernen und sich mit den Problemen ihrer Töchter auseinander zu setzen, sind oft unsicher, wie und wann sie eingreifen müssen. Ein Gleichgewicht zu finden zwischen Vernachlässigung und übertriebener Wachsamkeit ist keine leichte Aufgabe. Manchmal ist nicht einmal klar ersichtlich, mit *wessen* Problem man es eigentlich zu tun hat. Eine Familiensituation – alles von Scheidung über Alkoholismus, Krankheit, Umzug, Arbeitslosigkeit bis zu häuslicher Gewalt – beeinflusst sämtliche Mitglieder einer Familie, aber niemand leidet darunter so wie Ihr heranwachsendes Kind. Das Problem muss Ihre Tochter nicht einmal direkt betreffen, um sie enorm zu beeinträchtigen.

Vielleicht bemerken Sie nicht einmal, dass Ihre Tochter leidet. Vielleicht reagiert sie auf die Vorgänge in Ihrer Familie mit einem gelassenen: »Das ist doch nicht mein Problem«. Aber obwohl sie die Letzte ist, die ihre Gefühle zugibt, kann es gut sein, dass sie diese als Erste zeigt. Wie der Kanarienvogel im Kohlebergwerk signalisiert Ihre Tochter, wie ernst das Familienproblem ist. Und höchstwahrscheinlich zeigt sie ihre Betroffenheit auf körperliche Weise.

Dies kann auf ganz unterschiedliche Arten geschehen. Ein Mädchen fühlt sich vielleicht wieder in die Familie hineingezogen, von der es sich eigentlich lösen möchte. Vielleicht erscheint die Familie so gestört und dysfunktional, dass die Heranwachsende das Gefühl hat, *irgendjemand* muss doch vernünftig sein, und sie fängt an, sich wie besessen um ihre Attraktivität zu kümmern – um den Bereich, den sie unter Kontrolle zu haben glaubt. Ein anderes Mädchen leidet so unter den Familienproblemen, dass es seine Verzweiflung ausagiert, indem es sich überhaupt nicht mehr um sein körperliches Wohlergehen kümmert. Es isst zu viel, nimmt Drogen oder hat ungeschützten Sex. Die Ironie solcher Situationen liegt darin, dass einem Mädchen, das auf das Familienproblem reagiert, oft fälschlicherweise die Schuld an ebendiesen Schwierigkeiten in die Schuhe geschoben wird, sozusagen, weil es den Alarm ausgelöst hat. Doch wenn so ein Mädchen als dasjenige abgestempelt wird, das Hilfe nötig hat, obwohl das Problem in Wirklichkeit bei der ganzen Familie liegt, wird es verständlicherweise wütend und ist wenig geneigt, diese Hilfe anzunehmen.

Handeln Sie klug: Trennen Sie die Probleme der Familie strikt von denen Ihrer Tochter. Versuchen Sie, zu Hause eine Atmosphäre zu schaffen, in der alle möglichen Schwierigkeiten ohne Angst vor Scham oder Repressalien besprochen werden können. Denken Sie daran: Wachsam sein ist nicht das Gleiche wie sich Sorgen machen. Schuldzuweisungen sind ebenso wenig hilfreich. Sobald Sie merken, dass es ein Problem gibt, lautet die angemessene Frage: »Wie können wir es lösen?« Aber wenn die Zeichen nicht so klar sind, wenn es keine erhebliche Gewichtszunahme gibt und auch nicht ständig irgendwelche Alkoholika auf unerklärliche Weise verschwinden, wie können Sie trotzdem erkennen, dass es Ihrer Tochter nicht gut geht und sie mit etwas nicht zurechtkommt?

Zuerst einmal müssen Sie lernen, die entsprechenden Alarmzeichen zu erkennen. Es gibt einige klassische Warnsignale für emotionale Probleme, und Sie müssen nur Ausschau halten nach der persönlichen Variante Ihrer Tochter. Hat sie zum Beispiel immer gern gegessen und behauptet jetzt plötzlich ständig, sie hätte keinen Hunger, ist das eindeutig eine rote Flagge. Lernen Sie, welche Schritte Sie unternehmen müssen, wenn Ihre Tochter Hilfe braucht, und wo Sie diese bekommen.

Dann sollten Sie sich unbedingt auf Widerstand gefasst machen. Vielleicht gibt es Mädchen, denen es nicht schwer fällt, um Hilfe zu bitten, aber in den meisten Fällen bemühen sie sich, ihre Probleme zu verbergen, aus Angst, lächerlich gemacht, stigmatisiert, wie ein Kind behandelt zu werden oder Vorwürfe zu bekommen. Möglicherweise lehnt es Hilfe komplett ab, weil Schuld und Scham zu groß sind. Oder es leugnet sein Problem zunächst vehement, um dann – was bei Mädchen recht häufig vorkommt – Ihnen oder sonst irgendjemandem die Verantwortung zuzuschieben. Diese Art Widerstand ist sehr schwer zu durchbrechen.

Alles in Ihrer Macht Stehende zu tun, um Ihrer Tochter professionelle Hilfe – durch einen Psychotherapeuten, Ernährungsberater, Arzt oder ein Gesundheitszentrum – angedeihen zu lassen, gehört ebenso unabdingbar zu Ihrer Rolle als Mutter, wie Sie auch dafür sorgen, dass Ihre Tochter regelmäßig zur Schule geht und genügend Schlaf bekommt. Nicht eingeschlossen sind allerdings:

- Erpressung (die ohnehin nie funktioniert).
- Manipulation (die sich letztlich als ebenso unwirksam erweist).
- Der Versuch, Ihre Tochter auszutricksen, indem Sie ihr sagen, sie solle einem anderen Familienmitglied zuliebe eine Therapie machen.

Seien Sie ehrlich zu Ihrer Tochter. Seien Sie bereit, auch den schmerzhaftesten Problemen ins Auge zu blicken und Ihre eigene Rolle dabei vor allen Beteiligten zuzugeben. Es ist wichtig, so viel Vertrauen zu schaffen, dass Ihre Tochter mit Ihnen an den anstehenden Problemen arbeiten kann.

Auf den folgenden Seiten stelle ich einige der häufigsten emotionalen Probleme dar, von denen Mädchen im Teenageralter heimgesucht werden. Manche nehmen ihren Anfang bereits in der Kindheit, andere haben genetische Komponenten, die sich aufgrund der körperlichen, hormonellen und psychischen Veränderungen der Pubertät verschärfen. Die meisten aber entstehen durch den von jedem Heranwachsenden geforderten Anpassungs- und Reifungsprozess.

ANGSTSTÖRUNGEN

Wie erkennt man eine Angststörung? Eine Angststörung ist Angst, die sozusagen explodiert, irrational wird und anfängt ein Eigenleben zu führen. Normale Angst ist die Reaktion, die uns einem auf uns zurasenden Auto aus dem Weg springen lässt. Bei einer Angststörung weichen wir zwar ebenfalls aus, leben aber von nun an in der Überzeugung, dass jedes Auto, das wir sehen, uns überfahren wird.

Angststörungen umfassen generalisierte Angst, Phobien, Zwangsneurosen, Panikattacken und Stresssyndrome. Der rote Faden ist exzessive Angst, die dazu führt, dass Gedanken und Verhalten von beständigen Sorgen beherrscht werden. Die mit einer Angststörung verbundenen unrealistischen Ängste können nicht mit Hilfe des gesunden Menschenverstands und der Vernunft gemildert werden.

Oft zeigen Teenager normale Angst vor Situationen, die neu für sie sind. Dank ihrer Unerfahrenheit und Unreife verfügen sie beispielsweise nicht über das Rüstzeug, um entspannt zu einer Party zu gehen, auf der sie niemanden kennen, oder vor vierzig wildfremden Zuhörern einen Aufsatz persönlichen Inhalts zu verlesen. Solche Art von Angst ist kein Grund zur Besorgnis.

Alarmiert sein sollten Sie allerdings, wenn Ihre Tochter regelrecht überwältigt zu sein scheint und mit ihrer Angst auf selbstzerstörerische Weise umzugehen versucht. Wenn Sie ein solches Verhaltensmuster beobachten (und Ihre Tochter es hoffentlich auch merkt), ist es an der Zeit, professionelle Hilfe zu suchen. Eine angemessene Intervention ist in diesem Stadium enorm wirkungsvoll und wendet meist längerfristige emotionale Probleme ab.

Arten von Angststörungen

Als *generalisierte Angststörung* bezeichnet man Sorgen und Ängste, die einige Monate lang anhalten, sich aber nicht spezifisch auf eine bestimmte Situation beziehen. Generalisierte Angst entwickelt die folgenden fünf Symptome und Warnsignale, die einzeln, aber auch in Kombination miteinander auftreten können:

1. Die Heranwachsende ist rastlos und unruhig, nervös, gereizt und angespannt. Sie schiebt alle ihre Probleme auf ihren Körper, aber sobald ihr jemand einen Vorschlag macht, was sie dagegen unternehmen könnte, geht sie in die Luft und beschuldigt den Betreffenden, er hätte behauptet, sie sei hässlich.
2. Sie hat Konzentrationsprobleme und manchmal sogar einen totalen Blackout. Möglicherweise hat sie Angst vor Klassenarbeiten, vergisst wichtige Informationen, bringt Zeiten und Daten durcheinander oder kommt mit ihren üblichen Pflichten auf einmal nicht mehr zurecht. Sie ist unfähig, Entscheidungen zu treffen, und erstarrt förmlich vor Angst, wenn sie daran denkt, dass etwas schief gehen könnte.
3. Sie hat Schlafprobleme. Sie klagt über Schlaflosigkeit, Albträume und dass sie mitten in der Nacht aufwacht. Ihr Schlafrhythmus ist vollkommen durcheinander, womöglich schläft sie tags und liegt die ganze Nacht wach.
4. Sie ist extrem schüchtern und fühlt sich unter Menschen nicht wohl. Solche Mädchen wären am liebsten unsichtbar

und machen oft etwas an ihrem Äußeren für ihre Schüchternheit verantwortlich – beispielsweise, dass sie nicht die richtigen Klamotten tragen oder nicht so schlank sind wie andere Mädchen.

5. Sie vermeidet neue Situationen, selbst wenn alles darauf hindeutet, dass sie ihr Spaß machen werden. Sie erfindet Ausreden, warum sie nicht ausgehen kann: Ihre Haare sind nicht richtig, ihre Jeans passen nicht mehr. Sie ist so gehemmt, dass sie sich ständig vorstellt, von anderen Leuten kritisch beobachtet zu werden, wodurch sie sich noch unattraktiver fühlt.

Eine *Phobie* ist eine Art Angststörung, bei der hartnäckige, intensive Angst als Reaktion auf einen bestimmten Reiz und einen unbewussten verbotenen Wunsch auftritt. Manchmal entsteht eine Phobie infolge einer traumatischen Situation (Scheidung, Tod eines Elternteils, Verlust eines guten Freundes). Viele Teenager entwickeln leichte Phobien als Reaktion auf Stress, doch diese verschwinden mit zunehmender Lebenserfahrung und Kompetenz.

Ernstere phobische Reaktionen können die Bewegungsfreiheit allerdings stark beeinträchtigen und sogar lähmend wirken. Dazu gehören *Panikattacken*, *akute Stresssymptome* und das *posttraumatische Stresssyndrom*. Wenn eine Heranwachsende unter Panikattacken oder Stresssymptomen leidet, erlebt sie akute emotionale Angst zusammen mit körperlichen Symptomen, die so heftig sind, dass sie zum Beispiel glaubt, einen Herzanfall zu haben oder sterben zu müssen. Panikattacken treten unvermittelt auf, anscheinend wie ein Blitz aus heiterem Himmel, ohne spezifischen Auslöser, und können ein traumatisches Ereignis wieder beleben. Sie können sowohl einmalig als auch mehrfach vorkommen.

In dem Versuch, die Panikattacken und Stresssymptome zu bekämpfen, setzt eine Heranwachsende mitunter alles daran, ihre Gefühle und Gedanken unter Kontrolle zu halten, indem sie Verhaltensweisen entwickelt, die alle mit dem erlittenen Trauma verbundenen Erinnerungen und Emotionen abwehren sollen. Hier liegt oft der Ursprung von Essstörungen, Selbstverletzung und vielen anderen Körperbildstörungen. Es ist wichtig zu verstehen, dass die selbstzerstörerischen Verhaltensweisen für diese Mädchen eine *Lösung* des Problems darstellen, eine Möglichkeit, die Ereignisse, Gedanken und Gefühle zu kontrollieren, von denen sie sonst gänzlich überwältigt würden. Besonders Essstörungen werden unter anderem mit sexuellem Missbrauch und Inzest in Verbindung gebracht.

Ein Mädchen mit unkontrollierbaren Angstgedanken kann bei dem Versuch, diese Ängste zu beherrschen und zu kontrollieren, ein *zwanghaftes* Verhalten entwickeln, das heißt, es beginnt, bestimmte ritualisierte Dinge zu tun oder zu sagen. Es befürchtet, wenn es ein Ritual nicht durchführt (beten, zählen, lautlos bestimmte Worte wiederholen, immer wieder kontrollieren, ob es das Licht ausgemacht hat u. ä.), wird einem Menschen, den es liebt, etwas Schreckliches zustoßen. Zwanghaftes Verhalten kann so ausufern, dass es irgendwann das ganze Leben bestimmt. Oft tritt als Begleiterscheinung auch noch eine Depression auf, denn diese Art der Angstabwehr ist extrem anstrengend und auslaugend, da sie ja nie erfolgreich zu Ende geführt werden kann. Als »magische« Rituale sind Zwangsgedanken und zwanghaftes Verhalten bei Mädchen mit Körperbildproblemen besonders häufig. Sie sind eine wichtige Komponente bei Essstörungen und gestörtem Essverhalten.

Eine häufige Zwangsneurose, die mit ernsten Störungen des Körperbilds zu tun hat, ist die so genannte *Dysmorphophobie*. Dieses Syndrom tritt auf, wenn ein Mädchen glaubt, ein Teil seines Gesichts oder Körpers sei extrem hässlich. Überzeugt, dass etwas damit ganz und gar nicht stimmt, wird es von diesen imaginären Unvollkommenheiten regelrecht besessen. Ein Beispiel dafür wäre, wenn eine Heranwachsende zu dem Schluss kommt, dass ihr Hals hässlich ist, und deswegen immer einen Schal oder Rollkragenpullover tragen muss, ganz gleich, wie warm es auch sein mag. Schließlich wird sie unfähig, ihre sozialen Kontakte in der Schule zu pflegen, schränkt ihre Aktivitäten ein und zieht sich immer mehr zurück. Keine Beschwichtigungen können das Problem für sie lindern, und auch keine Schönheitsoperation besiegt die zugrunde liegenden emotionalen Probleme. Werden diese nicht behandelt, verlagert das Mädchen das zwanghafte Verhalten irgendwann auf einen anderen Körperteil. Für diese Art Störung ist unbedingt eine psychologische Behandlung erforderlich.

Wenn Sie glauben, dass Ihre Tochter unter einer Angststörung leidet, sollten Sie Folgendes tun:

1. Mit Ihrer Tochter sprechen, bevor Sie sich an irgendjemand anderen wenden – wenn sie es zulässt. Teilen Sie ihr mit, dass Sie merken, wie selbstzerstörerisch sie sich verhält. *Drücken Sie sich klar und unmissverständlich aus.*
2. Stellen Sie Ihr Fragen auf der Grundlage dessen, was Sie beobachtet haben.

MUTTER: Ich hab dich weinen hören. Was hast du denn auf dem Herzen? Du machst die ganze Zeit einen ziemlich traurigen Eindruck.
BECKY: Es ist nichts.
MUTTER: Vielleicht magst du ja nicht mit mir darüber sprechen, aber wenn man weint, ist das immer ein Zeichen. Kann ja sein, dass du im Moment keine Lust zum Reden hast, aber ich bin da, wenn du so weit bist.

3. Bitten Sie Ihre Tochter, das Problem einmal ganz ehrlich selbst einzuschätzen. Wenn Sie das Problem leugnet, sagen Sie ihr, dass Sie anderer Meinung sind und dass Sie später noch einmal darauf zurückkommen werden. Sie sollten

nicht weiter darüber reden, auf Symptome hinweisen oder an Ihrer Tochter herumnörgeln. Andererseits dürfen Sie es auch nicht unter den Teppich kehren.

4. Zeigen Sie ihr Möglichkeiten auf, wie Sie helfen können, und bitten Sie Ihre Tochter, ihre eigene Meinung dazu zu äußern. Bieten Sie ihr Alternativen an, aber »Abwarten und Tee trinken« sollte nicht dazu gehören.
5. Wenn Ihre Tochter Ihnen sagt, das Problem sei etwas, das sich ihrer Kontrolle entzieht – eine Situation in der Schule, ein Krach mit ihrer besten Freundin oder dass ein Junge sie hat sitzen lassen – und sie ihr Bestes tun werde, um damit zurechtzukommen, erklären Sie ihr, dass sie das nicht alleine durchstehen muss. Sie kann sich Unterstützung suchen.
6. Ermutigen Sie Ihre Tochter, nach Möglichkeiten zu suchen, die sie selbst kontrollieren kann. Raten Sie ihr davon ab, anderen die Schuld zuzuweisen, beispielsweise durch Aussagen wie: »Mir würde es gut gehen, wenn du und Daddy mich nicht so unter Druck setzen würdet.«
7. Werden Sie aktiv. Schieben Sie es nicht auf die lange Bank. Nutzen Sie Ihr soziales Netzwerk. Sprechen Sie mit Freunden, denen Sie vertrauen können, mit Ärzten, Pfarrern, Schulpsychologen. Finden Sie in Ihrer Umgebung die richtigen Quellen, und ermöglichen Sie Ihrer Tochter den Kontakt mit der Art von Hilfe, die sie jetzt braucht.

DEPRESSION

Ihre heranwachsende Tochter denkt wahrscheinlich, Depression sei schlechte Laune, hervorgerufen von einem unmittelbaren Problem, an dem sie nichts ändern kann. »Ich bin heute sooo depressiv«, umfasst für sie alles Mögliche: Sie findet sich hässlich, oder sie hat sich von ihrem Freund getrennt, oder sie hat prämenstruelle Beschwerden, oder ihre Großmutter ist gestorben. Sie müssen zwischen vorübergehender mieser Laune und einer echten Depression unterscheiden können.

Eine *Depression* ist eine komplexe Störung, die in verschiedenen Variationen auftritt. Sie wirkt sich sowohl körperlich als auch mental aus und ist gekennzeichnet von biochemischen Veränderungen im Gehirn, die Stimmung und Verhalten merklich beeinflussen. Depressionen entstehen aus Hilflosigkeitsgefühlen, aus Verzweiflung und nach innen gewandter Wut. (»Ich hasse mich, ich bin so eine Versagerin. Es gibt keine Hoffnung; ich bin so hässlich, ich sollte am besten einfach aufgeben.«) Mädchen im Teenageralter neigen dazu, solche negativen Gefühle mit ihrem Körperbild und ihrer Sexualität zu verbinden. Es gibt starke genetische und umweltbedingte Einflüsse, die das Risiko für eine Depression erhöhen. Bei einer Heranwachsenden, die erblich vorbelastet ist, sind oft keine äußeren Einflüsse notwendig, damit es zu einer Depression kommt. Gewöhnlich gibt es eine Familiengeschichte der Depression. Hier die wichtigsten Formen:

◆ Eine *leichte Depression (Dysthymie)* erstreckt sich über einen längeren Zeitraum und kann mit Psychotherapie und Antidepressiva behandelt werden.

◆ Die *schwere Depression* tritt meist als einzelne Episode auf, kann aber auch chronisch werden. Es ist eine körperliche und psychische Krankheit mit vielfältigen Symptomen, von leicht bis äußerst schwerwiegend: von Schlafstörungen über soziale Isolation oder dem Verlust der Freude an vertrauten Dingen bis zu Selbstmordgedanken und tatsächlichem Selbstmord.

◆ Die *manische Depression (bipolare Störung)* beinhaltet depressive und manische Phasen. Die Tiefpunkte sind sehr tief, die Höhepunkte schwanken zwischen gehobener Stimmung über Euphorie bis zu den Gefühlen der Grandiosität und Gedankenrasen. Eine manisch-depressive Störung muss mit Medikamenten und Psychotherapie behandelt werden.

◆ Eine *Trauerreaktion* ist, wie das Wort schon sagt, eine Depression, die auf den Verlust einer wichtigen Bezugsperson folgt – den Tod eines Elternteils, eine Scheidung, den Wegzug eines Freundes, einen Umzug, Krankheit eines Elternteils oder Geschwisters.

◆ Eine *Doppeldiagnose* ist die Kombination von Depression mit Drogen- oder Alkoholmissbrauch oder -sucht.

Es ist nicht immer leicht, eine Teenager-Depression zu erkennen, und viele Ärzte treffen eine falsche Diagnose. Depressive Erwachsene sehen depressiv aus, Teenager durchaus nicht immer. An der Oberfläche wirkt eine Heranwachsende möglicherweise fröhlich und optimistisch – fast zu sehr sogar. Ihre Traurigkeit und ihr emotionaler Schmerz bleiben nicht nur ihren Mitmenschen, sondern auch ihr selbst verborgen. Doch die Depression zeigt sich an nervösen und manchmal gefährlichen Verhaltensweisen, beispielsweise Kriminalität (Ladendiebstahl oder Kreditkartenschwindel), Promiskuität, Drogen- und Alkoholmissbrauch. Da sie versucht, den emotionalen Schmerz der Depression nicht zu spüren, steckt sie alle Energie in Aktivitäten, die als emotionale Ablenkung dienen. Gleichzeitig gibt sie ihrer Umwelt damit natürlich ein irreführendes Signal. Ein depressives Mädchen hat das Gefühl: »Keiner versteht mich«, »Was mit mir los ist, interessiert keinen«, oder: »Die wollen doch nur, dass ich die ganze Zeit fröhlich bin«. So ist es wütend darüber, dass es missverstanden wird, versteckt aber die wahren Gefühle und misstraut sogar Menschen, denen es am Herzen liegt.

Wie trügerisch kann eine Depression sein? Wenn man das Mädchen, das sich nicht wirklich deprimiert *fühlt*, fragt, erzählt es, dass es sich zu dick findet. Die Lösung scheint eine Diät und exzessive sportliche Betätigung, wobei es sich zum Ziel gesetzt hat, dreißig oder vierzig Pfund abzunehmen. Wenn es merkt, dass es diesen unrealistischen Plan nicht durchführen kann, verliert es jede Hoffnung und versucht womöglich, sich umzubringen. Fühlt sich die Tochter deprimiert? Nein, sie findet sich nur hässlich und möchte nicht mehr leben, es sei denn, sie wäre endlich schlank. Sie ist von ihren Gefühlen vollkommen abgeschnitten und stattdessen in Kontakt mit einem absolut verzerrten Körperbild.

Bei einem verletzlichen Teenager sollte man nicht vergessen, dass alle Elemente einer Depression vorhanden sein und plötzlich zum Ausbruch kommen können, ohne dass jemand etwas davon merkt. Dies zeigt sich an der allzu oft schockierten Reaktion auf den Selbstmord eines Teenagers: »Sie war doch so ein fröhliches Kind» oder »Wie konnte das nur passieren? Ihr Leben war doch so viel versprechend«.

Alarmzeichen für Depressionen

Einige der häufigsten Zeichen für eine Depression bei pubertären Mädchen sind folgende:

◆ Es ist niedergeschlagen, interessiert sich plötzlich nicht mehr für sein Aussehen, kümmert sich nicht um sich, hat kein sexuelles Interesse, ist müde, energielos, schläft schlecht, ist nervös, der Appetit ist gestört (es isst entweder zu viel oder zu wenig), es weint ohne ersichtlichen Grund und hat kaum noch Interesse an Dingen, die ihm früher Spaß gemacht haben.

◆ Niedriges Selbstwertgefühl, übertriebene Selbstkritik, Schuldgefühle; es übernimmt die Verantwortung für alles. Oder es ist dauernd der Sündenbock oder das Opfer.

- Selbstverletzungen; es schneidet oder verbrennt sich absichtlich.

- Hypochondrie und psychosomatische Erkrankungen. Häufige körperliche Krankheiten oder eine Tendenz zu Unfällen, die es ihm unmöglich macht, an regelmäßigen Aktivitäten teilzunehmen.

- Auffälliges Verhalten. Alles von Schuleschwänzen bis zu untypisch aggressivem Verhalten bis zu Promiskuität und Ladendiebstahl.

- Sozialer Rückzug und Isolation.

- Niedrige Frustrationsschwelle, wenig Toleranz, wenig Motivation, schlechte Schulleistungen.

- Pessimismus oder Hoffnungslosigkeit in Bezug auf die Zukunft.

- Übermäßige Beschäftigung mit Tod oder Selbstmord. Es sagt Dinge wie: »Das Leben lohnt sich doch sowieso nicht«, oder: »Ohne mich wären alle besser dran.«

SELBSTMORD

Selbstmord steht in engem Zusammenhang mit Depression. Ein selbstmordgefährdetes Mädchen möchte sterben, weil es den Tod als einzige Lösung für seine unerträglichen Probleme sieht. Hoffnungslosigkeit kann in einem unmittelbaren Verlust begründet sein, beispielsweise in einer Trennung (»Ohne ihn kann ich nicht leben«). Manchmal wird sie auch ausgelöst durch den Tod einer geliebten Großmutter oder durch das Verfehlen eines wichtigen Ziels (ein nicht bestandener Eignungstest oder eine ausgebliebene Einladung). Störungen der Geschlechtsidentität oder Befürchtungen, homosexuell zu sein, können von der Betreffenden als so bedrohlich empfunden werden, dass es zu suizidalen Impulsen kommt. Das Ende einer Psychotherapie oder kürzliche Genesung von einer Sucht sind ebenfalls häufige Auslöser: Für ein depressives Mädchen sind das besonders heikle Phasen, weil es extrem verletzlich und unsicher ist, ob es es wirklich schafft, gesund zu bleiben.

Alarmzeichen für drohenden Selbstmord

Was auch immer der konkrete Auslöser sein mag – die extreme Hilflosigkeit und Wut eines pubertierenden Mädchens erwecken in ihm den Drang, der Welt seinen Schmerz mit einer Selbstmordgeste zu zeigen. Der Versuch vermittelt ihm tatsächlich ein Gefühl der Befriedigung, denn es stellt sich vor, die anderen mit seinem Tod zu bestrafen. Von dieser Idee kann es beseelt sein, ohne je auf den Gedanken zu kommen, dass es tatsächlich sterben würde, wenn es seinen Plan in die Wirklichkeit umsetzt.

Sie sollten wissen, dass Mädchen viermal mehr Selbstmordversuche unternehmen als Jungen und weit impulsiver damit umgehen. Mädchen machen öfter Andeutungen, schreiben Briefe oder E-Mails, kündigen ihre Absicht an oder lassen bei einer Freundin nebenbei eine entsprechende Bemerkung fallen. Deshalb müssen Sie auch dem kleinsten Anzeichen Aufmerksamkeit schenken. Wenn ein Mädchen über Selbstmord spricht oder ihn sogar romantisiert, heißt das durchaus nicht, dass es selbst nie so weit gehen würde. Im Gegenteil, es gibt eine hohe Korrelation zwischen dem Reden darüber, dass man sterben möchte, und einem tatsächlichen Selbstmordversuch. Und wenn ein Mädchen einen Versuch unternimmt, sich zu töten, folgt recht häufig ein zweiter.

Auch Selbstverletzungen stehen in einem engen Zusammenhang mit Depression. Damit sind natürlich nicht Praktiken wie Piercen oder Tätowieren gemeint, sondern es geht wirklich um Selbstverstümmelung: Ein Mädchen nimmt eine Rasierklinge oder sonst einen scharfen Gegenstand und ritzt oder schneidet sich irgendwo am Körper, beispielsweise in den Arm oder ins Handgelenk. Hinter solchen Verletzungen stehen keine Selbstmordabsichten. Oft sind sich die Mädchen nicht bewusst, dass sie sich deprimiert fühlen, sie berichten sogar, dass sie *nichts* fühlen und dass sie sich verletzen, um *irgendetwas* zu empfinden. In Wahrheit empfinden sie eine Menge, können sich aber nicht anders ausdrücken. Gefühle werden unterdrückt, drohen zu explodieren, und die Selbstverletzungen sind ein Versuch, sie herauszulassen. Oft erleben die Mädchen eine große Anspannung, bevor sie sich schneiden, und sind unmittelbar danach so entspannt und erleichtert wie nie. Den körperlichen Schmerz spüren sie nicht.

Viele Mädchen verletzen sich nur in Stresszeiten und beteuern dann, es nie wieder zu tun. Ist dies bei Ihrer Tochter der Fall, glauben Sie ihr nicht. Wie ein Selbstmordversuch ist auch Selbstverletzung nur äußerst selten ein einmaliger Vorfall. Möglicherweise ist das Mädchen voller guter Vorsätze, aber der Drang, die Selbstverstümmelung fortzusetzen, ist ohne professionelle Hilfe und medikamentöse Behandlung nur schwer abzustreifen.

Alarmzeichen für Selbstverletzung

◆ Die Haut der Heranwachsenden hat Anzeichen wiederholter Schnitt- und Brandwunden.

◆ Sie versucht die Verletzungen zu verstecken. Aus Scham und Angst vor Stigmatisierung trägt sie selbst bei warmem Wetter Sachen mit langen Ärmeln und weite Sweatshirts, erzählt Lügengeschichten über die Herkunft ihrer Narben und bemüht sich allgemein, die offensichtlichen Beweise geheim zu halten.

◆ Sie besucht Websites für »Cutter« und kann aus dem Gedächtnis die Merkmale der Störung aufsagen.

ESSSTÖRUNGEN UND FETTLEIBIGKEIT

Gestörtes Essverhalten reicht von permanentem Diäthalten oder Heißhungerattacken bis zu einem Leben voller Blitzdiäten und zwanghaftem Kalorienzählen. *Essstörungen* definiert man als den Missbrauch von Nahrungsmitteln zur Lösung emotionaler Probleme. Bei einer Essstörung geht es viel mehr um Gefühle als um Nahrungsaufnahme.

Anorexie und Bulimie sind die beiden häufigsten Essstörungen. Als *Anorexie* bezeichnet man das Einschränken und die Ablehnung von Nahrung mit dem Ziel, eine Gewichtszunahme zu verhindern. Durch diese beständige Beschränkung hungert sich die Betreffende selbst aus. *Bulimie* ist absichtliches Erbrechen nach der Nahrungsaufnahme, ebenfalls mit dem Ziel, eine Gewichtszunahme zu verhindern. Anorexie und Bulimie treten oft kombiniert als Störung auf, bei der ein Mädchen die extreme Diät, die es sich verordnet hat, nicht einhalten kann, Nahrung zu sich nimmt und sofort wieder erbricht.

Essstörungen sind so häufig geworden, dass sie von vielen Mädchen fast schon als eine Art pubertärer Übergangsritus angesehen werden. Unwissentlich gehen sie in eine Falle, aus der sie nur sehr schwer wieder entfliehen können. Mädchen, die unter Essstörungen leiden, schaffen es typischerweise sehr gut, ihre Erkrankung vor Eltern, Lehrern und Freunden geheim zu halten. Sie sind, mit den Worten einer Achtzehnjährigen, die einschlägige Erfahrungen auf diesem Gebiet hat, »hervorragend im Lügen und Verschleiern«.

Essstörungen gehören zu den destruktivsten emotionalen Problemen, von denen heranwachsende Mädchen heimgesucht werden, denn sie können zum Tod oder zu permanenten körperlichen Schäden führen. Bei schweren Essstörungen ist die Psyche eines Mädchens oft so beeinträchtigt, dass sie genauso schwierig zu behandeln ist wie bei einer Drogensucht. Doch wenn man Essstörungen früh genug erkennt, besteht eine Heilungschance von achtzig Prozent.

Essstörungen haben vielerlei Gründe; es gibt weder eine einzige Ursache noch eine einfache Heilmethode. Zwar lässt sich von Mädchen mit Essstörungen kein einheitliches Profil erstellen, aber sie sind typischerweise hochintelligent, brav, angepasst, gute Schülerinnen mit einem Hang zum Perfektionismus und zur Zwanghaftigkeit und einem enormen Ehrgeiz.

Essstörungen können bei klugen, sensiblen Mädchen, die Angst vor dem Erwachsenwerden und ihrer heranreifenden Sexualität haben, schon in einem sehr frühen Stadium der Adoleszenz auftreten. Vielleicht ist die Betreffende übergewichtig und fühlt sich von ihrem Körper im Stich gelassen. Vielleicht hat ihre Mutter ihr immer wieder die Botschaft vermittelt, wie ungeheuer wichtig es ist, schlank zu sein. Möglicherweise kommt sie aus einer Familie, in der es bereits Vorbilder für Essstörungen gibt. Oft hat ein solches Mädchen ein schwaches Selbstwertgefühl und lässt sich gern von Modezeitschriften, Fernsehen und Filmen beeinflussen. Es ist zu der Überzeugung gelangt, dass, wenn es aufhört zu essen, es alles bekommt, was es sich wünscht: Kontrolle über den Körper und Anerkennung dafür, auf eine neue Art perfekt zu sein.

Bewusst hält die Betreffende Diät, um ihr Gewicht zu reduzieren, aber unbewusst will sie Brüste, Hüften und die runden Körperformen loswerden, die mit dem Frausein einhergehen. Wenn sie die Nahrungsaufnahme begrenzt, ihr Gewicht reduziert, Körperfett verliert und schließlich keine Periode mehr hat, fühlt sie sich erfolgreich. Sie hat den Feind erkannt, und er heißt *Fett*. Was in Wirklichkeit ein gesundheitsgefährdendes Verhalten ist, stellt sich ihr als geniale Lösung dar. Der Horror vor dem Dickwerden wird zu einer Methode, mit der sie alle anderen Konflikte ausblendet – ob es sich um ihre Angst vor der Weiblichkeit handelt, um die Abnabelung von ihrer Mutter, die ihr schwer fällt, um die schwierige Beziehung zu ihrem Vater, um Familienprobleme, denen sie sich nicht gewachsen fühlt. Sie hat keine Probleme, sie befindet sich auf einer Mission.

Ein Faktor ist allen Mädchen, die eine Essstörung entwickeln, gemeinsam: In der Kindheit wurden sie geliebt und bewundert, aber nun hat die Pubertät alles verändert. Doch die Traurigkeit darüber, die sie in sich fühlen, wird ganz auf den Körper konzentriert, an dem es ständig etwas auszusetzen gibt. Das Mädchen ist zu klein oder zu groß, sein Haar zu lockig oder zu glatt. Um die Gefühle, die es nicht ausdrücken kann, unter Kontrolle zu bekommen, versucht es seinen Körper zu kontrollieren, indem es auf Fett verzichtet, nach dem Essen erbricht, die Nahrung erst heißhungrig in sich hineinstopft und dann Abführmittel schluckt, alles mit der Idee im Hinterkopf: »Wenn ich nur dünn wäre, wäre ich glücklich.« Es beginnt erfolgreich zu fasten (denn diese Mädchen haben bei allem Erfolg, was sie sich vornehmen) und nimmt ab, erntet positive Aufmerksamkeit und Lob. Und frisst die Gefühle weiter in sich hinein.

Je mehr diese Tochter die Einschränkung der Nahrungsaufnahme perfektioniert, desto mehr leidet ihre Gesundheit. Irgendwann verliert sie die Perspektive und das Gefühl für ihren Körper, dafür, wie wenig sie wiegt, wie sie aussieht. Jetzt ist sie von ihren Gefühlen noch weiter entfernt als vorher.

Irgendwann ist das Körperbild dann so gestört, dass sie in ihren eigenen Augen dick aussieht, ganz egal, wie dünn sie in Wirklichkeit auch sein mag.

Fettleibigkeit

Viele der zugrunde liegenden emotionalen Probleme, die zu Anorexie und Bulimie führen, sind die gleichen wie bei Mädchen, die fett werden. Ein Mädchen wird als fettleibig eingestuft, wenn es im Verhältnis zum restlichen Körper dreißig Prozent überschüssiges Körperfett aufweist. Medizinisch wird dieser Wert als Körpermassenzahl (body mass index, BMI) bezeichnet und kann von Ihrem Hausarzt errechnet werden.

In einer vom Schlankheitswahn befallenen Kultur sind heranwachsende Mädchen mit Übergewicht permanenter Kritik und endlosem Spott ausgesetzt. Sie bekommen Kommentare zu hören, die oft gut gemeint, aber gedankenlos sind, wie zum Beispiel: »Bestimmt wärst du viel glücklicher, wenn du abnehmen würdest«, oder solche, die einfach nur als dumm bezeichnet werden können: »Du behauptest zwar immer, dass du auf Diät bist, aber du wirst immer dicker. Da stimmt doch was nicht.« Mit Worten und verächtlichen Blicken gibt man ihnen zu verstehen, dass sie nicht begehrenswert und nicht willkommen sind, sodass es eigentlich unvermeidlich wird, dass sie anfangen, sich zu hassen.

Oft beteuern übergewichtige Mädchen, dass sie sich so mögen, wie sie sind, aber das entspricht selten der Wahrheit. Die meisten nehmen ab und dann rasch wieder zu, weil die zugrunde liegenden emotionalen Ursachen nicht angesprochen werden und es sehr schwierig ist, Essgewohnheiten dauerhaft zu verändern.

Alarmzeichen für Essstörungen

◆ Anhaltende und tiefe Unzufriedenheit mit der äußeren Erscheinung.

◆ Depressionen, Reizbarkeit, Isolation.

◆ Ihre Tochter hat Angst, in Gegenwart anderer Menschen zu essen. Sie weigert sich, das zu essen, was die anderen essen, sie will nicht mit Ihnen essen, sie genießt das Essen nicht.

◆ Einschränken der Menge oder Art der Nahrung. Eine Art militante Irrationalität, wenn es ums Essen geht.

◆ Überempfindlichkeit gegen jede Bemerkung, die Sie über ihr Essverhalten machen. Ihre Tochter geht Ihnen sofort an den Kragen, wenn Sie etwas über ihre Gesundheit oder ihr Essverhalten sagen, und sei es auch noch so harmlos.

◆ Sie zeigt seltsame Angewohnheiten, was die Nahrungsaufnahme angeht, trinkt beispielsweise viel Wasser vor den Mahlzeiten, schneidet das Essen in winzige Stückchen, kaut extrem langsam.

◆ Ihre Tochter ist absolut rigide, was sie isst oder in welcher Reihenfolge sie welche Speisen zu sich nimmt.

◆ Sie schützt Magen- oder Kopfschmerzen vor oder findet vor den Familienmahlzeiten irgendwelche andere Ausflüchte.

◆ Wenn sie erzählt oder gefragt wird, wie viel sie gegessen hat, was sie im Lauf des Tages zu sich nimmt oder wie viel sie wiegt, lügt sie.

◆ Sie erzählt Ihnen, was sie denkt, dass Sie hören wollen, und erfindet endlose Ausreden: Sie ist zu müde zum Essen, sie hat zu viel Stress in der Schule, das Essen in der Schulcafeteria ist eklig usw.

Besondere Risikofaktoren für Essstörungen

Natürlich sind die Probleme jeder einzelnen Heranwachsenden unterschiedlich, aber es gibt einige Hauptrisikofaktoren. In jedem Fall ist mindestens einer der folgenden vorhanden:

- Die Betreffende ist perfektionistisch, hochgradig selbstkritisch und sehr stark auf Konkurrenz und Leistung fixiert.
- Sie zeigt ein Suchtverhalten (Alkohol, Drogen), oder es gibt Suchtprobleme in der Familie.
- In der engeren Familie kommen Fälle von Depressionen vor.
- Die Mutter oder eine Schwester leidet unter Essstörungen oder hat ein gestörtes Verhältnis zu ihrem Äußeren.
- Das Mädchen hat ein geringes Selbstwertgefühl (was sowohl Ursache als auch Folge der Essstörung sein kann).
- Das Mädchen kann Gefühle nicht ausdrücken oder mit anderen teilen.
- Es hat ein frühes sexuelles Trauma (Missbrauch, Vergewaltigung, Übergriffe) erlebt.
- Die Familiendynamik ist drastisch gestört: Keine Grenzen, keine Stabilität, schwer wiegende Konflikte, ein Elternteil ist viel zu stark, der andere viel zu schwach. Hinter einem Mädchen mit einer Essstörung steht *immer* ein ungelöstes Familienproblem.

Schritte, die bei allen Essstörungen empfehlenswert sind

◆ Seien Sie aufmerksam. Konfrontieren Sie Ihre Tochter mit dem, was Sie beobachten. Geben Sie ihr die Chance, über ihre Gefühle zu sprechen. Erwarten Sie, dass sie leugnet, abstreitet und geheimnisvoll tut. Seien Sie geduldig.

◆ Sie müssen sich immer wieder klar machen, dass Ihre Tochter ihr Verhalten und ihre unglücklichen Gefühle vor sich selbst ebenso verbirgt wie vor Ihnen. Da die Essstörung für sie die Lösung des Problems darstellt, leistet sie Widerstand gegen jede Einmischung von außen, denn sie muss um jeden Preis vermeiden, dass ihr dieser Ausweg versperrt wird.

◆ Informieren Sie sich über Essstörungen, und geben Sie Ihr Wissen an Ihre Tochter weiter. Suchen Sie professionelle Hilfe bei einem Psychotherapeuten, einem Arzt, einem qualifizierten Ernährungsberater oder in einem Gesundheitszentrum. Wenn Ihre Tochter nicht hingehen will, machen Sie den Anfang. Bringen Sie den Prozess in Gang. Auch Sie brauchen Rat und Unterstützung.

◆ Bleiben Sie offen für alles: Einzeltherapie, Familientherapie, Medikamente. Ziehen Sie alle Alternativen in Erwägung.

◆ Respektieren Sie die Privatsphäre Ihrer Tochter, halten Sie die Situation aber nicht geheim vor den Menschen, die Sie lieben und denen Sie vertrauen. Depression, Nervosität, Essstörungen, Probleme mit der sexuellen Identität und Verhaltensprobleme können allesamt behandelt werden. Stigmatisieren Sie Ihre Tochter nicht.

◆ Vertraulichkeit ist sehr wichtig für den Prozess der Therapie Ihrer Tochter. Diskutieren Sie die Grenzen der Vertraulichkeit mit dem Arzt oder Therapeuten Ihrer Tochter, und überlegen Sie sich Möglichkeiten, wie Sie und die Familie in die Behandlung mit einbezogen werden können.

◆ Seien Sie bereit, die Verantwortung zu übernehmen für alles, womit Sie das Problem Ihrer Tochter vielleicht verschlimmert haben. Denken Sie immer daran: Es ist nicht nur das Problem Ihrer Tochter.

◆ Zu wissen, dass Sie und Ihre Tochter nicht allein sind und dass Ihre Familie ruhig zugeben kann, ebenfalls Hilfe zu brauchen, ist der erste Schritt zur Heilung.

GEWALT BEIM (ERSTEN) RENDEZVOUS

Tatsache ist, dass es bei einem Drittel aller Teenagerbeziehungen während einer der ersten Verabredungen zu gewaltsamen Übergriffen kommt. Darunter verstehen wir jeden körperlichen oder emotionalen Missbrauch. Übrigens kennt das Phänomen keine ökonomischen oder sozialen Schranken.

Alarmzeichen für Rendezvous-Gewalt

◆ Ihre Tochter hat eine Beziehung mit einem Freund (oder einer Freundin), die von Dominanz, Besitzgier und Tyrannei geprägt ist. Wenn Sie eine kritische Bemerkung dazu machen, verteidigt Ihre Tochter sie/ihn sofort.

◆ Ihre Tochter beginnt, Diät zu halten oder zuzunehmen, weil ihr Freund/ihre Freundin es will. Aus dem gleichen Grund verändert sie auch ihren Kleidungsstil.

◆ Sie nehmen radikale Veränderungen in ihrem Verhalten oder ihren Lerngewohnheiten wahr.

- Sie isoliert sich von ihrem bisherigen Freundeskreis.

- Ihr Freund/ihre Freundin scheint »zu schön, um wahr zu sein«. Vielleicht haben Sie irrtümlicherweise das Gefühl, dass zum Beispiel der Freund Ihrer Tochter einen guten Einfluss für sie darstellt, weil sie sich von ihm eher etwas sagen lässt als von Ihnen. Aber Sie bekommen nicht mit, dass er Ihre Tochter ständig kritisiert, sie herablassend und abwertend behandelt, sie mit psychischen und körperlichen Drohungen oder tatsächlichem Missbrauch gefügig macht.

TEENAGERSCHWANGERSCHAFT

Die Rate der Teenagerschwangerschaften ist wahrscheinlich höher, als Sie denken: Laut Studien werden jedes Jahr um die zwanzig Prozent der sexuell aktiven Mädchen zwischen fünfzehn und neunzehn schwanger. In den meisten Fällen handelt es sich um »Unfälle«, aber manchmal geschieht es auch absichtlich. Gewollte Schwangerschaften sind am häufigsten bei depressiven Mädchen, bei familiären Problemen und niedrigem Selbstwertgefühl. Angstzustände oder andere Persönlichkeitsstörungen passen ebenfalls ins Bild. Wie Selbstmord oder die Entwicklung einer Essstörung ist für viele Mädchen auch ein Baby scheinbar die Lösung ihrer Probleme. Sie wünschen sich einen Menschen, der sie liebt, und stellen sich vor, dass ein Baby die emotionale Leere in ihrem Leben ausfüllen könnte. Ein Mädchen mit einem negativen Körperbild hält eine Schwangerschaft vielleicht für eine Möglichkeit, einen Jungen an sich zu binden oder zur Heirat zu überreden.

Solche Mädchen sind sehr verletzlich, weigern sich, Hilfe anzunehmen, und fürchten sich zuzugeben, dass sie Angst haben. Die Mütter dieser Mädchen und auch die Mädchen selbst brauchen eine verständnisvolle Beratung von qualifizierten Fachleuten.

Es ist eine anerkannte Tatsache, dass heutzutage alle Teenager mit dem Beginn sexueller Aktivitäten ein Risiko eingehen. Möglicherweise ist es für Sie als Eltern nicht leicht, zu unterscheiden, wann es sich um ein ernstes Problem handelt, denn die heranwachsenden Mädchen sehen Sex in einem vollkommen anderen Kontext. Zum Beispiel sind für sie ihre ersten sexuellen Gehversuche und Experimente positive Wachstumserfahrungen. Im Gegensatz dazu konzentrieren sich die Eltern wahrscheinlich weit mehr auf die Gefahren und potenziellen Konsequenzen.

Zwischen Eltern und Teenagern ist man sich nicht einmal einig, was Sex eigentlich *ist*. Heute findet ein heranwachsendes Mädchen eine lockere sexuelle Beziehung vollkommen normal, während das für seine Mutter oberflächlich und promiskuitiv ist. Am häufigsten läuft die Erforschung der Sexualität über Oralsex, der für die Hälfte aller Teenager in Amerika inzwischen gleichbedeutend ist mit »safer sex«. In ihren Augen ist diese Methode sicherer, weil es sich nicht um »richtigen« Sex handelt. »Richtiger« Sex – Geschlechtsverkehr – ist gefährlich. Das Problem ist nur, dass die heute so genannten »sicheren« Praktiken – neben Oralsex auch analer Verkehr und Gruppensex – extrem gefährlich sind. Mädchen, die diese Methoden praktizieren, riskieren körperliche Probleme (beispielsweise durch sexuell übertragene Krankheiten wie Tripper und Genitalherpes), psychische Probleme (Verwirrung über die sexuelle Identität und Essstörungen) und soziale Probleme (als »promiskuitiv« abgestempelt zu werden oder sich minderwertig zu fühlen, weil sie keinen »ranlassen«).

In der Welt Ihrer Tochter ist Pornographie etwas, worüber Eltern sich aufregen und was ihre Kinder im Internet nicht sehen sollen. Chatrooms im Internet sind ihrer Meinung nach die beste Art, Kontakt zu Freunden und Freundinnen aufzunehmen und neue Bekanntschaften zu knüpfen. In gewisser Weise sind Chatrooms zwar nicht riskanter als ein Blind Date, aber es gibt zweifellos genug Teenager und Erwachsene, die die Situation ausnutzen und ein reales (und wachsendes) Risiko darstellen, vor allem für ein verletzliches Mädchen. Die meisten elterlichen Kontrollversuche können von einem entschlossenen Mädchen leicht unterlaufen werden. Und die meisten sind entschlossen. (Überraschung!) Bilder, persönliche Informationen und explizite sexuelle Anmache können passive, unsichere Mädchen, die sich nach Romantik und Abenteuer sehnen, leicht in die Falle locken. Aggressivere, aber gleichermaßen unsichere Mädchen können ohne großen Aufwand auch eigene Bilder und Texte ins Internet stellen und derlei Bekanntschaften selbst initiieren.

Unter dem Strich sind beide Mädchentypen bereit, ein immenses Risiko einzugehen, um ihre Beliebtheit zu steigern und sich ihrer sexuellen Anziehungskraft zu versichern. Verwirrt und oft in dem Gefühl, von den sexuellen Ausdrucksmöglichkeiten der wirklichen Welt abgeschnitten zu sein, meinen sie, unattraktiv, dick und nicht begehrenswert zu sein. Durch das Prestige und die Erregung, die mit solchen Cyber-Bekanntschaften einhergehen, bekommen sie das Gefühl, sie hätten gleichzeitig eine interessante Eroberung gemacht und eine ungefährliche Lösung für ihre Probleme gefunden.

Was Geschlechtsprobleme und sexuelle Identität angeht, betrachten viele Mädchen heutzutage Bisexualität und Homosexualität als anregende Chance, zu experimentieren und zu erforschen. Aber wie auf den anderen Experimentierfeldern sehen auch hier die Eltern im Gegensatz zu den Töchtern potenzielle Probleme.

Für lesbische Mädchen, die ihre Sexualität gerade erst zu verstehen beginnen, kann die Pubertät ebenfalls eine chaotische Zeit sein. Eine gesunde sexuelle Anpassung hängt davon ab, ob der Heranwachsenden eine gute Sexualerziehung und angemessene Beratung zur Verfügung stehen. Wenn sie Fragen zu ihrer sexuellen Orientierung hat und in ihrer Familie und in ihrer näheren Umgebung Verständnis dafür findet, kommt sie besser zurecht. Auch in eher aufgeklärten Gemeinschaften mit schwulen und lesbischen Schulorganisationen sollten Eltern auf Vorurteile achten und sich aktiv für die Belange ihrer Tochter engagieren.

Mädchen, die sexuell besonders gefährdet sind

Alle Mädchen tragen ein Risiko, aber einige sind verletzlicher als andere. Um welche handelt es sich und warum?

Obgleich man anhand der Familiengeschichte, der Einstellung der Eltern und der elterlichen Haltung zur eigenen Sexualität eine recht gute Vorhersage darüber treffen kann, wie ihre Tochter sich mit ihrer Sexualität zurechtfinden wird, gibt es einige spezielle Risikofaktoren:

◆ Ein Mädchen ist gefährdet, wenn es in der Familie sexuellen Missbrauch gegeben hat oder es zu Hause Zeugin abnormer sexueller Handlungen geworden ist (beispielsweise Pornographie).

◆ Mädchen, die ihre Mutter verloren haben, sei es durch Tod, Krankheit, Trennung oder Scheidung, können sich womöglich nicht mit einer konsistenten Mutterfigur identifizieren. Solche Mädchen versuchen oft verzweifelt, als Ersatz für die verlorene mütterliche Aufmerksamkeit und Zuneigung überstürzt eine Beziehung mit Jungen oder Männern einzugehen.

◆ Im Gegensatz zu den Mädchen, die mit Fragen der Geschlechtsidentität nur herumexperimentieren, kann auch ein Mädchen gefährdet sein, das stark zur Homosexualität tendiert. Während es sich angestrengt zu orientieren versucht, gerät es womöglich in Panik und überreagiert, indem es sich in hoch riskante sowohl homo- als auch heterosexuelle Aktivitäten stürzt.

◆ Mädchen, deren Eltern Vorurteile gegen Homosexualität haben und womöglich ihr Entsetzen darüber äußern, dass ihre Tochter lesbisch sein könnte, sind in ihrer Fähigkeit, ein klares, positives sexuelles Selbst zu entwickeln, oft enorm beeinträchtigt. Die offene Ablehnung führt dazu, dass ihre eigene sexuelle Verwirrung und ihr Schmerz noch schlimmer werden.

◆ Mädchen mit überbehütenden und unsicheren Eltern, die das Sexualverhalten ihrer Tochter kontrollieren wollen, indem sie ihr Angst machen (»Wenn du mit dem Jungen Schwierigkeiten kriegst, beklag dich nicht bei mir«) und Repressalien ankündigen (»Wenn du zu früh Sex hast, findest du nie einen anständigen Freund«), fühlen sich allein, zu Unrecht verurteilt und unfähig, sich mit Fragen und Problemen an ihre Eltern zu wenden.

Und welcher konkreten Gefahr sind diese Mädchen nun ausgesetzt? Welche Konsequenzen kann ihr Verhalten im Extremfall nach sich ziehen? Wie sehen die körperlichen, sozialen und psychischen Risiken aus?

- Ungeschützter Sex kann zu unerwünschter Schwangerschaft und zur Ansteckung mit sexuell übertragenen Krankheiten führen, einschließlich Virusinfektionen wie HIV, Aids, Herpes simplex, Hepatitis B und Genitalwarzen, bakteriellen Infektionen wie Chlamydien, Syphilis, Vaginitis und Gonorrhöe; Pilzinfektionen wie Candida, Parasiten wie Filzläusen und Krätze oder Eierstockentzündungen.
- Durch riskantes Sexualverhalten kann eine Heranwachsende anfällig werden für Vergewaltigungen, vor allem auch

durch bekannte Personen, oder für sexuelle Begegnungen, die mit Gewalt und/oder körperlichen Verletzungen einhergehen. Generell wird ein solches Mädchen eher Opfer sexueller Übergriffe als andere.

- Sexuelle Verwirrung kann sich in sexueller Besessenheit äußern, die im Extremfall dazu führen kann, dass sie andere sexuell belästigt oder selbst von ihnen belästigt wird – sei es persönlich oder im Internet.
- Missbrauch von Drogen und Alkohol kann Hemmungen abbauen und zu mangelndem Urteilsvermögen und Kontrollverlust führen. Wenn ein Mädchen meint, dass Alkohol oder Drogen an seinem Verhalten schuld sind, trägt es selbst keine Verantwortung – weder für das Verhalten selbst noch für eventuelle Konsequenzen. In der Zukunft entwickelt es leicht ein Opferverhalten.
- Verfrühte sexuelle Aktivität (zwischen dem Alter von zehn und dreizehn) führt zu einer Erhöhung aller Risikofaktoren. Frühreife Mädchen können in diesem Alter sexuell sehr aggressiv sein.
- Ungesunde Sexualpraktiken haben für Heranwachsende langfristige psychische Auswirkungen. Als Frauen haben sie oft große Schwierigkeiten, ein positives Sexleben zu führen.

Alarmzeichen für sexuelle Gesundheitsprobleme

Weibliche Teenager verfügen über einiges Geschick, wenn es darum geht, ihre Mutter auf Distanz zu halten, bis die Situation schließlich gänzlich außer Kontrolle geraten ist. Dann dürfen Sie die Scherben aufsammeln. Ihre Tochter sendet Ihnen vielleicht so viele unterschiedliche und widersprüchliche Signale, dass Sie überhaupt nicht wissen, was eigentlich los ist, wann es ernst wird und ob es überhaupt ein reales Problem gibt. Aber es gibt ein paar typische Warnsignale, nach denen Sie Ausschau halten sollten:

◆ Ihre Tochter tut sehr geheimnisvoll, was ihre sexuellen Aktivitäten angeht. Sie bekommen auf keine Frage eine direkte Antwort. Oft handelt sie manipulativ und lässt sich beim Lügen erwischen. Wahrscheinlich hat sie vor Ihnen und auch vor sich selbst etwas zu verbergen. Wenn sie sich Ihnen gegenüber extrem defensiv verhält, kann es gut sein, dass sie Ihr Urteil über einen bestimmten Aspekt ihres Sexualverhaltens fürchtet.

◆ Ihr »braves« Mädchen beginnt sich aufzuführen wie ein »böses« Mädchen, schwänzt die Schule und klaut vielleicht sogar. Kurz gesagt beweist es in jeder Hinsicht mangelnde Urteilskraft. Es ist möglich, dass es über die Stränge schlägt, weil es ein schlechtes Gewissen hat und in punkto Sex keine Orientierung findet.

◆ Die Tochter benimmt sich ihrem Körper gegenüber zunehmend aggressiv. Solches Verhalten deutet immer auf ein Problem mit dem anderen Geschlecht und Sex im Allgemeinen hin.

◆ Sie erholt sich einfach nicht, nachdem sie sich von einem Freund getrennt hat. Dies kann ein Zeichen dafür sein, dass sie noch zu unreif für eine sexuelle Beziehung ist.

◆ Sie lässt sich von ihren Freunden respektlos behandeln, ein Verhalten, das auf lange Sicht ebenfalls leicht zu Problemen führen kann.

Ihre Tochter macht eine schwierige Zeit durch, und je verfügbarer Sie für sie sind, desto größer ist die Wahrscheinlichkeit, dass sie zu Ihnen kommt, wenn sie Hilfe braucht. Das Wichtigste, was Sie jetzt tun können, ist, dass Sie sich über sexuelle Gesundheitsprobleme informieren, dass Sie wissen, was in der Welt vor sich geht, und dass Sie Ihrer Tochter viel Aufmerksamkeit schenken. Bekräftigen Sie Ihre Wertvorstellungen, und hören Sie sich an, was Ihre Tochter darüber denkt. Wenn Sie nicht mit ihr reden, wenn sie ständig zu ängstlich oder zu kontrollierend sind, machen Sie sich nur selbst verrückt und treiben außerdem Ihre Tochter in die Flucht. Dann kann es passieren, dass Sie von einem Problem erst dann erfahren, wenn die Krise bereits ihren Höhepunkt erreicht hat.

Es gibt noch einen weiteren Grund, weshalb Sie in jedem Falle involviert bleiben sollten. Heranwachsende Mädchen sind zwar häufig zwanghaft mit ihrem Körper beschäftigt, aber paradoxerweise ignorieren sie Symptome, an denen sie merken sollten, dass etwas nicht stimmt. In manchen Fällen kennen sie ihren Körper nicht genügend oder haben nicht die Erfahrung, um eventuelle Probleme zu erkennen. Ihre Scham kombiniert mit der Angst, von Ihnen verurteilt zu werden, trägt dazu bei, dass Ihre Tochter Schwierigkeiten herunterspielt, leugnet und einfach hofft, dass sie von allein vorübergehen. Aber auch wenn Ihre Tochter die Augen verschließt, sollten Sie das nicht tun.

WIE HELFE ICH BEI AKUTEN PROBLEMEN?

Es ist wichtig zu wissen, dass sich weibliche Teenager, die sich in einer ernsten Notlage befinden, am entschiedensten gegen Hilfe wehren. Ist dies der Fall, müssen die Eltern die Sache in die Hand nehmen und tun, was nötig ist, um ihrer Tochter die angemessene Unterstützung zukommen zu lassen. Sie sind vor dem Gesetz für die Tochter verantwortlich, aber als engagierte Eltern müssen sie vor allem ihrer Tochter zuliebe manchmal sehr schwierige Entscheidungen treffen.

Akute Probleme erfordern unmittelbares Eingreifen: Nutzen Sie die Notaufnahme des nächsten Krankenhauses, die Telefon-Hotline, das mobile Krisen-Einsatzteam. Suchen Sie Unterstützung bei den entsprechenden Stellen, wenn Ihre

Tochter weggelaufen ist. Auch psychiatrische Kliniken und Drogenprogramme sollten in Anspruch genommen werden, wenn diese eine Spezialabteilung für Jugendliche haben.

Sie können unmöglich wissen, was im Kopf Ihrer Tochter vor sich geht. Sie können lediglich den Kontakt zu ihr aufrechterhalten, sie beobachten und sich immer vor Augen halten, wer sie ist, auch wenn sie sich selbst und anderen plötzlich so fremd erscheint. Machen Sie sich darauf gefasst, dass es für Ihre Tochter unendlich schwer ist, sich ihr Problem einzugestehen, und noch schwerer, Ihnen als Mutter auch nur einen Teil davon zu offenbaren. Denken Sie daran, dass ihr Widerstand keineswegs böser Wille ist, sondern Angst. Ihre Tochter fürchtet sich davor, dass es sie völlig überfordert, wenn sie sich mit dem Problem auseinander setzen muss, das ihr so gewaltig erscheint.

Es ist eine heikle und schmerzliche Zeit. Manchmal scheint es unmöglich, das Richtige zu sagen oder gar zu tun. Seien Sie geduldig und hören Sie Ihrer Tochter zu. Haben Sie keine Angst, Ihre Tochter mit handfesten Wahrheiten zu konfrontieren. Erklären Sie ihr, dass es eine einfache Gleichung gibt: Wenn sie das Problem angeht, wird es besser werden, wenn nicht, geht es weiter bergab.

KAPITEL 11

Was unsere Töchter über uns sagen

SICHER, Sie bringen Ihrer Tochter einiges bei über die Liebe, das Leben und über die unvermeidliche Tatsache, dass man immer ausgerechnet dann die Periode bekommt, wenn man übers Wochenende wegfährt und vergessen hat, Tampons einzupacken, aber es gibt auch eine ganze Menge, was Sie von Ihrer Tochter lernen können. Beispielsweise vermittelt sie Ihnen einen Einblick, wie es ist, heutzutage ein Teenager zu sein, spielt Ihnen vielleicht ihre Lieblings-CD vor oder hilft Ihnen, Ihre schlimmsten modischen Fehlgriffe aus Ihrem Kleiderschrank zu entfernen. Aber am wichtigsten ist eindeutig das, was Sie von ihr über sich selbst lernen.

Für Ihre Tochter und ihre Freundinnen sind Mütter das Gesprächsthema Nummer eins. Heranwachsende Mädchen finden Kontakt zueinander über gemeinsame Interessen und gemeinsame Erfahrungen mit ihren Müttern. »Ich hasse meine Mutter auch«, sagt ein Mädchen zum anderen, und auf einmal haben die beiden schon eine ganze Menge gemeinsam. Zwei Mädchen, die sich über ihre Mütter beklagen, wenden sich an eine Dritte und sagen: »Du hast eine tolle Mutter, du kannst das nicht verstehen.« Sie vergleichen ihre Erlebnisse: »Du hast so ein Glück, dass deine Mutter dir das erlaubt. Meine würde mich glatt *umbringen*«, oder: »Was ist denn mit deiner Mutter los? Die behandelt dich ja wie ein Baby.«

Warum redet ein Mädchen kaum *mit* seiner Mutter, kann sich aber endlos *über* seine Mutter unterhalten? Die Macht und der Einfluss der Mutter sind allgegenwärtig. Ihr nebensächlichster Kommentar bleibt Ihrer Tochter noch nach Jahren ins Gedächtnis gebrannt. Warum üben Sie auf Ihre Tochter, die Sie doch im direkten Kontakt so unglaublich langweilig findet, eine solche Faszination aus? Sie sollten sich lieber nicht allzu sehr geschmeichelt fühlen. Der Grund liegt hauptsächlich darin, dass es einem heranwachsenen Mädchen bei der Verarbeitung seiner Gefühle hilft, über seine Mutter zu reden. Ein Mädchen muss verstehen, wer seine Mutter ist – was für eine Frau, was für eine Art Mutter –, und wie sie tickt. Wenn Ihrer Tochter das gelingt, kann sie ihre eigene Identität festigen und sich erfolgreich von Ihnen abnabeln. Sie kann die Stimme ihrer Mutter in ihrem Kopf akzeptieren und dennoch ihre eigene Stimme finden.

Je besser Sie verstehen, wie intensiv Ihre Tochter an ihrer eigenen Identität arbeitet, desto besser können Sie die Dinge akzeptieren, die Ihre Tochter über Sie äußert (manchmal ist ihre Kritik brutal), und desto besser können Sie sie unterstützen.

Wir haben fünfhundert Mädchen aus allen Teilen der Vereinigten Staaten interviewt und zahlreiche andere per E-Mail kontaktiert. Außerdem haben wir uns mit Mädchen aus mehreren amerikanischen Städten getroffen und mit Fachleuten gesprochen – zum Beispiel mit Dr. Sheila Reindl –, die sich in vorderster Front mit den Körperbildproblemen und Essstörungen junger Mädchen befassen. Dr. Reindl meinte: »Die Idee, dass wir unseren Töchtern zuhören, geht davon aus, dass Mütter mit Neugier und Offenheit auf ihre Töchter zugehen und bereit sind, die Dinge aus der Perspektive der Mädchen zu betrachten und von ihnen zu lernen. Dies erscheint mir das Herzstück einer Idee zu sein, die wir ihnen unsererseits anzubieten haben.«

Dr. Reindl befragte eine Gruppe von Mädchen mit Essstörungen, welchen Rat sie ihrer Mutter geben würden. In der Diskussion um die Themen, die sie gern besprechen würden, ging es häufig um die Verbindung zwischen dem Körperbild und dem, was am Familientisch passiert. Die Mädchen erzählten, wie schwer es ist, in einem Haushalt zu leben, in dem der Vater alles isst, während die Mutter ständig irgendeine Diät hält. Ein paar berichteten sogar, dass ihre Mütter des Öfteren eine Mahlzeit für die Familie zubereiten und selbst keinen Bissen davon essen. Sie sprachen über die Bedeutung von Rollenvorbildern (Mütter und Väter, die sich gut ernähren, genug bewegen, eine gesunde Perspektive haben und sich nicht zwanghaft mit ihrem Gewicht befassen). Und sie erwähnten auch die Tatsache, dass bei ihnen zu Hause Gesundheitsprobleme oft mit Körperbildproblemen durcheinander gebracht werden.

In unserer Untersuchung stellten wir Mädchen zwischen vierzehn und neunzehn Jahren Fragen über ihre Körperbildprobleme in der Beziehung zu ihrer Mutter. Die meisten Mädchen waren erstaunlich aufgeschlossen und bestätigten unsere Hypothese, dass dieses Thema in diesem Alter ein heißes Eisen ist. Sie berichteten von den chronischen Gewichtssorgen ihrer Mütter und deren endlosen Ratschlägen über die Ernährung. Sie verwahrten sich ausdrücklich gegen die Unkenrufe und Warnungen vor Familieneigenschaften und einer genetischen Prädisposition zur Fettleibigkeit, die nach Ansicht ihrer Mütter unweigerlich zu Enttäuschungen im Leben und vor allem in der Liebe führen würden. Mütter, die zweischneidige Komplimente verteilten (»Schätzchen, du siehst großartig aus, nur dein Hintern wird allmählich echt ein bisschen zu breit, darauf solltest du unbedingt achten«), wurden sehr kritisch beurteilt. Einige Mädchen meinten, wenn ihre Mütter *nichts* zu Körperbildproblemen sagten, fänden sie das frustrierend und gingen fest davon aus, dass ihre Mütter mit ihren wirklichen Gefühlen hinterm Berg hielten – obwohl diese Mütter in Wirklichkeit vielleicht nur versuchten, die zwanghafte Beschäftigung ihrer Tochter mit ihrem Körper nicht zu verstärken.

Kein Wunder, dass Mütter und Töchter es schwer finden, miteinander zu sprechen. Wir haben einige typische Antworten aus der Untersuchung ausgewählt sowie einige Kommentare, die wir besonders beeindruckend fanden. Unsere Fragen und die Antworten der Mädchen finden Sie im Anhang. Lesen Sie dort, was die Mädchen zu sagen haben, und überlegen Sie sich, ob Sie sich mit der einen oder anderen hier beschriebenen Mutter identifizieren können.

PS

IN DER LETZTEN FOLGE von *Daria*, der beliebten Serie auf MTV, hält die Titelperson die Rede bei der Abschlussfeier und erteilt den Anwesenden folgenden Rat:

> Steht zu euren Überzeugungen, bis Logik oder Erfahrung euch beweisen, dass ihr euch geirrt habt. Denkt daran, wenn der Kaiser nackt aussieht, hat er tatsächlich nichts an. Wahrheit und Lüge sind nicht irgendwie doch das Gleiche. Und es gibt im Leben keinen Aspekt, keine Facette, keinen Augenblick – einfach nichts, was sich nicht mit einer Pizza ein bisschen besser machen ließe.

PABLO CASALS (1971)

Du bist ein Wunder.
Jede Sekunde unseres Lebens ist im Universum ein neuer,
einzigartiger Moment,
ein Moment, der nie wiederkommen wird ...
Und was bringen wir unseren Kindern bei?
Wir bringen ihnen bei, dass zwei und zwei vier ist,
dass die Hauptstadt von Frankreich Paris heißt.
Wann werden wir ihnen auch beibringen, was sie sind?

Zu jedem sollten wir sagen:
Weißt du, was du bist? Du bist ein Wunder.
Du bist einzigartig. In all den vergangenen Jahren hat es nie
ein Kind wie dich gegeben. Deine Beine, deine Arme,
deine flinken Finger, wie du dich bewegst.

Aus dir kann ein Shakespeare werden, ein Michelangelo,
ein Beethoven.
Du hast das alles in dir.

Ja, du bist ein Wunder. Und wenn du erwachsen bist, kannst du dann anderen wehtun, die auch ein Wunder sind, genau wie du?

Du musst daran arbeiten – wir alle müssen unseren Beitrag leisten –, damit diese Welt ihrer Kinder würdig wird.

Dank

Marcy Posner für ihre literarische Beratung und Unterstützung.

Sidny Miner für ein außergewöhnlich kenntnisreiches und einfühlsames Lektorat.

Tom Connell für seine technische Brillanz, seine unendliche Geduld und die beruhigende Information, dass »entfernt« nur bedeutet, dass man sich ein bisschen mehr Mühe geben muss, etwas im Computer wiederzufinden.

Laura Holmes – danke, dass du die ganze Zeit über am Ball geblieben bist!

Nancy Inglis, die sich unsere Gespräche zu Herzen genommen hat.

Megan Connell, Katie Hall, Elizabeth Sandberg, Anne Burns, Dorothy Kalins, Dominique Bigar Khan, Miss Lindsay Carleton, Caroline Schaefer, Sheila Reindl, Amy Peck, Kathy Levine, DeEttra Kudera, Alexis Johnson, Harriet Blumencranz, Rosalie McCabe, Nancy Stephens, Dian Ohrnberger, Lee Davis, Eileen Lambert, Kathleen McNamara, Christine Masters, Marylin Silverman, Patti Goberman, Susan Allport.

Phyllis Cohen dankt Robin Brancato, Dr. Arlene Stang, Dr. Janet Geller, Martha Bragin, Jennifer Hall CSW, Dr. Leona Jaglom, Marilyn Steisel CSW, Dr. Martha Black, Lenore Weinstein, Monica Pierrepoint CSW und Diane Malek LCSW für ihre unschätzbaren Beiträge zu diesem Buch. Danke an Paula Steisel, die bei den Recherchen geholfen hat, und an meine Patientinnen, die durch ihre eigene Arbeit meine besten Lehrmeisterinnen sind.

Anhang

UMFRAGE: DIE ANTWORTEN VON TÖCHTERN IN DER PUBERTÄT

Frage: Wenn deine Mutter etwas zu deinem Gewicht und Gewichtsproblemen sagt – was daran bringt dich besonders auf die Palme?

Schweigen ist keineswegs Gold

18 JAHRE, MARYLAND: Sie sagt überhaupt nichts – und genau das macht mich wahnsinnig!
19 JAHRE, KENTUCKY: Sie sagt nie etwas über meinen Körper und mein Gewicht.
14 JAHRE, NEW YORK: Was meine Mutter zum Thema Körper sagt, stört mich nicht. Wir sprechen eigentlich nicht darüber, genau genommen unterhalten wir uns überhaupt nicht miteinander.

Die Mutter vermittelt widersprüchliche Botschaften

15 JAHRE, NEW YORK: Sie sagt erst, ich soll mehr essen, und dann sagt sie, ich soll aufpassen, dass ich nicht zu viel esse, weil ich sonst dick werde . . . Ich weiß eigentlich gar nicht, was sie von mir will. Erst sagt sie das eine, dann das Gegenteil. Das macht sie ständig, und das bringt mich total auf die Palme.
19 JAHRE, ILLINOIS: Ständig nörgelt sie an mir rum, wie »dick« ich bin, und wenn ich dann sage, ich will eine Diät machen, ändert sie ihre Meinung plötzlich und behauptet das Gegenteil.

17 JAHRE, WASHINGTON: Sie sagt, ich sehe gut aus, obwohl ich weiß, dass das nicht stimmt. Wenn ich dann was esse, was dick macht, erzählt sie mir plötzlich, dass ich bestimmt bald nicht mehr in meine neuen Jeans passe.
17 JAHRE, OHIO: Sie erzählt mir andauernd, dass ich bestimmt nicht abnehmen muss und dass Diät ungesund ist. Aber dann macht sie dauernd selbst ihre Jojo-Diäten.
18 JAHRE, ARIZONA: »Wenn du abnehmen willst, dann iss weniger«, gefolgt von: »Du isst nicht genug, du solltest mehr essen. So dick bist du doch gar nicht.«
19 JAHRE, KALIFORNIEN: Sie erzählt mir, wie dünn ich früher war, aber jetzt bin ich dick, ich bin kleiner geworden als damals, weil das Fett mich so runterzieht.
16 JAHRE, NEW HAMPSHIRE: Sie behauptet, sie liebt mich so, wie ich bin, nicht wegen meines Aussehens, aber ich könnte trotzdem ein paar Pfund abspecken.

Manchmal ist die Botschaft unmissverständlich

19 JAHRE, MARYLAND: Meine Mutter macht mich verrückt mit ihrem Geschwätz über mein Gewicht, weil das alles ist, was meine Familie interessiert. Meine Mutter behauptet, sie sei erst in der Schwangerschaft dick geworden, aber ich hätte einen schlechten Stoffwechsel. Sie gibt mir immer das Gefühl, dass ich wahnsinnig dick bin und dass ich nicht den Körperbau habe, der sonst in der Familie üblich ist. Außerdem lässt sie ständig Kommentare darüber ab, wie anders ich aussehe und wie viel besser ich mich schick angezogen fühlen würde, wenn ich endlich abnehme.
17 JAHRE, NEW YORK: Meine Mutter ist wütend auf mich, weil ich Vegetarierin bin. Sie meint, ich tu das nur, um Aufmerksamkeit zu kriegen.
19 JAHRE, VIRGINIA: »Wie lange hast du diesen Pickel eigentlich schon?«
19 JAHRE, TEXAS: Ich habe starkes Übergewicht, und meine

Mutter meint, ich kriege deshalb nie einen Mann, mit dem man was anfangen kann. Sie sagt, mein Gewicht hindert mich daran, in die wirkliche Welt rauszugehen, und es ist der Grund aller Probleme, denen ich in meinem Leben begegne.

Beschwichtigungsversuche erreichen grundsätzlich das Gegenteil

15 JAHRE, NEW YORK: Sie sagt mir, es liegt an den Muskeln, dass ich so breit bin – ich spiele nämlich Fußball –, aber ich glaube, sie versucht nur, mich wegen meiner fetten Oberschenkel zu beruhigen.
14 JAHRE, NEW YORK: Sie meint, ich fühle mich besser, wenn ich mich aufrecht halte, ordentlich esse und mich viel bewege. Ich tu das alles, aber ihr reicht es irgendwie nicht, und dann bin ich beleidigt, weil sie denkt, ich strenge mich nicht genug an.
15 JAHRE, LOUISIANA: Meine Mama sagt mir immer, ich sehe großartig aus. Aber wenn sie dann hin und wieder was Kritisches von sich gibt, macht das alles viel schlimmer. Wenn sie meint, ich sehe dick aus, weiß ich, dass ich versuchen sollte, Sport zu treiben und mich ein bisschen gesünder zu ernähren, aber manchmal fällt mir das unglaublich schwer, und dann hab ich ein schlechtes Gewissen.

Um wessen Körper geht es hier eigentlich?

17 JAHRE, PENNSYLVANIA: Meine Mutter sagt, ich hab einen hübschen Körper, obwohl sie findet, ich sollte ihn nicht so herzeigen. Sie ist gegen alle hautengen Sachen, gegen ausgeschnittene T-Shirts und so weiter. Außerdem findet sie, ich soll mich schminken, damit ich hübscher aussehe, aber das ist mir zu zeitaufwändig, und ich kriege auch Pickel davon.
16 JAHRE, DELAWARE: Meine Mama und ich haben beide Prob-

leme mit unserem Gewicht, deshalb glaubt sie, dass sie weiß, wie ich mich fühle, aber manchmal möchte ich ihr klar machen, dass ich andere Probleme habe als sie.

16 JAHRE, KALIFORNIEN: Meine Mutter nervt mich immer, dass ich nicht so viel zwischendurch naschen und gesünder essen soll. Sie meint, ich nehme zu, obwohl ich jeden Tag Sport treibe. Das verunsichert mich echt. Ich versteh nicht, warum sie glaubt, dass ich Lust zum Abnehmen kriege, wenn sie dauernd meine Essgewohnheiten kritisiert – da werde ich doch nur noch deprimierter und esse umso mehr.

18 JAHRE, NORTH CAROLINA: Sie schlägt mir Diätprogramme vor, sie meldet mich im Fitnessstudio an, sie nervt mich mit irgendwelchen Tipps, wie ich mein Äußeres verbessern soll. Ich hasse das, weil sie damit immer auch meint, ich soll abnehmen, und es stört mich, dass mein Aussehen für sie so wichtig ist.

19 JAHRE, NEW YORK: Sie möchte, dass ich mich gesünder ernähre. Ihr gefällt es nicht, wenn ich Fertiggerichte esse, und ihrer Meinung nach soll ich jeden Tag tausend Multivitaminpräparate schlucken.

18 JAHRE, OHIO: Sie hackt ständig auf mir rum und macht Witze darüber, dass ich bestimmt noch mehr zunehme.

17 JAHRE, TENNESSEE: Sie sagt, ich soll mehr essen, ich soll zunehmen und nicht so viel Sport treiben, weil ich ihrer Meinung nach zu dünn bin.

16 JAHRE, PENNSYLVANIA: Sie vergleicht meinen Körper und mein Gewicht mit ihrem und meint, wir wären uns irgendwie ähnlich. Ich will aber nicht gesagt kriegen, dass ich den Körper meiner Mutter habe.

18 JAHRE, PENNSYLVANIA: Sie sagt mir, ich bin dick und werde bestimmt so enden wie alle in der Familie meines Vaters – fett.

Wer kontrolliert sie jetzt?

17 JAHRE, VIRGINIA: Sie sagt mir dauernd, ich soll eine Diät machen und bestimmte Dinge nicht essen. Das hasse ich.
18 JAHRE, ILLINOIS: Ständig sagt sie mir, dass sie mir helfen möchte, wenn ich bereit bin abzunehmen. Aber helfen bedeutet bei ihr, dass sie mir dauernd in den Ohren liegt mit Bemerkungen wie: »Meinst du wirklich, dass du das essen solltest?« oder: »Brauchst du das denn unbedingt?«
16 JAHRE, MICHIGAN: Meine Mama hat ein Gewichtsproblem, und manchmal sagt sie mir, ich soll aufpassen, was ich esse, weil ich sonst die gleichen Probleme kriege. Sie gibt mir das Gefühl, dass ich ständig unter Beobachtung stehe, damit ich beim Essen bloß nicht »übertreibe«.
15 JAHRE, INDIANA: Sie sagt dauernd, dass ich genauso fett werde wie sie, egal, was ich tue, weil es nämlich an den Genen liegt.
16 JAHRE, TEXAS: Sie versucht mir Angst einzujagen, indem sie mich warnt, wie gefährlich Übergewicht ist. Es kann zu Diabetes führen, den wir auch in der Familie haben, und es kann verhindern, dass ich in der Welt Erfolg habe. Sie glaubt, das ist die Erklärung für all meine Probleme. Das hilft mir aber absolut nicht dabei, mich besser zu fühlen.

Es ist ein Wettbewerb

19 JAHRE, WISCONSIN: Als meine Schwester und ich noch klein waren, hat meine Mutter immer gesagt, iss das nicht und jenes nicht, weil es dick macht. Sie hat uns dauernd verglichen. Sie erzählt mir immer noch, dass ich auf meine Figur achten muss, weil kein Mann mich haben will, wenn ich nicht schlank bin.
17 JAHRE, MISSOURI: Meine Mama redet andauernd darüber, wie dünn ich bin und wie dick sie ist. Ich hab meine Fehler, aber bei ihr klingt es immer, als wäre ich ein Supermodel. Dabei ist sie gar nicht so dick!

18 JAHRE, MARYLAND: Sie sagt immer wieder, dass sie überhaupt keinen Bauch hatte, als sie noch jung war.
16 JAHRE, CONNECTICUT: »Weißt du, du hast nicht den Körperbau deiner Schwester, du musst wirklich aufpassen, was du isst. Willst du das echt alles in dich reinstopfen?«
16 JAHRE, KALIFORNIEN: Sie sagt, sie hätte gern, dass meine Brüste größer wären. Ich hab BH-Größe 85A. Sie sagt, sie war in meinem Alter eine Bohnenstange, deshalb bin ich schon mal viel besser dran als sie und brauche mich nicht zu beklagen.
18 JAHRE, OHIO: »Ich glaube nicht, dass du in mein Brautkleid reinpassen wirst.« Grrrr.

Frage: Wie sollte deine Mutter deiner Meinung nach auf deine Probleme mit dem Körperbild eingehen, was würdest du ihr gerne sagen?

Das trifft einen Nerv

17 JAHRE, WISCONSIN: Ich würde meiner Mutter sagen, sie soll aufhören, Kommentare abzugeben, ohne dass ich sie überhaupt nach ihrer Meinung gefragt habe, beispielsweise zu meinen Klamotten (zu eng oder zu klein). Sie soll mir auch nicht erzählen, wie viele Kalorien irgendwas hat, was ich grade esse – nur damit mir der Appetit vergeht.
16 JAHRE, TEXAS: Ich würde ihr sagen, sie soll mich in Ruhe lassen und nicht ständig auf irgendwelchen Sachen rumreiten, die ohnehin jeder weiß!
18 JAHRE, KALIFORNIEN: Ich würde ihr gern sagen, dass ich mir gefalle und dass es mich verletzt, wenn sie mir sagt, ich bin dünn wie eine Bohnenstange.
15 JAHRE, NEW YORK: »Mama, du hast mich schon ziemlich lange nicht mehr nackt gesehen.«
18 JAHRE, FLORIDA: Ich würde ihr gern erklären, sie soll mein

Aussehen mehr akzeptieren. Dass nicht jeder Mensch sich so unter Kontrolle hat wie sie, wenn es um sein Gewicht geht. Manchmal finde ich ihre Kommentare echt beleidigend, und ich denke, ihr ist gar nicht klar, wie ernst ich nehme, was sie da redet.

16 JAHRE, INDIANA: Ich bin ziemlich dünn, und solange es mir gut geht, sollte meine Mutter zu meiner Figur gar nichts sagen. Ich wiege vierundfünfzig Kilo, daran ist doch nichts auszusetzen. Ich wünsche mir von ihr positive Rückmeldungen über mein Aussehen, und ich mag mir nicht ständig anhören, dass ich mehr Sport treiben sollte.

16 JAHRE, FLORIDA: Ich würde ihr sagen, sie soll aufhören, mir ständig beim Abnehmen »helfen« zu wollen, weil mir das nämlich überhaupt nicht hilft.

18 JAHRE, ILLINOIS: Ich würde sie darauf hinweisen, dass sie, nur weil sie meine Mutter ist, Sachen über mein Aussehen sagt, die nicht stimmen, und ihr erklären, dass ich solche Schwindeleien gar nicht hören will.

17 JAHRE, KALIFORNIEN: Meine Mutter schreit mich an und zwingt mich zu essen, wenn ich mal deprimiert bin, und ich hatte früher eine Essstörung. Ich weiß, sie will mich nicht verletzen, sie käut nur alles wieder, was die Gesellschaft den Frauen eintrichtert. Es ärgert mich, dass sie meint, ich würde mein Potenzial nicht ausschöpfen. Dauernd beteuert sie mir, dass sie es nur gut meint und dass sie mich liebt, aber es hilft nicht, wenn sie mich so triezt.

Frage: Hat deine Mutter selbst Probleme mit dem Körperbild?

15 JAHRE, NEW YORK: Sie achtet genau auf ihr Gewicht und passt auf, was sie isst. Sie hängt das alles ganz schön hoch.

19 JAHRE, NEVADA: Sie hat mit ihrem eigenen Gewicht zu kämpfen und ist mit ihrem Aussehen nie zufrieden.

16 JAHRE, PENNSYLVANIA: Meine Mutter findet sich dick. Bei uns zu Hause ist sogar der Hund auf Diät.
15 JAHRE, COLORADO: Sie möchte abnehmen, aber sie akzeptiert ihren Körper eher ein bisschen mehr als ich meinen.
18 JAHRE, NEW HAMPSHIRE: Von unserer genetischen Veranlagung her sind wir kräftig gebaut, aber meine Mutter ist zwanghaft davon besessen, dünn zu sein. Sie sieht sich den Rest der Welt an und vergleicht sich, obwohl sie gar nicht so wahnsinnig viel gegen ihre Natur machen kann.
14 JAHRE, VERMONT: Sie sagt, wir sind keine Mammuts, wir sind einfach nur stämmig.

Frage: Glaubt deine Mutter, dass ihr beide das gleiche Problem habt? Oder meint sie, du hast Glück, weil es bei dir anders ist?

18 JAHRE, PENNSYLVANIA: Manchmal denke ich, dass meine Probleme mit dem Körperbild direkt von ihren kommen. Wenn es bei ihr besser wäre, würde das vielleicht auch auf mich abfärben ... sie hat nämlich eine echt tolle Figur und ist trotzdem nie mit sich zufrieden. Das macht mich irgendwie ganz fertig, denn ich überlege mir, wenn *sie* ihren Körper nicht gut genug findet, was ist dann erst mit meinem?
17 JAHRE, KENTUCKY: Meine Mutter meint, dass ich das gleiche Problem habe wie sie, obwohl sie ungefähr doppelt so breit ist wie ich. Sie hat überhaupt kein klares Bild von sich selbst!
16 JAHRE, OKLAHOMA: Sie glaubt nicht, dass wir das gleiche Problem haben, aber sie meint, dass ihr Genörgel mich davor bewahrt, in der Zukunft Übergewicht zu kriegen.
16 JAHRE, FLORIDA: Sie findet, ich bin ein Glückspilz. Anscheinend ist ihr nicht klar, dass ich hart arbeiten muss, um mein Gewicht zu halten.

17 JAHRE, NEW JERSEY: Sie denkt tatsächlich, dass wir das gleiche Problem haben ... was ich genau weiß und deshalb echt nicht dauernd daran erinnert werden müsste.

Frage: Macht deine Mutter sich Sorgen, wenn du Diät hältst? Macht sie sich Sorgen, du könntest zu dick oder zu dünn sein?

16 JAHRE, ILLINOIS: Sie hat Angst, dass ich mich verrückt mache, weil ich unbedingt schlank sein will.
18 JAHRE, KANSAS: Sie benimmt sich sehr widersprüchlich. Wenn ich mir Sorgen über mein Gewicht mache, dann erzählt sie mir, dass es nicht gut ist, zu dünn zu sein. Aber wenn ich von etwas mehr esse, als sie gut findet, erinnert sie mich daran, dass ich davon dick werde.
17 JAHRE, NEW JERSEY: Ich glaube, meine Mutter würde sich Sorgen machen, wenn ich auf Diät ginge. Sie kümmert sich immer gern darum, dass ich anständig esse. In dieser Beziehung ist sie sehr mütterlich.
14 JAHRE, MICHIGAN: Sie macht sich Sorgen, wenn ich fünf Pfund zunehme.
16 JAHRE, LOUISIANA: Sie sagt nie etwas, wenn ich abnehme, sie findet, dass ich »genau richtig« bin. Aber wenn ich sage, dass ich versuche, gesünder zu leben, dann gerät sie in helle Aufregung.
14 JAHRE, KALIFORNIEN: Sie möchte, dass ich zum Arzt gehe, weil sie denkt, ich bin zu dünn und mache zu viel Diät.

Frage: Respektiert deine Mutter deine Privatsphäre?

15 JAHRE, NEW YORK: Um meine Privatsphäre brauche ich mir keine Sorgen zu machen. Meine Mutter respektiert sie, weil sie sowieso nie zu Hause ist.

17 JAHRE, TEXAS: Dauernd redet sie mit ihren Freundinnen und anderen Leuten über mich und über das, was ich tue. Ich verstehe das nicht. Ist ihr nicht klar, dass es diese Leute überhaupt nichts angeht?

16 JAHRE, TENNESSEE: Sie »putzt« mein Zimmer, wenn es überhaupt nicht schmutzig ist, weil sie nämlich findet, das ist eine gute Tarnung, um mal so richtig rumzuschnüffeln. Ich erzähle ihr eine Menge, deshalb geht mir das ziemlich auf die Nerven, und ich finde, sie muss echt mal eine Entscheidung treffen: Entweder sind wir Freundinnen und ich erzähle ihr was, oder sie ist so eine Art Mutter, die mir ständig nachspioniert, und dann erzähle ich ihr nichts mehr. Beides gleichzeitig, das geht nicht.

17 JAHRE, CONNECTICUT: Meine Mutter ist mal so, mal anders. Wenn ich Tagebuch führe, liest sie es nicht, und sie öffnet auch nicht meine Post. Aber wenn ich einen Brief schon geöffnet habe und ihn dann in meinem Zimmer rumliegen lasse, sieht sie ihn sich an und stellt mir später Fragen darüber.

16 JAHRE, SOUTH CAROLINA: Sie tut so, als würde sie meine Privatsphäre respektieren, aber in Wirklichkeit steckt sie ihre Nase in alles Mögliche.

16 JAHRE, WASHINGTON: Sie lässt mir kaum eine Privatsphäre, und das macht mich wahnsinnig. Wenn ich einer Freundin was ganz Wichtiges erzählen will, muss ich das in der Schule tun oder sie von meinem Handy aus anrufen. Für meinen Computer hab ich ein Passwort.

18 JAHRE, PENNSYLVANIA: Sie respektiert meine Privatsphäre so ziemlich. Sie hat gelernt, sich aus meinen Angelegenheiten rauszuhalten, es sei denn, ich bitte sie bei irgendwas um Hilfe. Es ist viel besser, wenn ich ihr sage, was los ist.

19 JAHRE, NEW YORK: Manchmal ist sie neugierig, aber sie respektiert meine Privatsphäre.

16 JAHRE, KENTUCKY: Meine Mutter geht nicht in mein Zimmer und spioniert auch sonst nicht in meinem Leben rum. Ich

erzähle ihr das meiste, deshalb hat sie es auch nicht nötig, mir nachzuschnüffeln.

17 JAHRE, TENNESSEE: Sie respektiert meine Privatsphäre überhaupt nicht. Sie belauscht meine Telefongespräche und liest private Briefe. Ich wollte, sie würde kapieren, dass ich meine Privatsphäre brauche und dass ich weiß, was ich tue, auch wenn sie nicht damit übereinstimmt.

16 JAHRE, SOUTH DAKOTA: Meine Mama ist so wie andere Eltern auch. Bis zu einem gewissen Grad vertraut sie mir und versucht, meine Privatsphäre zu respektieren, aber manchmal ist ihre Neugier stärker als der Respekt!

Frage: Hast du das Gefühl, dass du deiner Mutter persönliche Dinge erzählen kannst?

Ja, nein, vielleicht, ich kann es nicht

17 JAHRE, LOUISIANA: Ich erzähle ihr das Nötigste, aber ich glaube, ich rede ausgiebig über bestimmte Bereiche und lasse manche Teile völlig aus.

18 JAHRE, MICHIGAN: Ja, ich rede mit ihr über viele Dinge. Wenn ich einen Rat brauche, gehe ich meistens zu ihr.

17 JAHRE, PENNSYLVANIA: Das hängt ganz vom Thema ab. Bestimmte persönliche Sachen kann ich ihr schon erzählen, beispielsweise von der Schule oder vom Sport, aber nichts über Jungs oder über Partys, weil sie mich deswegen bloß nerven würde.

18 JAHRE, MARYLAND: Nein. Ich erzähle ihr überhaupt nichts Persönliches, ich sag ihr nur immer Bescheid, wenn ich meine Periode kriege. Ich hab ihr nicht mal gesagt, wann ich zum ersten Mal Sex hatte . . . Das würde ihr nicht gefallen, so viel ist klar.

17 JAHRE, KALIFORNIEN: Ja, unbedingt. Von uns Geschwistern stehe ich ihr wahrscheinlich am nächsten. Manchmal hab ich

das Gefühl, dass sie mir was nicht erzählt, damit ich mir keine Sorgen mache.

Frage: Was wäre das Wichtigste, das deine Mutter über dich kapieren sollte?

18 JAHRE, KALIFORNIEN: Dass ich gar nicht so negativ und launisch bin, wie ich ihr oft vorkomme. Als meine Mutter kriegt sie mein ganzes Gejammer zu hören. Bei meinen Freundinnen bin ich nie so schlecht gelaunt und unfreundlich wie bei meiner Mutter.
18 JAHRE, KANSAS: Dass ich kein Baby mehr bin. Dass ich eigene Entscheidungen treffen muss und nicht ständig jemand zu mir sagt: »Sei vorsichtig, tu dies nicht, tu jenes nicht.«
17 JAHRE, COLORADO: Dass ich empfindlicher bin, als sie glaubt.
17 JAHRE, NEW YORK: Dass sie ihre Sache als meine Mutter gut gemacht hat und ich der Welt jetzt unabhängiger entgegentreten kann. Nur weil ich die Schule hinter mir habe, heißt das noch lange nicht, dass unser Leben und unsere Beziehung jetzt auseinander gehen.
19 JAHRE, FLORIDA: Ich hätte gern, dass sie merkt, wie hart ich arbeite, wie sehr ich sie liebe und dass das reicht.
17 JAHRE, DELAWARE: Dass ich eine eigenständige Person bin und dass meine Meinungen nicht automatisch falsch sind, wenn sie nicht die gleichen sind wie ihre.
16 JAHRE, NEW HAMPSHIRE: Dass ich sie als Mensch liebe und nicht, weil sie meine Mutter ist.
19 JAHRE, OHIO: Dass ich mir wünsche, sie würde mehr über persönliche Dinge mit mir sprechen. Sie stellt zu wenig Fragen über mein Privatleben.
17 JAHRE, TEXAS: Dass mein Gewicht nicht darüber entscheidet, ob ich ein guter oder ein schlechter Mensch bin.

17 JAHRE, MICHIGAN: Dass ich in der Vergangenheit zwar eine Menge Mist gebaut habe, aber dass ich mich bessere und dass ich nichts bereue, obwohl es früher manchmal nicht so toll war. Das alles hat mich schließlich zu dem Menschen gemacht, der ich heute bin und in Zukunft sein werde.

17 JAHRE, TENNESSEE: Dass ich nie perfekt sein werde und dass sie ihr Leben nicht durch mich leben kann.

16 JAHRE, KALIFORNIEN: Dass ich ihr sehr ähnlich bin und manche Fehler machen werde und dass sie in der Lage wäre, mich darin zu unterstützen.

19 JAHRE, MICHIGAN: Ich habe viel mehr Wut in mir, als sie ahnt. Wir haben zusammen eine Menge durchgemacht, aber sie hat mich zum Beispiel nie gefragt, wie's in der Schule war. Ich hab das Gefühl, dass sie mich gar nicht kennt, und das tut mir heute noch weh. Ich möchte, dass unsere Beziehung besser wird.

16 JAHRE, ILLINOIS: Ich wünschte, sie würde aufhören, sich ständig meinetwegen Sorgen zu machen. Schließlich bin ich kein kleines Mädchen mehr.

19 JAHRE, DISTRICT OF COLUMBIA: Ich fühle mich erwachsen und werde behandelt wie ein Kind – das ist manchmal schwer zu ertragen.

16 JAHRE, CONNECTICUT: Ich bin nicht so jung, wie sie denkt, deshalb möchte ich meine Freiheit, aber ich wünsche mir, dass sie mich trotzdem beschützt und mich liebt und mit mir schmust.

15 JAHRE, KALIFORNIEN: Dass ich sie mehr liebe, als sie es sich jemals vorstellen kann.

BERATUNGSSTELLEN UND SELBSTHILFEGRUPPEN
(geordnet nach Postleitzahlen)

Deutsche Forschungsinitiative Essstörungen e.V. (DFE),
Klinik für Kinder- und Jugendpsychiatrie der Universität Leipzig
Riemannstraße 34
04107 Leipzig
(03 41) 9 72 45 02

»Lila Villa« – Selbsthilfegruppen bei Essstörungen
Kaßbergstraße 22
09112 Chemnitz
(03 71) 30 26 78

DICK & DÜNN – Beratung bei Essstörungen
Innsbrucker Straße 25
10825 Berlin
(0 30) 8 54 49 94

Selbsthilfegruppe für Essstörungen
Treffpunkt: Suchtberatungs- und Behandlungsstelle der Johanna-Odebrecht-Stiftung
Langen Straße 10
17491 Greifswald
(0 38 34) 89 24 40

Selbsthilfegruppe Essgestörte
Landreiter 9 – Psychosoziales Beratungs- und Behandlungszentrum
Landreiter Straße 9
19055 Schwerin
(03 85) 5 57 23 67

Hamburger Zentrum für Essstörungen
Frau Sabine Lucassen
Bundesstraße 14
20146 Hamburg

Die Brücke – Essstörungsbereich Beratungs- und Therapiezentrum e.V.
Durchschnitt 27
20146 Hamburg
(0 40) 4 50 44 83

Ess-o-Ess im Frauentreff Kiel e.V.
Frau Edda Westfalen, Dipl.-Psych. Bonetti
Kurt-Schumacher-Platz 5
24109 Kiel
(04 31) 52 42 41

Zentrum für Essstörungen
Sandbergweg 32
27711 Osterholz-Scharmbeck
(0 47 91) 44 99

Beratungszentrum Essstörungen Bremen
Pappelstraße 31–33
28199 Bremen
(04 21) 5 97 87 16 oder (04 21) 5 97 88 14

Elternkreis essgestörter Töchter und Söhne
28259 Bremen
(04 21) 58 39 34

Sannelle – Beratung und Selbsthilfe bei Essstörungen
Herderstraße 5
31141 Hildesheim
(0 50 62) 89 77 55

Bielefelder Zentrum für Essstörungen
Marktstraße 35
33602 Bielefeld
(05 21) 66 76 48 oder (05 21) 6 59 29

KABERA e.V.
Beratungsstelle für Essstörungen
Goethestraße 31
34199 Kassel
(05 61) 7 01 33 10

Café Horch
Jugend- und Drogenberatung
Brüder-Grimm-Straße 5
35216 Biedenkopf
(0 64 61) 20 95

Kaskade – Beratung bei Essstörungen – Göttingen e.V.
Frau Dr. Lili Seide
Am Brachfelde 2
37077 Göttingen
(05 51) 2 17 68

KESS – Kontakt- und Behandlungszentrum
bei Essstörungen
Frau Dipl.-Psych. Ruth Dahm
Himmelgeisterstraße 107
40225 Düsseldorf
(02 11) 33 50 44

SH-Gruppe für Angehörige von Ess- und Magersüchtigen
Hagener Straße 21
44225 Dortmund
(02 31) 71 86 57

Zentrum für Essstörungen Köln e.V.
Göbenstraße 3
50672 Köln
(02 21) 76 45 06

Anna Conda e.V.
Fach- und Beratungsstelle für Frauen und Essstörungen
Theaterstraße 25
52062 Aachen
(02 41) 51 26 90

Hotline für Essstörungen
Falz-Institut für Kinder- und Jugendpsychiatrie
56068 Koblenz
(0 63 49) 9 00 33 33

Begleitstelle für Essgestörte
Beratungsstelle der Arbeiterwohlfahrt
Böhmerstraße 11
58095 Hagen
(0 23 31) 38 10

Balance – Beratung und Therapie bei Essstörungen e.V.
Waldschmidtstraße 11
60316 Frankfurt am Main
(0 69) 49 08 63 30

Frankfurter Zentrum für Essstörungen
Hansaallee 18
60322 Frankfurt am Main
(0 69) 55 01 76

Forum für Essstörungen
Dr. Doris Weipert
Psychotherapeutische Praxis mit mehrdimensionalem
Behandlungskonzept
König-Adolf-Straße 9a
65191 Wiesbaden
(06 11) 59 92 00

Cinderella – Beratungsstelle für Essstörungen
Westendstraße 35
80339 München
(0 89) 5 02 12 12

DICK & DÜNN
Hallerhüttenstraße 6
90461 Nürnberg
(09 11) 47 17 11

INTERNETADRESSEN

www.magersucht.de
Hilfe für Selbsthilfe bei Magersucht

www.EssFrust.de
Online-Offline-Beratung bei Essstörungen

http://magersucht-online.de
Deutschsprachiges Forum mit Informationen und Links für Betroffene und Angehörige

http://selbsthilfe.solution.de/cinderella/
Allgemeines Online-Forum für verschiedene Süchte

www.kess-nrw.de
KESS – Kontakt- und Behandlungszentrum bei Essstörungen

www.bulimie-zentrum.de
Bulimiezentrum e.V. Frankfurt

http://essstoerungen-frankfurt.de
Frankfurter Zentrum für Ess-Störungen

www.cinderella-rat bei essstoerungen.de
Beratungsstelle für Essstörungen Cinderella

www.therapie.de/home/beller-meier.html
Psychotherapeutische Praxis – Beratung und Therapie bei Essstörungen

www.T-C-E.de
Therapiecentrum für Essstörungen – TCE

EINE LESELISTE FÜR MÜTTER UND TÖCHTER

- Arold, Marliese: Völlig schwerelos. Miriam ist magersüchtig. Roman (ab 12 Jahre). Loewe Verlag 1997; Fischer TB 80344.
- Beeken, Claire und Greenstreet, Rosanna: Mein Körper, mein Feind. Lübbe TB 1998.
- Bordo, Susan: Unerträgliches Gewicht. Fischer TB, noch nicht erschienen.
- Bruch, Hilde: Der goldene Käfig. Das Rätsel der Magersucht. Fischer TB 1998.
- Bruch, Hilde: Das verhungerte Selbst. Gespräche mit Magersüchtigen. Fischer TB 1990. Nicht mehr lieferbar.
- Brumberg, Joan Jacobs: Todeshunger. Die Geschichte der Anorexia nervosa vom Mittelalter bis heute. Campus 1994.
- Buddeberg-Fischer, Claus: Früherkennung und Prävention von Essstörungen. Essverhalten und Körpererleben bei Jugendlichen. Schattauer 2000.
- Christian, Shanon und Johnson, Margaret: Auf hauchdünnem Eis. Geschichte einer Magersucht. Oncken Verlag 1999.
- Claude-Pierre, Peggy: Der Weg zurück ins Leben. Magersucht und Bulimie verstehen und heilen. Fischer TB 2001.
- Dudman, Martha: Angst um Augusta. Lübbe 2001.
- Edelman, Hope: Töchter ohne Mütter. Heyne 1996.
- Eikenbusch, Gerhard: Und jeden Tag ein Stück weniger von mir. Roman (ab 13 Jahre). Ravensburger Buchverlag 1999.
- Fülscher, Susanne: Nie mehr Keks und Schokolade. Roman (ab 12 Jahre). Kerle 2000.
- Gerlinghoff, Monika: Magersucht und Bulimie. Innenansichten. Heilungswege aus der Sicht Betroffener und einer Therapeutin. Klett-Cotta 1996.
- Gerlinghoff, Monika und Backmund, Herbert: Therapie

der Magersucht und Bulimie. Anleitung zu eigenverantwortlichem Handeln. Book on Demand Psychologie.
- Gerlinghoff, Monika; Backmund, Herbert; Mai, Norbert: Magersucht und Bulimie. Verstehen und bewältigen. Beltz TB 1999.
- Gottlieb, Lori: Magere Zeiten. Das Jahr, in dem ich erwachsen wurde. Econ TB 2000.
- Hassenmüller, Heidi: Majas Macht. Heinrich Ellermann Verlag 2001.
- Hede, Maria: Spiegelblicke. Roman (ab 13 Jahre). Arena Verlag 1995.
- Herold, Sabine: Der Kilokrampf. Evas Weg aus der Magersucht. TB Brockhaus/Haan 2002.
- Hornbacher, Marya: Alice im Hungerland. Campus 1999.
- Köhler, Henning: Die stille Sehnsucht nach Heimkehr. Zum menschenkundlichen Verständnis der Pubertätsmagersucht. Freies Geistesland 1995.
- Krause, Sybille: Schwarze Milch. Magersucht. Erinnerungen einer Selbstzerstörung. Karin Fischer Verlag 1998.
- Lembcke, Marjaleena: Der Schatten des Schmetterlings. Roman (ab 12 Jahre). Bertelsmann Verlag 2000.
- Levenkron, Steven: Der Schmerz sitzt tiefer. Selbstverletzung verstehen und überwinden. Kösel 2001.
- Madras, Lynda/Madras, Area: Mädchen, Mädchen. Goldmann 2003.
- Marone, Nicky: Gute Vater, selbstbewusste Töchter. Die Bedeutung des Vaters in der Erziehung. Fischer TB 2000.
- Müller, Moira: Moira, 16 Jahre, ich hatte Anorexie. Tagebuch einer Heilung. Urachhaus 2001.
- Orbach, Susie: Magersucht. Ursachen und neue Wege der Heilung. Econ TB 1997.

Pipher, Mary: Pubertätskrisen junger Mädchen. Wie Eltern helfen können. Fischer 1999. Fischer TB 14239.
- Schuster, Gaby: Verflixte Schönheit – Tipps für schlaue Mädchen. Kösel 2002.

– Selvini Palazzoli, Mara: Magersucht. Von der Behandlung einzelner zur Familientherapie. Klett-Cotta 1998.
– Seyfahrt, Kathrin: Super schlank!? Zwischen Traumfigur und Essstörungen. Kösel 2000.
– Tannen, Deborah: Ich mein's doch nur gut. Wie Menschen in Familien aneinander vorbeireden. Ullstein 2003.
– Treasure, Janet: Gemeinsam die Magersucht besiegen. Ein Leitfaden für Betroffene, Freunde und Angehörige. Beltz TB 2001.
– Vandereycken, Walter und Meermann, Rolf: Magersucht und Bulimie. Ein Leitfaden für Betroffene und Angehörige. H. Huber 2000.
– Wardetzki, Bärbel: Iss doch endlich mal normal. Hilfen für Angehörige von essgestörten Mädchen und Frauen. Kösel 1996.
– Wolf, Anthony E.: Meine Freunde dürfen das aber. Vom Nachgeben und Grenzensetzen in der Erziehung. Rowohlt TB 1997.
– Wolf, Naomi: Der Mythos Schönheit. Rowohlt, 1991.
– Wurtzel, Elizabeth: Verdammt schöne Welt. Mein Leben mit der Psycho-Pille. Byblos Verlag 1994.
– Zacharias, Carna: Meine schönen Freundinnen. Roman (ab 12 Jahre). Ueberreuter 1999.

ÜBER DIE AUTORINNEN

Stephanie Pierson hat Bücher und Zeitschriftenartikel zu den Themen Teenager, Familie, Ernährung und Lifestyle verfasst. Außerdem war sie zu Gast in der *Oprah Winfrey Show* und im *Oxygen Network*. Sie ist Creative Director einer New Yorker Werbeagentur und Mitherausgeberin der Zeitschrift *Metropolitain Home*. Sie lebt mit ihrer Familie im Staat New York.

Phyllis Cohen ist ausgebildete klinische Sozialarbeiterin und Psychotherapeutin; über fünfundzwanzig Jahre hatte sie eine Privatpraxis in Manhattan und Brooklyn. Sie hält Vorträge über den Themenbereich Adoleszenz und ist Mitbegründerin und ehemalige klinische Direktorin des *Brooklyn Center for Families in Crisis*.